:: 中華文化促進會主持編纂

:: 國家"十一五"~"十四五"重點圖書出版規劃項目

:: 中國社會科學院哲學社會科學創新工程學術出版資助項目

出品人 王石 段先念

今注本二十四史

舊五代史

宋　薛居正等　撰

陳智超　紀雪娟　主持校注

中國社會科學出版社

一一　唐書〔七〕晉書〔一〕

舊五代史　卷七三

唐書四十九

列傳第二十五

毛璋

毛璋，本滄州小校。梁將戴思遠帥滄州，時莊宗已定魏博，思遠勢蹙，棄州遁去，璋據城歸莊宗，歷貝州、遼州刺史。[1]璋性凶悖，有膽略，從征河上，屢有戰功。梁平，授華州節度使。[2]王師討蜀，以璋爲行營右廂馬軍都指揮使；[3]蜀平，璋功居多。明年，蕭牆禍起，繼岌自西川至渭南，[4]部下散亡，其川貨、妓樂，爲璋所掠。明宗嗣位，[5]錄平蜀功，授邠州節度使。[6]

[1]滄州：州名。治所在今河北滄縣舊州鎮。　小校：即低級軍官。　戴思遠：人名。籍貫不詳。五代後梁、後唐將領。傳見本書卷六四。　莊宗：即李存勗，小字亞子，沙陀部人，太原（今山西太原市）人。晋王李克用之子，後唐開國皇帝。紀見本書卷二七

至卷三四及《新五代史》卷四至卷五。　　魏博：方鎮名。治所在魏州貴鄉縣（今河北大名縣）。　　貝州：州名。治所在今河北清河縣。

遼州：州名。治所在今山西左權縣。　　刺史：官名。漢武帝時始置。州一級行政長官。總掌考核官吏、勸課農桑、地方教化等事。唐中期以後，節度使、觀察使轄州而設，刺史爲其屬官，職任漸輕。從三品至正四品下。　　"毛璋"至"歷貝州、遼州刺史"：《舊五代史考異》："案《玉堂閒話》云：戴思遠任浮陽日，有部曲毛璋，爲性輕悍。嘗與數十卒追捕盜賊，還宿于逆旅，毛枕劍而寢。夜分，其劍忽大吼，躍出鞘外，從卒聞者愕然驚異，毛亦神之。乃持劍祝曰：'某若異日有此山河，爾當更鳴躍，否則已。'毛復寢，未熟，劍吼躍如初，毛深自負。其後戴離鎮，毛請留，戴從之。未幾，毛以州歸命于唐莊宗，莊宗以毛爲其州刺史，後竟帥滄海。"見《太平廣記》卷一三八戴思遠條。《宋本冊府》卷八《帝王部·創業門四》後唐莊宗條："（天祐十三年）九月，帝還晉陽。梁滄州節度使戴思遠棄城遁，舊將毛璋入其城，復命明宗帥師招撫之，毛璋以城降，以李存審爲節度使。"同書卷一六六《帝王部·招懷門四》："（天祐十三年）九月，梁將戴思遠爲滄州帥。時已定魏博，思遠勢蹙，棄州遁走，毛璋乘虛據之，以城歸國。"明本《冊府》卷一八一《帝王部·疑忌門》："天祐十三年，滄州小校毛璋以城歸款。莊宗命明宗率師至滄州慰撫軍民。明宗既至，毛璋開門迎謁，遣璋入覲，軍城乂安。"

[2]華州：州名。治所在今陝西渭南市華州區。　　節度使：官名。唐時在重要地區所設掌握一州或數州軍事、民事、財政的長官。　　授華州節度使：《輯本舊史》卷三一《唐莊宗紀五》同光二年（924）二月己丑條："以成德軍馬步軍都指揮使、右監門衛大將軍毛璋爲華州節度使。"

[3]蜀：即五代十國之前蜀。　　行營右廂馬軍都指揮使：官名。行營馬軍長官。五代軍隊編制，五百人爲一指揮，設指揮使、副指揮使；十指揮爲一軍，設都指揮使、副都指揮使。中華書局本有校

勘記：“‘右厢馬軍都指揮使’，《册府》卷三六〇、卷四五五同，本書卷三三《唐莊宗紀七》、《册府》卷一二三、《通鑑》卷二七三作‘左厢馬步都虞候’。”分别見《宋本册府》卷三六〇《將帥部·立功門一三》、卷四五五《將帥部·貪黷門》、《輯本舊史》卷三三《唐莊宗紀七》同光三年九月庚子條、明本《册府》卷一二三《帝王部·征討門三》、《通鑑》卷二七三同光三年九月庚子條。又，《宋本册府》卷三六〇“行營右厢馬軍都指揮使”後有“充魏王繼岌前驅”。“行營”，《輯本舊史》之影庫本粘籤：“行營，原本脱‘行’字，今據《莊宗本紀》增入。”

[4]繼岌：人名。即李繼岌。後唐莊宗長子，時封魏王。傳見本書卷五一、《新五代史》卷一四。 西川：方鎮名。治所在成都府（今四川成都市）。 渭南：縣名。治所在今陝西渭南市。

[5]明宗：即李嗣源。沙陀部人。李克用養子，逼宫李存勖後自立爲後唐皇帝。紀見本書卷三五至卷四四、《新五代史》卷六。

[6]邠州：州名。治所在今陝西彬縣。 授邠州節度使：《輯本舊史》卷三六《唐明宗紀二》天成元年（926）五月丙辰條：“邠州節度使、檢校太保毛璋加同平章事。”

璋既家富於財，有蜀之妓樂，驕倨自大，動多不法，招致部下，繕理兵仗。朝廷移授昭義節度使，[1]璋謀欲不奉詔，判官邊蔚密言規責，[2]乃僶俛承命。洎至潞州，[3]狂妄不悛，每擁川妓於山亭院，服赭黄，縱酒，令爲王衍在蜀之戲。[4]事聞於朝，徵爲金吾上將軍。[5]其年秋，東川節度使董璋上言：[6]“毛璋男廷贇齎父書往西川，[7]慮有陰事。”因追廷贇及同行人趙延祚，與璋俱下御史臺獄。[8]廷贇乃璋之假姪，稱有叔在蜀，欲往省之，亦無私書，詔停任，令歸私第。初，延祚在獄，多言璋陰事，璋許重賂，以塞其口。及免，延祚徵其賂，璋拒而不與，以至延祚詣臺訴璋翻覆，復下御史臺訊鞠。中丞呂夢奇以璋前蒙昭雪，[9]今延祚以責賂之故，復加織羅，故稍佑璋。及款狀上聞，或云夢奇受璋賂，所以獄不盡情，執之，移於軍巡。璋具狀曾許延祚賂未與，又云曾借馬與夢奇，別無行賂之事。朝廷懲其宿惡，長流儒州，[10]賜死於路。[11]《永樂大典》卷一萬八千一百三十。[12]

[1] 昭義：方鎮名。治所在潞州（今山西長治市）。

[2] 判官：官名。爲長官的佐吏，協理政事，或備差遣。　邊蔚：人名。京兆長安（今陝西西安市）人。五代大臣。傳見本書卷一二八。

[3] 潞州：州名。治所在今山西長治市。

[4] 王衍：人名。許州舞陽（今河南舞陽縣）人。前蜀君主，後爲後唐莊宗李存勗所殺。傳見本書卷一三六、《新五代史》卷六三。

[5] 金吾上將軍：官名。即金吾衛上將軍。唐置，掌宮禁宿衛。唐代置十六衛，即左右衛、左右驍衛、左右武衛、左右威衛、左右領軍衛、左右金吾衛、左右監門衛、左右千牛衛。各置上將軍，從二品；大將軍，正三品；將軍，從三品。　徵爲金吾上將軍：《輯本舊史》卷三九《唐明宗紀五》天成三年（928）正月辛酉條：“以前潞州節度使毛璋爲右金吾上將軍。”同年六月己卯條：“以右金吾上將軍毛璋爲左金吾上將軍。”

[6] 東川：方鎮名。治所在梓州（今四川三臺縣）。　董璋：人名。籍貫不詳。五代後梁、後唐將領。傳見本書卷六二、《新五代史》卷五一。

[7]廷贄：人名。籍貫不詳。事見本書本卷、《新五代史》卷二六。

[8]趙延祚：人名。籍貫不詳。五代後唐時人。事見本書本卷、《新五代史》卷二六。　御史臺：官署名。秦漢始置。古代國家的監察機構。掌糾察官吏違法、肅正朝廷綱紀。大事廷辨，小事奏彈。

[9]中丞：官名。即御史中丞。如不置御史大夫，則爲御史臺長官。掌司法監察。正四品下。　呂夢奇：人名。籍貫不詳。五代後唐官員。事見本書本卷、《新五代史》卷二六。

[10]儒州：州名。治所在今北京市延慶區。

[11]賜死於路：《新五代史》卷二六《毛璋傳》：“已而令所在賜自盡。”與此稍異。

[12]《大典》卷一八一三〇“將”字韻“後唐將（三）”事目。

聶嶼

　　聶嶼，[1]鄴中人。[2]少爲僧，漸學吟詠。鄭珏之再主禮闈也，[3]嶼與鄉人趙都俱赴鄉薦，都納賄於珏，人報翌日登第，嶼聞不捷，詬來人以嚇之，珏懼，俾俱成名。[4]《永樂大典》卷二萬一千一百六十一。[5]

　　[1]聶嶼：《輯本舊史》之影庫本粘籤：“《聶嶼傳》，《永樂大典》僅存一條，今録《册府元龜》以補其闕。”

　　[2]鄴中：地名。位於今河北臨漳縣。

　　[3]鄭珏：人名。滎陽（今河南滎陽市）人。五代後梁、後唐宰相。傳見本書卷五八、《新五代史》卷五四。　鄭珏之再主禮闈

也:《輯本舊史》之劉本案語:"鄭珏之再主禮闈也,刻本作知貢舉。"《宋本册府》卷九一七《總録部·改節門》無"也"字。

[4]趙都:人名。籍貫、事迹不詳。本書僅此一見。 "嶼與鄉人趙都俱赴鄉薦"至"俾俱成名":亦見《宋本册府》卷九一七。同書卷六五一《貢舉部·謬濫門》:"乾化中,翰林學士鄭珏連知貢舉。鄴中人聶嶼與鄉人趙都俱隨鄉薦,都納賄於珏,人報翌日登第,嶼聞不捷,詬來人以嚇之,珏懼,亦俾成名。"

[5]《大典》卷二一一六一爲"字"字韻"釋書佛説"等事目,與本條内容無涉,但不知爲何誤。

漸爲拾遺,依郭崇韜爲鎮州書記。[1]明宗時,爲起居舍人。[2]雙眸若懸,性氣乖僻,人多忌之。天成初,除鄴都留守判官,與趙敬怡、吕夢奇不足。又改河東節判,及至,常鄙其土風,薄其人士。或達于安重誨,會敬怡入爲樞密使,與夢奇同搆殺之。[3]嶼早依郭崇韜門庭,致身朱紫,名登兩史,浙江使迴,生涯巨萬。嶼爲河東節判時,郭氏次子之婦,孀居于家,嶼喪偶未久,復忍而納幣,人皆罪之。明宗在藩邸時,素聞其醜聲,天成中,與温韜等同詔賜死。[4]《册府元龜》卷九百四十三。[5]

[1]拾遺:官名。唐武則天於垂拱元年(685)置拾遺,分左右。左拾遺隸門下省,右拾遺隸中書省,與左、右補闕共掌諷諫,大事廷議,小事則上封事。從八品上。 郭崇韜:人名。代州雁門(今山西代縣)人。五代後唐大臣。傳見本書卷五七、《新五代史》卷二四。 鎮州:州名。治所在今河北正定縣。 書記:官名。唐、五代方鎮僚屬,位在判官下。掌表奏書檄、文辭之事。 漸爲

拾遺，依郭崇韜爲鎮州書記：中華書局本有校勘記："以上十三字原闕，據殿本補。"

[2]起居舍人：官名。隋始置，貞觀二年（628）省。明慶中又置，與起居郎分在左右。掌修記言之史，録天子之制誥德音，如記事之制，以記時政損益。季終，則授之於國史。從六品上。

[3]天成：後唐明宗李嗣源年號（926—930）。　鄴都：地名。治所在今河北大名縣。五代後唐同光元年（923），改魏州爲興唐府，建號東京，三年改東京爲鄴都。　留守判官：官名。留守司僚屬，分掌留守司各曹事，並協助留守通判陪都事。　趙敬怡：人名。籍貫不詳。五代後唐大臣。事見本書本卷、卷三八、卷三九、卷四〇。　吕夢奇：人名。籍貫不詳。五代後唐官員。事見本書卷三六、《新五代史》卷二六。　節判：官名。唐、五代方鎮僚屬，位在行軍司馬下。分掌使衙内各曹事，並協助使職官員通判衙事。

安重誨：人名。應州（今山西應縣）人。五代後唐大臣。傳見本書卷六六、《新五代史》卷二四。　樞密使：官名。樞密院長官，五代時以士人爲之，備顧問，參謀議，出納詔奏，權侔宰相。參見李全德《唐宋變革期樞密院研究》，國家圖書館出版社2009年版。

"雙眸若懸" 至 "與夢奇同搆殺之"：中華書局本有校勘記："以上六十九字原闕，據殿本補。影庫本批校：'《聶嶼傳》較原本稍節刪。' 又 '節判'，殿本原作 '節度'，據《册府》卷九五二改。'安重誨'，殿本原闕 '安' 字，據《册府》卷九五二補。"明本《册府》卷九五二《總録部·交惡門》："聶嶼爲鄴都留守判官，與趙敬怡、吕夢奇不足。又改河東節判，及至，常鄙其土風，薄其人士。或達於安重誨，值敬怡入司密勿，與夢奇同搆殺之。"

[4]温韜：人名。後唐莊宗賜名李紹沖。京兆華原（今陝西銅川市耀州區）人。唐末李茂貞部將，五代後梁、後唐將領。傳見本書本卷、《新五代史》卷四〇。　天成中，與温韜等同詔賜死：《輯本舊史》卷三九《唐明宗紀五》天成三年（928）九月乙未條："詔德州流人温韜、遼州流人段凝、嵐州司戶陶玘、憲州司戶石知

訥、原州司馬聶嶼，並宜賜死於本處，暴其宿惡而誅之也。"《宋本册府》卷一五四《帝王部·明罰門三》天成三年九月條："勑：'先監送諸州罪人溫韜等，流言亂政，在憲典以難容；稔惡幸災，固人祇之共怒。溫韜生爲黔首，起自綠林，依憑中夏干戈，劫盗本朝陵寝。段凝豺狼，類性梟獍，爲謀無辜而幾害平人，得便而常懷逆節。陶玘（玘）曾司藩翰，恣黷貨財，自處寘流，彌興怨望。石知訥比居賓佐，合務贊裨，當守殷門，據夷門發文字，扇摇戎帥。聶嶼擢從班列，委佐親賢，不守條章，强買店宅，其後細詢行止，頗駭聽聞，喪妻未及於半年，别成姻媾；棄母動逾於千里，不奉晨昏。而皆自抵刑章，各居寘逐，都無省過，但出怨詞。在朕意雖欲含弘，於物論固難容赦，尚全大體，只罪一身。並令本處賜死。'"

[5]明本《册府》卷九四三《總録部·不誼門》。

溫韜

溫韜，華原人。[1]少爲盗，據華原，事李茂貞，名彦韜，[2]後降于梁，更名昭圖。[3]爲耀州節度，唐諸陵在境者悉發之，取所藏金寶，而昭陵最固，悉藏前世圖書，鍾王紙墨，筆迹如新。[4]《永樂大典》卷一萬一千五百七十六。[5]移許州節度使，[6]累官至檢校太尉、平章事。[7]韜素善趙巖，每依附之。莊宗入汴，巖恃韜與己素厚，遂奔許州，韜延之于第，斬首傳送闕下。[8]《册府元龜》卷九百四十三。同光初，[9]韜來朝，郭崇韜曰："此劫陵賊，罪不可赦。"韜納賂劉后，賜姓，名紹沖，遽遣還鎮。[10]《永樂大典》卷一萬一千五百七十六。明宗即位，流于德州，俄賜死。[11]

[1]華原：縣名。治所在今陝西銅川市耀州區。

[2]李茂貞：人名。深州博野（今河北蠡縣）人。唐末、五代軍閥。傳見本書卷一三二、《新五代史》卷四〇。　事李茂貞，名彦韜：《新五代史》卷四〇《温韜傳》：“後事李茂貞，爲華原鎮將，冒姓李，名彦韜。茂貞以華原縣爲耀州，以韜爲刺史。”同書卷六〇《職方考》：“耀州，本華原縣，唐末屬李茂貞，建爲耀州，置義勝軍。梁末帝時，茂貞養子温韜以州降梁，梁改耀州爲崇州，義勝曰静勝。”《通鑑》卷二六八乾化元年（911）三月己酉條：“岐王募華原賊帥温韜以爲假子，以華原爲耀州，美原爲鼎州。置義勝軍，以韜爲節度使，使帥邠、岐兵寇長安。詔感化節度使康懷貞、忠武節度使牛存節以同華、河中兵討之。己酉，懷貞等奏擊韜於車度，走之。”

[3]後降于梁，更名昭圖：《通鑑》卷二六九貞明元年（915）十二月乙未條：“岐義勝節度使、同平章事李彦韜知岐王衰弱，十二月，舉耀、鼎二州來降。彦韜即温韜也。乙未，詔改耀州爲崇州，鼎州爲裕州，義勝軍爲静勝軍，復彦韜姓温氏，名昭圖，官任如故。”

[4]耀州：州名。治所在今陝西銅川市耀州區。　昭陵：唐太宗李世民的陵墓。位於今陝西禮泉縣東北四十五里九嵕山。　鍾：即鍾繇。潁川長社（今河南長葛市東）人。三國時魏國大臣、書法家。傳見《三國志》卷一三。　王：即王羲之。琅琊臨沂（今山東臨沂市）人。東晋書法家。傳見《晋書》卷八〇。　“爲耀州節度”至“筆迹如新”：《輯本舊史》卷九六《鄭玄素傳》：“玄素爲温韜甥，韜嘗發昭陵，盡得之，韜死，書歸玄素焉。”《宋本册府》卷四五五《將帥部·貪黷門》：“温韜，仕梁爲耀州節度使。在州七年，唐帝諸陵，發掘殆遍，盡取其金寶，惟乾陵以風雨屢作終不能發。”《通鑑》卷二六七開平二年（908）十月條：“華原賊帥温韜聚衆嵯峨山，暴掠雍州諸縣，唐帝諸陵發之殆徧。”

[5]《大典》卷一一五七六“寶”字韻“事韻（三）”，應爲

"金寶"事目。《輯本舊史》之殿本案語: "以下有闕文。"

[6]許州: 州名。治所在今河南許昌市。

[7]檢校太尉: 官名。爲散官或加官,以示恩寵,無實際執掌。太尉,與司徒、司空並爲三公。　平章事: 官名。唐高宗以後,實際任宰相之職者,常在其本官後加同平章事的職銜。後成爲宰相專稱。　移許州節度使,累官至檢校太尉、平章事: "官",原作"遷",據明本《册府》卷九四三《總録部·不誼門》改。《輯本舊史》卷一〇《梁末帝紀下》龍德元年(921)正月甲辰條: "以河東道行營西面應接使、前静勝軍節度、崇裕等州觀察處置等使、特進、檢校太尉、同平章事温昭圖爲匡國軍節度、陳許蔡等州觀察處置等使。"《通鑑》卷二七一貞明六年九月條: "河中兵進攻崇州,静勝節度使温昭圖甚懼。帝使供奉官竇維説之曰: '公所有者華原、美原兩縣耳,雖名節度使,實一鎮將,比之雄藩,豈可同日語也,公有意欲之乎?' 昭圖曰: '然。' 維曰: '當爲公圖之。' 即教昭圖表求移鎮,帝以汝州防禦使華温琪權知静勝留後。"

[8]趙巖: 人名。陳州宛丘(今河南淮陽縣)人。唐忠武軍節度使趙犨之子。五代後梁大臣。事見本書卷三〇、《新五代史》卷四二。　汴: 州名。治所在今河南開封市。　"韜素善趙巖" 至 "斬首傳送闕下":《通鑑》卷二七二同光元年(923)十月戊寅條: "或告唐軍已過曹州,塵埃漲天,趙巖謂從者曰: '吾待温許州厚,必不負我。' 遂奔許州。"

[9]同光: 後唐莊宗李存勗年號(923—926)。

[10]劉后: 指後唐莊宗劉皇后。魏州成安(今河北成安縣)人。傳見本書卷四九、《新五代史》卷一四。　"韜納賂劉后" 至 "遽遣還鎮":《輯本舊史》卷三〇《唐莊宗紀四》同光元年十一月乙巳條: "以許州匡國軍節度使、檢校太尉、同平章事温韜依前許州節度使,仍賜姓,名紹沖。"《新五代史》卷一四《莊宗神閔敬皇后劉氏傳》: "許州節度使温韜以后佞佛,因請以私第爲佛寺,爲后薦福。" 同書卷四〇《温韜傳》: "莊宗滅梁,韜自許來朝,因伶

人景進納賂劉皇后，皇后爲言之，莊宗待韜甚厚，賜姓名曰李紹沖。"《通鑑》卷二七二同光元年十一月乙巳條："匡國節度使溫韜入朝，賜姓名曰李紹沖。紹沖多齎金帛賂劉夫人及權貴伶宦，旬日，復遣還鎮。郭崇韜曰：'國家爲唐雪恥，溫韜發唐山陵殆徧，其罪與朱溫相埒耳，何得復居方鎮，天下義士其謂我何！'上曰：'入汴之初，已赦其罪。'竟遣之。"

[11]德州：州名。治所在今山東德州市陵城區。 "明宗即位"至"俄賜死"：見《宋本册府》卷九四二《總錄部·禍敗門》。《輯本舊史》卷三八《唐明宗紀四》天成二年七月壬申條：逐"溫韜於德州。"同書卷三九《唐明宗紀五》天成三年九月乙未條："詔德州流人溫韜、遼州流人段凝、嵐州司户陶玘、憲州司户石知訥、原州司馬聶嶼，並宜賜死於本處，暴其宿惡而誅之也。"《北夢瑣言》卷一八明宗誅諸兇條："明宗即位之初，誅租庸使孔謙、歸德軍節度使元行欽、鄧州節度溫韜、太子少保段凝、汴州麴務辛廷蔚、李繼宣等。孔謙者，魏州孔目吏，莊宗圖霸，以供饋兵食，謙有力焉。既爲租庸使，曲事嬖倖，奪宰相權，專以聚斂爲意，剥削萬端，以犯衆怒，伏誅。元行欽爲莊宗愛將，出入宮禁，曾無間隔，害明宗之子從璟，以是伏誅。段凝事梁，以姦佞進身至節將，末年綰軍權，束手歸朝。溫韜兇惡，發掘西京陵寢，莊宗中興，不實其罪，厚賂伶官閹人，與段凝皆賜國姓，或擁旄鉞，明宗採衆議而誅之。辛廷蔚，開封尹王瓚之牙將也，朱友貞時，廷蔚依瓚勢，曲法亂政，汴人惡之。李繼宣，汴將孟審澄之子，亡命歸莊宗，劉皇后蓄爲子。時宮掖之間，穢聲流聞。此四兇，帝在藩邸時，惡其爲人，故皆誅之。莊宗皇帝爲唐雪恥，號爲中興，而溫韜毁發諸帝寢陵，宜加大辟，而賜國姓，付節旄，由是知中興之説謬矣。"《通鑑》卷二七五天成元年四月辛丑條："自監國入洛，內外機事皆決於李紹真。紹真擅收威勝節度使李紹欽、太子少保李紹沖下獄，欲殺之。安重誨謂紹真曰：'温、段罪惡皆在梁朝，今殿下新平內難，冀安萬國，豈專爲公報仇邪！'紹真由是稍沮。辛丑，監國教，李

紹沖、紹欽復姓名爲溫韜、段凝，並放歸田里。"同書卷二七六天成二年七月癸巳條："流段凝於遼州，溫韜於德州，劉訓於濮州。"同卷天成三年九月乙未條："敕以溫韜發諸陵，段凝反覆，令所在賜死。"

　　長子延濬，清泰中爲氾水關使；[1]次延沼，[2]爲父牙帳都校；[3]次延袞，[4]鄧州副指揮使；[5]咸聚居許下。晉天福初，聞張從賓作亂于河陽，咸往依之。從賓慮其難制，悉斬于帳下。[6]《册府元龜》卷九百四十二。[7]

　　[1]延濬：人名。即溫延濬。五代後唐官員。事見本書本卷、《新五代史》卷五一。　清泰：五代後唐廢帝李從珂年號（934—936）。　氾水關：關隘名。位於今河南滎陽市氾水鎮。原作"泥水關"，據《宋本册府》卷九四二《總録部·禍敗門》改。

　　[2]延沼：人名。即溫延沼。五代後唐官員。事見本書本卷、《新五代史》卷五一。中華書局本有校勘記："'延沼'，原作'延招'，據劉本、《册府》卷九四二改。"

　　[3]牙帳：將帥營帳。　都校：官名。禁軍統兵官。

　　[4]延袞：人名。即溫延袞。五代後唐官員。事見本書本卷、《新五代史》卷五一。"延袞"，原作"延裒"，據《宋本册府》卷九四二、《通鑑》卷二八一天福二年（937）七月壬子條改。

　　[5]鄧州：州名。治所在今河南鄧州市。　指揮使：官名。所部統兵將領。　鄧州副指揮使："副"字原闕，據《宋本册府》卷九四二補。

　　[6]晉：即五代十國之後晉。　天福：五代後晉高祖石敬瑭年號（936—942）。出帝石重貴沿用至九年（944）。後漢高祖劉知遠繼位後沿用一年，稱天福十二年（947）。　張從賓：人名。籍貫不詳。五代將領。後晉時起兵響應范延光叛亂，兵敗溺亡。傳見本書

卷九七。　河陽：方鎮名。全稱"河陽三城"。治所在孟州（今河南孟州市）。　"晋天福初"至"悉斬于帳下"：《通鑑》卷二八一天福二年七月壬子條："范延光遣使以蠟丸招誘失職者，右武衛上將軍婁繼英、右衛大將軍尹暉在大梁，溫韜之子延濬、延沼、延袞居許州，皆應之。延光令延濬兄弟取許州，聚徒已及千人。繼英、暉事泄，皆出走。壬子，敕以延濬姦謀，誣汙忠良，自今獲延光諜人，賞獲者，殺諜人，禁蠟書，勿以聞。暉將奔吳，爲人所殺。繼英奔許州，依溫氏。忠武節度使萇從簡盛爲之備，延濬等不得發，欲殺繼英以自明，延沼止之，遂同奔張從賓。繼英知其謀，勸從賓執三溫，皆斬之。"

　　[7]見《宋本册府》卷九四二《總録部·禍敗門》。《輯本舊史》傳末之案語："《溫韜傳》，《永樂大典》闕全篇，今採《册府元龜》增補。"

段凝

　　段凝，開封人也。[1]本名明遠，少穎悟，多智數。初爲澠池簿，[2]脱荷衣以事梁祖，[3]梁祖漸器之。開平三年十月，自東頭供奉官授右威衛大將軍，[4]充左軍巡使兼水北巡檢使。[5]凝妹爲梁祖美人，故稍委心腹。四年五月，授懷州刺史。[6]

　　[1]開封：縣名。治所在今河南開封市。
　　[2]澠池：地名。位於今河南澠池縣。　簿：官名。漢代以後歷朝均置。唐代京城百司和地方官署，均設主簿。管理文書簿籍，參議本署政事，爲官署中重要佐官。其官階品秩，因官署而不同。
　　[3]荷衣：荷葉縫製的衣服。比喻高潔。　梁祖：即五代後梁

太祖朱温。

[4]開平：後梁太祖朱温年號（907—911）。　東頭供奉官：官名。泛指侍奉皇帝左右的臣僚，亦爲東、西頭供奉官通稱。　右威衛大將軍：官名。掌宫禁宿衛。唐代十六衛之一，正三品。　自東頭供奉官授右威衛大將軍：《輯本舊史》之影庫本粘籤：“威衛，原本作‘威軍’，今據《五代會要》改正。”見《會要》卷一二屯衛條。

[5]左軍巡使：官名。唐末始置。五代後梁在開封府置左、右軍巡使，以牙校充任。掌京城内巡警等事。　巡檢使：官名。五代始置於京師、陪都、重要的州及邊防重鎮。

[6]懷州：州名。治所在今河南沁陽市。

乾化元年十二月，[1]梁祖北征迴，過郡，凝貢獻加等，梁祖大悦。梁祖復北征，[2]凝迎奉進貢，有加於前。梁祖次相州，刺史李思安迎奉疏怠，[3]梁祖怒，貶思安。制云：“懷州刺史段明遠，少年治郡，庶事惟公，兩度祗奉行鑾，數程宿食本界，動無遺闕，舉必周豐，蓋能罄竭於家財，務在顯酬夫明獎。觀明遠之忠勤若此，見思安之悖慢何如！”[4]其見賞如此。其後，遷鄭州刺史，監大軍於河上。[5]梁末帝以戴思遠爲北面招討使。[6]行師不利，用王彦章代之，[7]受任之翌日，取德勝之南城，[8]軍聲大振。張漢倫等推功於凝，[9]凝掎摭彦章之失以間之。[10]梁末帝怒，罷彦章兵權。凝納賂於趙、張二族，[11]求爲招討使，敬翔、李振極言不可，[12]竟不能止。凝以衆五萬營於高陵津，[13]裨將康延孝叛歸莊宗，[14]延孝具陳梁軍虚實，莊宗遂決長驅之計。

[1]乾化：五代後梁太祖朱溫年號（911—912）。末帝朱友貞沿用（913—915）。

[2]梁祖復北征：中華書局本有校勘記：“‘征’字原闕，據《册府》卷六九七補。”見《宋本册府》卷六九七《牧守部·邪佞門》。

[3]相州：州名。治所在今河南安陽市。　李思安：人名。河南陳留（今河南開封市陳留鎮）人。五代後梁將領。傳見本書卷一九。

[4]見思安之悖慢何如：《輯本舊史》之影庫本粘籤：“悖慢何如，原本作‘悖曼如何’，今從《通鑑》改正。”見《通鑑》卷二六八乾化二年（912）二月丁卯條。

[5]鄭州：州名。治所在今河南鄭州市。　遷鄭州刺史，監大軍於河上：《舊五代史考異》：“案《歐陽史》：遷凝鄭州刺史，使監兵于河上，李振亟請罷之，太祖曰：‘凝未有罪。’振曰：‘待其有罪，則社稷亡矣！’然終不罷也。據此，則凝監河上軍爲梁祖時事。《通鑑考異》云：晋人取魏博，然後與梁以河爲境，故常以大兵守之，太祖時未也。就使當時屯兵河上，亦未繫社稷之安危，此必均王時事也。”見《新五代史》卷四五《段凝傳》、《通鑑》卷二七二同光元年（923）八月甲戌條《考異》。

[6]梁末帝：即後梁末帝朱友貞。後梁太祖朱溫之子。913 年至 923 年在位。紀見本書卷八至卷一〇、《新五代史》卷三。　北面招討使：官名。不常置，爲一路或數路地區統兵官。掌招撫討伐等事務。兵罷則省。

[7]王彦章：人名。鄆州壽張（今山東梁山縣壽張集）人。後梁將領。傳見本書卷二一、《新五代史》卷三二。

[8]德勝：地名。位於今河南濮陽市。原爲黄河渡口，晋軍筑德勝南、北二城於此，遂爲城名。

[9]張漢倫：人名。清河（今河北清河縣）人。張漢傑之兄。後梁大臣。事見本書卷三〇、卷五九、《通鑑》卷二七二同光元年

十月條。

[10]凝掎撅彥章之失以問之：《舊五代史考異》：“案《通鑑》：彥章棄鄒家口，復趨楊劉。遊奕將李紹興敗梁遊兵于清丘驛南，段凝以爲唐兵已自上流渡，驚駭失色，面數彥章，尤其深入。”見《通鑑》卷二七二同光元年（923）七月丁未、甲寅條。中華書局本有校勘記：“‘間’，《册府》卷四四〇作‘聞’。”明本《册府》卷四四〇《將帥部·交結門》作“凝掎撅彥章之短以聞”。對《舊五代史考異》所引《通鑑》文中之清丘驛，中華書局本有校勘記：“原作‘清丘縣’，據《通鑑》卷二七二改。胡注：‘春秋，晉、宋、曹、衛同盟於清丘，今在濮陽縣東南。’此因古地名以名驛也。”

[11]趙、張二族：即趙巖、張漢倫家族。

[12]敬翔：人名。同州馮翊（今陝西大荔縣）人。唐末朱溫謀士，五代後梁大臣。傳見本書卷一八、《新五代史》卷二一。李振：人名。河西（今甘肅武威）人。唐潞州節度使李抱真之曾孫。五代後梁大臣。傳見本書卷一八、《新五代史》卷四三。

[13]高陵津：關津名。又名盧津關。位於今河南范縣。　凝以衆五萬營於高陵津：《宋本册府》卷三八七《將帥部·襃異門一三》李存賢條：“（天祐）十九年，汴將段凝軍五萬營臨晉，存賢拒退之。”明本《册府》卷四五三《將帥部·翻覆門》：“段凝率衆五萬，營於王府。”據《輯本舊史》卷七四《康延孝傳》，“王府”爲“王村”之誤。

[14]裨將：亦稱裨將軍。副將的統稱，相對主將而言。　康延孝：人名。代北（今山西代縣）人。五代後唐將領。傳見本書卷七四、《新五代史》卷四四。

未幾，莊宗入汴，凝自滑率兵而南，[1]前鋒杜晏球至封丘，[2]解甲聽命。翌日，凝率大軍乞降於汴郊，莊宗釋之，復以凝爲滑州兵馬留後，[3]賜姓，名紹欽。有頃，正授節度，改兗州節度使。[4]凝初見莊宗，因伶人景進通貨於宮掖。[5]凝天性姦佞，巧言飾智，善候人意。其年，契丹寇幽州，[6]命宣徽使李紹宏監護諸軍，[7]以禦契丹，凝與董璋戍瓦橋關。[8]凝巧事紹宏，紹宏嘗乘間奏凝蓋世奇才，[9]可以大任，屢請以兵柄委之。郭崇韜奏曰：[10]“段凝，亡國敗軍之將，奸諂難狀，不可信也。”凝在藩鎮，私用庫物數萬計，有司促償，中旨貰其負。[11]同光三年四月，移授鄧州節度使。四年二月，趙在禮據鄴城，[12]李紹宏請用凝爲大將，莊宗許之，令具方略條奏。凝所請偏裨皆取其己黨，莊宗疑之，乃止。明宗至洛陽，霍彥威怒其前事，與溫韜同收下獄，詔釋之，放歸田里。[13]明年，竄於遼州，竟與溫韜同制賜死。《永樂大典》卷一萬八千一百三十。[14]

[1]滑：州名。治所在今河南滑縣。

[2]杜晏球：人名。原名王晏球。洛陽（今河南洛陽市）人。少遇亂，汴人杜氏畜之爲子，因冒姓杜氏，又名杜晏球。五代將領。傳見本書卷六四、《新五代史》卷四六。　封丘：縣名。治所在今河南封丘縣。

[3]兵馬留後：官名。唐、五代時，代行方鎮長官之職者稱留後。代行州兵馬使之職者，即爲兵馬留後。掌本州兵馬。

[4]兗州：州名。治所在今山東濟寧市兗州區。

[5]景進：人名。籍貫不詳。五代後唐莊宗朝伶官。傳見《新五代史》卷三七。

[6]契丹：古部族、政權名。公元4世紀中葉宇文部爲前燕攻破，始分離而成單獨的部落，自號契丹。唐貞觀中，置松漠都督

府，以其首領爲都督。唐末强盛，916 年迭刺部耶律阿保機建立契丹國（遼）。先後與五代、北宋並立，保大五年（1125）爲金所滅。參見張正明《契丹史略》，中華書局 1979 年版。　幽州：州名。治所在今北京市。

[7]宣徽使：官名。唐始置。宣徽南院使、北院使通稱宣徽使。初用宦官，五代以後改用士人。通掌内諸司及三班内侍之名籍，郊祀、朝會、宴享供帳之儀，檢視内外進奉名物。參見王永平《論唐代宣徽使》，《中國史研究》1995 年第 1 期；王孫盈政《再論唐代的宣徽使》，《中華文史論叢》2018 年第 3 期。　李紹宏：人名。籍貫不詳。後唐莊宗近臣。事見本書卷二九、卷三四、卷三五、卷五七。

[8]瓦橋關：唐置。位於今河北雄縣。五代後晋初地入契丹。後周顯德六年（959）收復，建爲雄州。與益津關、淤口關合稱三關。

[9]紹宏嘗乘間奏凝蓋世奇才：中華書局本有校勘記：“‘紹宏’二字原闕，據《册府》卷九三八補。”見明本《册府》卷九三八《總録部·姦佞門二》）。

[10]郭崇韜奏曰：中華書局本有校勘記：“‘奏’字原闕，據殿本、孔本、《册府》卷九三八補。”

[11]中旨賞其負：中華書局本有校勘記：“‘旨’字原闕，據《册府》卷九三八補。”

[12]趙在禮：人名。涿州（今河北涿州市）人。五代後唐、後晋將領。傳見本書卷九〇、《新五代史》卷四六。

[13]洛陽：地名。即今河南洛陽市。　霍彦威：人名。洺州曲周（今河北曲周縣）人。五代後梁將領霍存養子。後梁、後唐將領。傳見本書卷六四、《新五代史》卷四六。　温韜：人名。京兆華原（今陝西銅川市耀州區）人。唐末李茂貞部將，五代後梁、後唐將領。傳見本書本卷、《新五代史》卷四〇。　“明宗至洛陽”至“放歸田里”：《宋本册府》卷一五四《帝王部·明罰門三》：

"明宗天成元年四月辛丑，勅：'鄧州節度使李紹欽，太子少保李紹沖，汴州都麴務使辛廷尉、李繼宣等，並勒歸田里。'紹欽本姓温，名韜；紹沖本姓段，名凝；廷尉，僞開封尹王瓚之牙將也，朱友貞時依瓚勢曲法亂政，汴人深惡之；繼宣，汴將孟審澄之子，審澄誅，亡命歸莊宗，劉皇后蓄之爲子。時宮掖之間，穢聲流聞，比之四凶。帝在藩邸時惡其爲人，故並誅黜之。"

[14]《大典》卷一八一三〇"將"字韻"後唐將（三）"事目。

孔謙

孔謙，[1]莊宗同光初，爲租庸副使。[2]謙本魏州之幹吏，[3]自天祐十二年帝平定魏博，[4]會計皆委制置。謙能曲事權要，效其才力，帝委以泉貨之務，設法箕斂，七八年間，軍儲獲濟。[5]及帝即位于鄴城，謙謂己當爲租庸使，[6]物議以謙雖有經營濟贍之勞，然人地尚卑，不欲驟總重任。樞密使郭崇韜舉魏博觀察判官張憲爲租庸使，[7]以謙爲副，[8]謙悒然不樂者久之。

[1]孔謙：《舊五代史考異》："案：《通鑑》作魏州人。"《通鑑》卷二六九貞明元年（915）六月庚寅條作"魏州孔目吏孔謙"。《新五代史》卷二六《孔謙傳》："孔謙，魏州人也，爲魏州孔目官。"

[2]租庸副使：官名。佐理催徵租庸地税的財政官員。五代後唐時，租庸使取代鹽鐵、度支、户部，爲中央財政長官。

[3]魏州：州名。治所在今河北大名縣。"魏"字原闕，據《宋本册府》卷九二四《總録部·傾險門》、卷九四五《總録部·巧宦

門》補。

　　[4]天祐：唐昭宗李曄開始使用的年號（904），唐哀帝李柷沿用（904—907）。唐亡後，河東李克用、李存勗仍稱天祐，沿用至天祐二十年（923）。五代十國其他政權亦有行此年號者，如南吳、吳越等。　　自天祐十二年帝平定魏博：中華書局本有校勘記："句上原有'上'字，據《册府》卷九二四（宋本）、卷九四五删。"

　　[5]"會計皆委制置"至"軍儲獲濟"：《宋本册府》卷四八三《邦計部·材略門》："後唐孔謙，莊宗爲晋王時，以謙爲支度使。河上用兵及燕趙征討，前後十餘年，飛輓徵取，不至匱乏。莊宗成霸業，謙有調發之力焉。"《通鑑》卷二六九貞明元年六月庚寅條："魏州孔目吏孔謙，勤敏多計數，善治簿書，晋王以爲支度務使。謙能曲事權要，由是寵任彌固。魏州新亂之後，府庫空竭，民間疲弊，而聚三鎮之兵，戰於河上，殆將十年，供億軍須，未嘗有闕，謙之力也。然急徵重斂，使六州愁苦，歸怨於王，亦其所爲也。"

　　[6]謙謂己當爲租庸使：中華書局本有校勘記："'謂'字原闕，據《册府》（宋本）卷九二四補。《新五代史》卷二六《孔謙傳》敘其事作'謙自謂當爲租庸使'。"《通鑑》卷二七二同光元年（923）四月己巳條："支度務使孔謙自謂才能勤效，應爲租庸使；衆議以謙人微地寒，不當遽總重任，故崇韜薦張憲，以謙副之，謙亦不悦。"

　　[7]觀察判官：官名。唐肅宗以後置，五代沿置。觀察使屬官，參理田賦事，用觀察使印、署狀。　　張憲：人名。晋陽（今山西太原市）人。後唐大臣。傳見本書六九、《新五代史》卷二八。樞密使郭崇韜舉魏博觀察判官張憲爲租庸使：《輯本舊史》之影庫本粘籤："'判官'下，原本有闕文，考《歐陽史》係'判官張憲'，今增入。"見《新五代史》卷二六《孔謙傳》。

　　[8]以謙爲副：《輯本舊史》卷三〇《唐莊宗紀四》同光元年十二月甲午條："以租庸副使、光禄大夫、檢校司徒、守衛尉卿孔謙爲鹽鐵轉運副使。"

帝既平梁汴，謙徑自魏州馳之行在，[1]因謂崇韜曰：
"魏都重地，須大臣彈壓，以謙籌之，非張憲不可。"崇
韜以爲忠告，即奏憲爲鄴都副留守，乃命宰臣豆盧革專
判租庸。[2]謙彌失望，乃尋革過失。時革以手書便省庫
錢數十萬，謙密以手書示崇韜，[3]微諷聞於革。革懼，
上表請崇韜專其事，崇韜亦辭避。[4]帝問："當委何人爲
可？"崇韜曰："孔謙雖久掌貨泉，然物議未嘗居大任，
以臣所見，却委張憲爲便。"帝促徵之。憲性精辨，爲
趨時者所忌，人不祐之。謙乘間訴于豆盧革曰："租庸
錢穀，悉在眼前，委一小吏可辦。鄴都本根之地，不可
輕付于人。興唐尹王正言無裨益之才，[5]徒有獨行，詔
書既徵張憲，復以何人爲代？"豆盧革言于崇韜，崇韜
曰："鄴都分司列職，皆主上舊人，委王正言何慮不
辦？"革曰："俱是失也，設不獲已，以正言掌租庸，取
畫于大臣，[6]或可辦矣，若付之方面，必敗人事。"謙以
正言非德非勳，懦而易制，曰："此議爲便。"然非己
志。尋摭正言之失，泣訴于崇韜，厚賂閹伶，以求進
用，人知奸諂，沮之，乃上章請退。帝怒其規避，將置
于法，樂人景進于帝前解喻而止。王正言風病恍惚，不
能綜三司事，景進屢言于帝，乃以正言守禮部尚書，[7]
以謙爲租庸使。[8]《册府元龜》卷九百二十四。

[1]行在：即行在所。指帝王行幸所在之地。

[2]豆盧革：人名。先世爲鮮卑慕容氏，後改豆盧氏。唐同州
刺史豆盧籍之孫，舒州刺史豆盧瓚之子。五代後唐宰相。傳見本書
卷六七、《新五代史》卷二八。

[3]謙密以手書示崇韜：中華書局本有校勘記："'密'字原闕，據《册府》（宋本）卷九二四補。"見《宋本册府》卷九二四《總録部·傾險門》。

[4]"微諷聞於革"至"崇韜亦辭避"：中華書局本有校勘記："'微諷聞於革革懼上表請崇韜專其事崇韜'，以上十七字原闕，據《册府》卷九二四補。"

[5]興唐尹：官名。五代後唐同光元年（923），改魏州爲興唐府。以興唐尹總其政務。從三品。　王正言：人名。鄆州（今山東東平縣）人。後唐大臣。傳見本書卷六九。

[6]取畫于大臣：中華書局本有校勘記："'畫'原作'書'，據劉本、《宋本册府》卷九二四改。"

[7]三司：官署名。五代後唐明宗天成元年（926）合鹽鐵、度支、户部爲一職，始稱三司，爲中央最高之理財機構。　禮部尚書：官名。尚書省禮部長官。掌禮儀、祭享、貢舉之政。正三品。

[8]以謙爲租庸使：《輯本舊史》卷三一《唐莊宗紀五》同光二年二月庚午條："租庸使孔謙奏：'諸道綱運商旅，多於私路苟免商税，請令所在關防，嚴加捉搦。'從之。"同書卷三二《唐莊宗紀六》同光二年八月癸酉條："以租庸副使、守衛尉卿孔謙爲租庸使。"同月癸未條："癸未，租庸使孔謙進封會稽縣男，仍賜豐財贍國功臣。"《宋本册府》卷四八三《邦計部·褒寵門》："後唐孔謙，莊宗同光元年爲租庸使、守衛尉卿。二年八月，賜豐財贍國功臣。"明本《册府》卷五〇四《邦計部·關市門》："後唐莊宗同光二年二月庚午，租庸使孔謙奏：'諸道綱運商旅，多於私路苟免商税，不繇官路往來。宜令所在關防，嚴加捉搦。山谷私由道路，仍須部塞，以戢行人。'"《通鑑》卷二七三同光二年二月己巳條："二月，己巳朔，上祀南郊，大赦。孔謙欲聚斂以求媚，凡赦文所蠲者，謙復徵之。自是每有詔令，人皆不信，百姓愁怨。"同年四月條："孔謙貸民錢，使以賤估償絲，屢檄州縣督之。翰林學士承旨、權知汴州盧質上言：'梁趙巖爲租庸使，舉貸誅斂，結怨于人。陛下革故

鼎新，爲人除害，而有司未改其所爲，是趙巖復生也。今春霜害稼，繭絲甚薄，但輸正税，猶懼流移，況益以稱貸，人何以堪！臣惟事天子，不事租庸，敕旨未頒，省牒頻下，願早降明命！'帝不報。"同年七月癸卯條："孔謙復短王正言於郭崇韜，又厚賂伶官，求租庸使，終不獲，意怏怏，癸卯，表求解職；帝怒，以爲避事，將置於法，景進救之，得免。"同年八月癸酉條："租庸使王正言病風，恍惚不能治事，景進屢以爲言。癸酉，以副使、衛尉卿孔謙爲租庸使，右威衛大將軍孔循爲副使。"

　　謙以國用不足，奏："諸道判官員數過多，請只置節度、觀察判官、書記、支使、推官各一員。[1]留守置判官各一員。[2]三京府置判官、推官，餘並罷。[3]俸錢。[4]"又奏："百官俸錢雖多，折支非實，請減半數，皆支實錢。"並從之。未幾，半實俸復從虛折。[5]《永樂大典》卷四千六百七十九。[6]

　　[1]支使：官名。唐、五代節度使、觀察使等下屬官員中有支使，其職與掌書記同。位在副使、判官之下，推官之上。掌表奏書檄等。　推官：官名。唐肅宗以後置，五代沿置。爲節度、觀察、團練、防禦等使的屬官。度支、鹽鐵等使也置推官掌理刑案之事。
　　"諸道判官員數過多"至"推官各一員"：《會要》卷二七諸色料錢上作："同光三年二月十九日，租庸院奏：'諸道藩鎮，請祇置節度使、副、節度觀察判官、掌書記、推官共五員。'"《宋本册府》卷五〇八《邦計部·俸祿門四》云："孔謙乃奏：'使幕祇置節度、觀察、判官、書記、支使、推官十一員。'"
　　[2]留守置判官各一員：中華書局本有校勘記："《五代會要》卷二七敘其事作'請置判官、推官二員'。"《會要》諸色料錢上實云："留守兼判六軍，請置副使、判官、推官三員；留守不判六軍，

請置判官、推官二員。"《宋本册府》卷五〇八云："留守置判官各一員。"

[3]三京府置判官、推官，餘並罷：中華書局本有校勘記："'三京'，《五代會要》卷二七敍其事作'四京'。"《會要》諸色料錢上："四京府請祇置推官一員，如已有判官，即不置推官，其請受准留守推官例，其料錢准百官例折支。"《宋本册府》卷五〇八云："三京府置判官，餘並罷。"

[4]俸錢：中華書局本有校勘記："《册府》卷五〇八作'俸錢自節度判官三十千已降有差'。"

[5]半實俸復從虛折：中華書局本有校勘記："'實'，原作'年'，據《册府》卷五〇八改。"《宋本册府》卷五〇八作"所及一半實俸，廢從虛折"。

[6]《大典》卷四六七九"錢"字韻"事韻（六）"，應爲"俸錢"或"實錢"事目。《輯本舊史》之案語："《孔謙傳》，《永樂大典》僅存一條，今録《册府元龜》以存梗概。"《舊五代史考異》："案：以下原闕。《北夢瑣言》云：明宗即位，誅租庸使孔謙等。孔謙者，魏州孔目，莊宗圖霸，以供饋兵食，謙有力焉。既爲租庸使，曲事嬖倖，奪宰相權，專以聚斂爲意，剥削爲端。以犯衆怒伏誅。"見《北夢瑣言》卷一八明宗誅諸兇條。《宋本册府》卷五〇八："同光初，租庸使孔謙以軍儲不給，白於郭崇韜云：'諸道奏請，判官員外數過多，徒費軍食，請爲定額。'乃奏使幕祇置節度、觀察、判官、書記、支使、推官十一員，留守置判官各一員，三京府置判官，餘並罷。俸錢自節度判官三十千已降，有差。謙又奏：'百官俸錢數目雖多，折支非實，請減半數，皆支實錢。'並從之。洎同光末，謙得罪，廢租庸使額。謙之弊政，皆削除，惟有定官員、減俸錢之事，因循未革，所及一半實俸，廢從虛折。議者非之。"

同光三年秋，兩河大水，户口流亡，都下供饋不充，軍士乏食。謙日於上東門外竚望輦轂，計數旋給諸軍，各出怨言，以至於亂。明宗至洛陽，乃下詔暴謙罪惡，削奪官爵，斬於都市，籍没其家。[1]

[1]上東門：城門名。爲洛陽城門。位於今河南洛陽市。"同光三年秋"至"籍没其家"：《宋本册府》卷五一一《邦計部·曠敗門》。同書卷一六〇《帝王部·革弊門二》："明宗天成元年四月，誅租庸使孔謙，停租庸名額，依舊爲鹽鐵、户部、度支三司，委宰臣豆盧革專判。"《輯本舊史》卷三三《唐莊宗紀七》同光三年（925）七月己酉條："以刑部尚書李琪充大行皇太后山陵禮儀使，河南尹張全義充山陵橋道排頓使，孔謙充監護使。"同年閏十二月甲午條："是時，兩河大水，户口流亡者十四五，都下供饋不充，軍士乏食，乃有鬻子去妻，老弱採拾於野，殍踣於行路者。州郡飛輓，旋給京師，租庸使孔謙日於上東門外竚望其來，算而給之。加以所在泥潦，輦運艱難，愁歎之聲，盈於道路，四方地震，天象乖越。帝深憂之，問所司濟贍之術。孔謙比以吏進，故無保邦濟民之要務，唯以急刻賦斂爲事。"同書卷三五《唐明宗紀一》同光四年四月庚子條："敕曰：'租庸使孔謙，濫承委寄，專掌重權，侵剥萬端，姦欺百變。遂使生靈塗炭，軍士飢寒，成天下之瘡痍，極人間之疲弊。載詳衆狀，側聽輿辭，難私降黜之文，合正殛誅之典。宜削奪在身官爵，按軍令處分。雖犯衆怒，特貸全家，所有田宅，並從籍没。'是日，謙伏誅。敕停租庸名額，依舊爲鹽鐵、户部、度支三司，委宰臣豆盧革專判。"《新五代史》卷六《唐明宗紀》天成元年（926）四月乙未條："殺元行欽及租庸使孔謙。"《通鑑》卷二七四同光三年十二月己卯條："是歲大饑，民多流亡，租賦不充，道路塗潦，漕輓艱澀，東都倉廩空竭，無以給軍士。租庸使孔謙日於上東門外望諸州漕運，至者隨以給之。軍士乏食，有

僱妻鬻子者，老弱採蔬於野，百十爲群，往往餒死，流言怨嗟，而帝遊畋不息。”同書卷二七五天成元年四月庚子條：“監國下教，數租庸使孔謙奸佞侵刻窮困軍民之罪而斬之，凡謙所立苛斂之法皆罷之，因廢租庸使及內勾司，依舊爲鹽鐵、戶部、度支三司，委宰相一人專判。”

李鄴

　　李鄴，魏州人也。幼事楊師厚，[1]及莊宗入魏，漸轉裨將，歷數郡刺史，後遷亳州。[2]爲政貪穢，有奴爲人持金以賂鄴，奴隱其金，鄴殺之。其家上訴，因訐其陰事，詔貶郴州司戶參軍，[3]又貶崖州長流百姓，[4]所在賜自盡。《永樂大典》卷一萬三百八十九。[5]

　　[1]楊師厚：人名。潁州斤溝（今安徽太和縣阮橋鎮斤溝村）人。唐末、五代後梁將領。傳見本書卷二二、《新五代史》卷二三。
　　[2]亳州：州名。治所在今安徽亳州市。
　　[3]郴州：州名。治所在今湖南郴州市。　司戶參軍：官名。簡稱“司戶”。州級政府僚佐。掌本州屬縣之戶籍、賦稅、倉庫受納等事。上州從七品下，中州正八品下，下州從八品下。
　　[4]崖州：州名。治所在今海南瓊山市。　長流：遠途流放，長期流放。
　　[5]《大典》卷一〇三八九“李”字韻“姓氏（三四）”事目。按《宋本冊府》卷七〇〇《牧守部·貪黷門》：“李鄴爲亳州刺史。明宗天成二年，詔配崖州長流百姓，所在賜自盡。鄴爲政貪穢，有奴爲人轉金，冀迴公道，奴匿其金。鄴知，遂殺之。其家人上論，訴其私事，遂伏法。”

史臣曰：易云："積不善之家，必有餘殃。"又曰："惡不積不足以滅身。"如毛璋之儔，可謂積惡而滅其身矣，況温韜之發陵寢，段凝之敗國家，罪不容誅，死猶差晚。餘皆瑣瑣，何足議焉。《永樂大典》卷一萬三百八十九。[1]

[1]《大典》卷一〇三八九"李"字韻"姓氏（三四）"事目。

舊五代史　卷七四

唐書五十

列傳第二十六

康延孝

康延孝，塞北部落人也。[1]初隸太原，因得罪，亡命于汴梁。[2]開平、乾化中，[3]自隊長積勞至部校。[4]梁末帝時，[5]頻立軍功。同光元年八月，段凝率眾五萬營於王村，時延孝爲右先鋒指揮使，率百騎來奔。[6]莊宗得之，[7]喜，解御衣金帶以賜之。翌日，賜田宅於鄴，[8]以爲捧日軍使兼南面招討指揮使、[9]檢校司空，[10]守博州刺史。[11]莊宗屏人問梁兵機，延孝備陳利害，語在《莊宗紀》中。同光元年，[12]莊宗平汴，延孝頗有力焉，以功授檢校太保、鄭州防禦使，[13]賜姓，名紹琛。明年，郊禮畢，授保義軍節度使。[14]

[1]康延孝，塞北部落人也：《宋本册府》卷一六六《帝王

部·招懷門四》："延孝，本晋陽人，家世部族。"《新五代史》卷四四《康延孝傳》："代北人也。"《通鑑》卷二七二同光元年（923）六月乙亥條："延孝者，太原胡人。"

[2]太原：府名。治所在今山西太原市。此處代指李克用。汴梁：地名。即開封府。治所在今河南開封市。此處代指朱溫。"初隸太原"至"亡命于汴梁"：《宋本册府》卷一六六："少隸太祖軍，負罪奔於梁。"《新五代史》卷四四《康延孝傳》："爲太原軍卒，有罪亡命于梁。"

[3]開平：五代後梁太祖朱溫年號（907—911）。 乾化：五代後梁太祖朱溫年號（911—912），末帝朱友貞沿用（913—915）。

[4]部校：低級軍官。 積勞至部校：《宋本册府》卷一六六作"漸至偏裨"。

[5]梁末帝：即後梁末帝朱友貞。後梁太祖朱溫之子。913年至923年在位。紀見本書卷八至卷一〇、《新五代史》卷三。

[6]同光：五代後唐莊宗李存勖年號（923—926）。 段凝：人名。開封（今河南開封市）人。其妹爲朱溫美人，因其妹而爲朱溫親信。後梁、後唐將領。傳見本書卷七三、《新五代史》卷四五。王村：地名。位於今河南濮陽市。《通鑑》卷二七二同光元年八月戊子條胡注："王村，亦因土人王氏聚居之地爲名。" 右先鋒指揮使：官名。先鋒，即先鋒部隊。指揮使，爲所部統兵將領。"同光元年八月"至"率百騎來奔"：《宋本册府》卷一六六記載有異："同光元年八月，梁行營右先鋒指揮使康延孝自高陵津渡剽於臨河，帝以騎軍挑戰。延孝率百餘騎倒戈來歸。……性剛烈負氣，不居人下，知賊庭終敗來奔。"《通鑑》卷二七二同光元年八月戊戌條，"康延孝帥百餘騎來奔"。"右先鋒指揮使"，中華書局本有校勘記："'右'，《册府》卷一六六、《通鑑》卷二七二同，本書卷二九《唐莊宗紀三》、《册府》卷一二六、《新五代史》卷四四《康延孝傳》作'左右'。"此據《通鑑》卷二七二同光元年六月乙亥條、《輯本舊史》卷二九《唐莊宗紀三》同光元年八月戊戌條、明

本《册府》卷一二六《帝王部·納降門》。

[7]莊宗：即後唐莊宗李存勗。沙陀部人。五代後唐王朝的建立者。紀見本書卷二七至卷三四、《新五代史》卷五。

[8]鄴：地名。治所在今河北大名縣。五代後唐同光元年（923）改魏州爲興唐府，建號東京。三年，改東京爲鄴都。

[9]捧日軍使：官名。所部統兵將領。捧日爲部隊番號。　南面招討指揮使：官名。唐末、五代軍隊統兵將領。　以爲捧日軍使兼南面招討指揮使：《宋本册府》卷三八七《將帥部·褒異門一三》、《新五代史》卷四四《康延孝傳》同。《宋本册府》卷一六六作"捧日都軍使兼南面招討都指揮使"。《通鑑》卷二七二同光元年八月戊戌條作"南面招討都指揮使"。"招討"，《宋本册府》卷三六〇《將帥部·立功門一三》作"招收"；《輯本舊史》之影庫本粘籤："招討，原本作'招收'，今據《通鑑》改正。"見《通鑑》卷二七二同光元年八月戊戌條。

[10]檢校司空：官名。爲散官或加官，以示恩寵，無實際執掌。司空，與太尉、司徒並爲三公。中華書局本有校勘記："'司空'，《册府》卷一六六、卷三八七作'司徒'。"

[11]博州：州名。治所在今山東聊城市。　刺史：官名。州一級行政長官。漢武帝時始置，總掌考核官吏、勸課農桑、地方教化等事。唐中期以後，節度使、觀察使轄州而設，刺史爲其屬官，職任漸輕。從三品至正四品下。

[12]同光元年：中華書局本有校勘記："以上四字原闕，據《册府》卷三六〇補。按下文'明年''三年'皆承'同光元年'而言。"

[13]檢校太保：官名。爲散官或加官，以示恩寵，無實際執掌。太保，與太師、太傅合稱三師。　鄭州：州名。治所在今河南鄭州市。　防禦使：官名。唐代始置，設有都防禦使、州防禦使兩種。常由刺史或觀察使兼任，實際上爲唐代後期州或方鎮的軍政長官。

[14]保義軍：方鎮名。唐龍紀元年（889）以陝虢節度使爲保義軍節度使，治所在陝州（今河南三門峽市陝州區）。 節度使：官名。唐時在重要地區所設掌握一州或數州軍事、民事、財政的長官。

　　三年，討蜀，以延孝爲西南行營馬步軍先鋒、[1]排陣斬斫等使。[2]延孝性驍健，狥利奮不顧身。以前鋒下鳳州，收固鎮，降興州，敗王衍軍於三泉，[3]所俘蜀軍皆諭而釋之，自是晝夜兼行。王衍自利州奔歸成都，斷吉柏津浮梁，[4]以絶諸軍。[5]延孝復造浮梁以渡，進收綿州，王衍復斷綿江浮梁而去。[6]水深無舟檝可渡，延孝謂招撫使李嚴曰：[7]“吾懸軍深入，利在急兵。乘王衍破膽之時，人心離沮，但得百騎過鹿頭關，[8]彼即迎降不暇。如俟修繕津梁，便留數日，若王衍堅閉近關，折吾兵勢，儻延旬浹，則勝負莫可知也，宜促騎渡江。”因與李嚴乘馬浮江，於是得濟者僅千人，步軍溺死者亦千餘人。延孝既濟，長驅過鹿頭，進據漢州。[9]居三日，部下後軍方至。僞蜀六軍使王宗弼令人持牛酒幣馬歸款。[10]旬日間，[11]兩川平定，延孝止漢州以俟繼岌。[12]平蜀之功，延孝居最。

　　[1]以延孝爲西南行營馬步軍先鋒：《宋本册府》卷三六〇《將帥部·立功門一三》康延孝條作“西南面行營馬步軍先鋒”，宋彥筠條作“宋彥筠初仕後唐，典禁軍。同光中，伐蜀之役，彥筠率所部從康延孝爲前鋒”。
　　[2]排陣斬斫：官名。即排陣斬斫使。多以任節度使的武臣出

任，或由軍事指揮官兼任，多側重監督軍隊。參見王軼英《中國古代排陣使述論》，《西北大學學報》2010 年第 6 期。明本《册府》卷四一六《將帥部・傳檄門二》："時排陣斬斫使康延孝將勁騎三千、步兵萬人爲前鋒。"

[3]鳳州：州名。治所在今陝西鳳縣東北鳳州鎮。 固鎮：地名。位於今甘肅徽縣。 興州：州名。治所在今陝西略陽縣。 王衍：人名。許州舞陽（今河南舞陽縣）人。王建幼子，五代十國前蜀皇帝。傳見本書卷一三六、《新五代史》卷六三。 三泉：地名。位於今四川廣元市。

[4]利州：州名。治所在今四川廣元市。 成都：府名。治所在今四川成都市。 吉柏津：渡口。在吉柏江上。位於今四川廣元市西南昭化鎮北。

[5]以絶諸軍：中華書局本有校勘記："'諸'，《武經總要後集》卷一〇作'追'。"

[6]綿州：州名。治所在今四川綿陽市。 綿江：水名。今名綿遠河，四川沱江上源之一，源出四川綿竹市。

[7]招撫使：官名。掌招撫征伐之事。係臨時設置之統兵官。 李嚴：人名。幽州（今北京市）人。五代後唐官員。傳見本書卷七〇、《新五代史》卷二六。

[8]鹿頭關：位於今四川德陽市北鹿頭灣。唐築，與白馬關西東相對。唐代不但爲劍州（治今四川劍閣縣）、綿州（治今四川綿陽市）西南入成都之門户，且爲梓州（治今四川三臺縣）西入成都必經之地，故爲東西兩川交通要隘、成都北面門户。《輯本舊史》之影庫本粘籤："鹿頭，原本作'虎頭'，下文又作'鹿頭'，考《通鑑》及《九國志》俱作'鹿'，今改正。"此據《通鑑》卷二七四同光三年（925）十一月丁未條。

[9]漢州：州名。治所在今四川廣漢市。

[10]六軍使：官名。總領左右羽林、左右龍武、左右神武六部皇宮禁軍。 王宗弼：籍貫不詳。王建養子，五代十國前蜀高級官

員。事見本書卷三三、卷五七及《新五代史》卷六三。

[11]旬日間：中華書局本有校勘記："'間'字原闕，據《冊府》卷三六七補。"此據《宋本冊府》卷三六七《將帥部·機略門七》。

[12]兩川：指唐、五代方鎮劍南東川、劍南西川，簡稱兩川或東、西川。唐至德二載（757）分劍南節度使東部地區置劍南東川節度使，治所在梓州（今四川三臺縣）；劍南西川，治所在成都府（今四川成都市）。　繼岌：人名。即李繼岌。後唐莊宗長子。傳見本書卷五一、《新五代史》卷一四。

　　時邠州節度使董璋爲行營右廂馬步使，[1]華州節度使毛璋爲行營左廂馬步使，[2]以軍禮當事延孝。郭崇韜以私愛董璋，[3]及西川平定之後，崇韜每有兵機，必召璋參決，延孝不平。時延孝軍於城西，毛璋軍於城東，董璋軍於城中。閏十二月，[4]延孝因酒酣謂董璋曰："吾有平蜀之功，公等僕遬相從，反首鼠於侍中之門，[5]謀相傾陷，吾爲都將，公乃裨校，[6]力能斬公。"[7]璋惶恐，謝之而退。酒罷，璋訴于郭崇韜，崇韜陰銜之，[8]乃署董璋爲東川節度使，落軍職。延孝怒，謂毛璋曰："吾冒白刃，犯險阻，平定兩川，董璋何功，遽有其地！"二人因謁見崇韜，曰："東川重地，宜擇良帥，工部任尚書有文武才幹，[9]甚洽衆心，請表爲東川帥。"崇韜怒曰："紹琛反耶？敢違吾節度！"延孝等惶恐而退。未幾，崇韜爲繼岌所害，二人因責董璋曰："公復首鼠何門？"璋俛首祈哀而已。

　　[1]邠州：州名。治所在今陝西彬縣。　董璋：人名。籍貫不

詳。五代後梁、後唐將領。傳見本書卷六二、《新五代史》卷五一。

行營右廂馬步使：官名。五代時期出征軍隊高級統兵官。

[2]華州：州名。治所在今陝西渭南市華州區。　毛璋：人名。滄州（今河北滄縣舊州鎮）人。五代後唐將領。傳見本書卷七三、《新五代史》卷二六。

[3]郭崇韜：人名。代州雁門（今山西代縣）人。五代後唐大臣。傳見本書卷五七、《新五代史》卷二四。

[4]閏十二月：中華書局本有校勘記："本書卷三三《唐莊宗紀七》、《通鑑》卷二七四繫董璋爲東川節度使事於十二月。"

[5]侍中：官名。秦始置。隋、唐前期爲門下省長官。唐後期多爲大臣加銜，不參與政務，實際職務由門下侍郎執行。正二品。

[6]都將：官名。唐、五代時方鎮屬將。　裨校：即低職武官。

[7]力能斬公：中華書局本有校勘記："'公'，原作'首'，據《冊府》卷四五六改。《通鑑》卷二七四、《新五代史》卷四四《康延孝傳》敘其事作'獨不能以軍法斬公邪'。"此據《宋本冊府》卷四五六《將帥部·不和門》、《通鑑》卷二七四同光三年（926）十二月條。

[8]崇韜陰銜之：中華書局本有校勘記："'崇韜'二字原闕，據《冊府》卷四五六補。"

[9]任尚書：即任圜。此事亦見《通鑑》卷二七四同光三年十二月條。　工部任尚書有文武才幹：《輯本舊史》之影庫本粘籤："'工部'下原脫'任'字，今據《通鑑》增入。"此據《通鑑》卷二七四同光三年十二月條。

　　四年正月甲申，大軍發成都，繼岌令延孝以一萬二千人爲後軍。二月癸巳，中軍次武連，中使詔至，[1]諭以西平王朱友謙有罪伏誅，[2]命繼岌殺其子遂州節度使令德，[3]延孝大驚。俄而董璋率兵之遂州，遇延孝不謁，延孝怒，謂諸校曰："南平梁汴，西定巴邛，畫策之謀，始於郭公，而汗馬之勞，力摧强敵，即吾也。若以背偽歸國，掎角而成霸業，即西平王之功第一。西平與郭公皆以無罪赤族，歸朝之後，次當及我矣！"丙申，延孝次劍州。[4]時延孝部下皆鄜、延、河中舊將，[5]焦武等知西平王被禍，[6]兼誅令德，號哭軍門，訴於延孝曰："西平無罪，二百口伏誅，河中舊將，無不從坐，某等必死矣！"時魏王繼岌到泥溪，[7]延孝報繼岌云："河中兵士號哭，欲爲亂。"丁酉，延孝至劍州，遂擁衆迴，自稱西川節度、三川制置等使，[8]以檄招諭蜀人，[9]三日間，衆及五萬。

[1]武連：縣名。治所在今四川劍閣縣武連鎮。　中使：即宦官。

[2]朱友謙：人名。許州（今河南許昌市）人。唐末、五代軍閥。傳見本書卷六三、《新五代史》卷四五。　諭以西平王朱友謙有罪伏誅：中華書局本有校勘記："原作'朱友麟'，據殿本、劉本、孔本改。按本書卷三四《唐莊宗紀》八，同光四年朱友謙被誅。"此據《輯本舊史》卷三四《唐莊宗紀八》同光四年（926）正月戊寅條。

[3]遂州：方鎮名。即武信軍。治所在遂州（今四川遂寧市）。
令德：人名。即李令德。原名朱令德。許州（今河南許昌市）人。五代將領。朱友謙之子。事見本書卷六三、《新五代史》卷四五。

[4]劍州：州名。治所在今四川劍閣縣。

[5]鄜：州名。治所在今陝西富縣。　延：州名。治所在今陝西延安市。　河中：方鎮名。治所在河中府（今山西永濟市）。

[6]焦武：人名。籍貫不詳。河中軍將領。事見《通鑑》卷二七四。

[7]泥溪：地名。當指泥溪河（白龍江支流）。位於今四川廣元市昭化鎮西。

[8]自稱西川節度、三川制置等使：中華書局本有校勘記："'三川'，原作'三州'，據《武經總要後集》卷一〇、《通鑑》卷二七四、《新五代史》卷四四《康延孝傳》改。"此據《通鑑》卷二七四天成元年（926）二月丁酉條。

[9]以檄招諭蜀人：中華書局本有校勘記："'蜀人'，原作'人'，據《武經總要後集》卷一〇、《通鑑》卷二七四、《新五代史》卷四四《康延孝傳》改。"

己亥，繼岌至利州。是夜，守吉柏津使密告魏王曰：[1]"得紹琛文字，令斷吉柏浮梁。"繼岌懼，乃令梁漢顒以兵控吉柏津。[2]延孝已擁衆急趨西川，繼岌遣人馳書諭之。夜半，令監軍使李廷安召任圜，因署爲副招討使。[3]令圜率兵七千騎，與都指揮使梁漢顒、監軍李廷安討之。[4]辛丑，圜先令都將何建崇擊劍門，[5]下之。甲寅，圜以大軍至漢州，延孝來逆戰，圜令董璋以東川懦卒當其鋒，伏精兵於其後，延孝擊退東川之兵，急追之，遇伏兵起，延孝敗，馳入漢州，閉壁不出。西川孟知祥以兵二萬，與圜合勢攻之。[6]漢州四面樹竹木爲柵。[7]

[1]守吉柏津使密告魏王曰："守吉柏津使"，《輯本舊史》之案語："原本疑有闕文。"

[2]梁漢顒：人名。太原（今山西太原市）人。五代將領。傳

見本書卷八八。

[3]監軍使：官名。五代後唐設置，派於諸道，掌監護軍隊。李廷安：人名。籍貫不詳。後唐宦官。事見本書本卷、卷五七、卷六七。 任圜：人名。京兆三原（今陝西三原縣）人。後唐將領、大臣。傳見本書卷六七、《新五代史》卷二八。 招討使：官名。唐始置。戰時任命，兵罷則省。常以大臣、將帥或地方軍政長官兼任。掌招撫、討伐等事。

[4]都指揮使：官名。唐末、五代軍隊多置都指揮使、指揮使，爲統兵將領。 與都指揮使梁漢顒、監軍李廷安討之："李廷安"，明本《册府》卷四二三《將帥部·討逆門》作"李延安"。

[5]何建崇：人名。籍貫不詳。後唐將領。事見本書本卷、《通鑑》卷二七四。 劍門：關隘名。即劍門關。位於今四川劍閣縣北六十里劍門鎮北大劍山口。 圜先令都將何建崇擊劍門：中華書局本有校勘記："'圜'字原闕，據《册府》卷四二三、《通鑑》卷二七四補。"此據明本《册府》卷四二三、《通鑑》卷二七四天成元年（926）二月辛丑條。

[6]孟知祥：人名。邢州龍岡（今河北邢臺市）人。五代十國後蜀開國君主。傳見本書卷一三六、《新五代史》卷六四。 "甲寅"至"與圜合勢攻之"：《輯本舊史》之案語："《九國志·李延厚傳》：康延孝入漢州，知祥遣延厚率兵二千會李仁罕討之，將行，誓士卒曰：'今出師不三旬必破賊，乃立功圖賞之日也。士卒忠奮者立東厢，衰疾者立西厢，無自苦也。'得請行者七百人，逐延孝西寨，斬首百餘級，竟拔其城。"此據《九國志》卷七《李延厚傳》。

[7]漢州四面樹竹木爲柵：中華書局本有校勘記："'漢州'下《武經總要後集》卷一四、《通鑑》卷二七四有'無城壍'三字。"見《通鑑》卷二七四天成元年三月乙丑條。

三月乙丑，圜陣於金雁橋，[1]即率諸軍鼓譟而進，四面縱火，風焰亘空。延孝危急，[2]引騎出戰，遇陣於金雁橋，[3]又敗之，以十數騎奔綿州；[4]何建崇追及，擒之，任圜命載以檻車。時孟知祥與任圜、董璋置酒高會，因引令延孝檻車至會。知祥問曰："明公頃自梁朝脫身歸命，纔平汴水，節制陝郊，近領前鋒，克平劍外，歸朝之後，授爵冊勳，巨鎮尊官，誰與爲競！奈何躁憤，自毀功庸，入此檻車，還爲鄧艾，[5]深可痛惜，誰肯愍之！"知祥因手自注盃以飲之。延孝曰："自知富貴難消，官職已足。然郭崇韜佐命元勳，輔成大業，不動干戈，收獲兩川，自古殊功，但恐不及，一旦何罪，闔門被誅；延孝之徒，何保首領？以此思慮，不敢歸朝，天道相違，一旦至此，亦其命也，夫復何言！"及圜班師，行次鳳翔，中使向延嗣齎詔至，[6]遂誅之。部下懷其首級，瘞於昭應縣民陳暉地。[7]天成初，[8]其子發之携去。《永樂大典》卷一萬八千一百三十。[9]

[1]金雁橋：亦名"雁橋"。位於今四川廣漢市北鴨子河上。

[2]延孝危急：中華書局本有校勘記："句上原有'於是'二字，據殿本、孔本、《武經總要後集》卷一四、《册府》卷四二三刪。"見明本《册府》卷四二三《將帥部·討逆門》。

[3]遇陣於金雁橋：《輯本舊史》之影庫本粘籤："金雁，原本作'京雁'，今從《通鑑》改正。"見《通鑑》卷二七四天成元年（926）三月乙丑條。

[4]以十數騎奔綿州："綿州"，中華書局本有校勘記："《武經總要後集》卷一四、《通鑑》卷二七四作'綿竹'。"見《通鑑》卷

二七四天成元年三月乙丑條。

[5]鄧艾：人名。義陽棘陽（今河南新野縣）人。三國時魏名將。初爲司馬懿掾屬，建議屯田兩淮，廣開漕渠，並著《濟河論》加以闡述。曾率軍出陰平道伐蜀，迫使劉禪投降。後遭鍾會誣告被誅。傳見《三國志》卷二八。

[6]鳳翔：方鎮名，治所在鳳翔府（今陝西鳳翔縣）。　向延嗣：人名。籍貫不詳。五代後唐宦官。事見《通鑑》卷二七四。

[7]昭應縣：縣名。治所在今陝西西安市臨潼區華清池西北。陳暉：人名。籍貫不詳。昭應縣民。事跡不詳。

[8]天成：後唐明宗李嗣源年號（926—930）。

[9]《大典》卷一八一三〇"將"字韻"後唐將（三）"事目。

朱守殷

朱守殷，小字會兒。莊宗就學，以廝養之役給事左右。及莊宗即位，爲長直軍使，[1]雖列戎行，不聞戰攻。每搆人之短長，中於莊宗，漸以心腹受委。[2]河上對壘，稍遷蕃漢馬步都虞候。守殷守德勝寨，爲梁將王彥章所攻，守殷無備，遂陷南寨。莊宗聞之曰："駑才，大悮予事！"因撤北寨，往固楊劉。[3]明宗在鄆州，密請以覆軍之罪罪之，莊宗私於腹心，忍而不問。[4]同光二年，爲振武節度使，不之任，仍兼領蕃漢馬步軍。京城初定，内外警巡，恃憑主恩，蔑視勳舊，與景進互相表裏，又强作宿德之態，言語遲緩，自謂沉厚。[5]

[1]長直軍使：官名。所部統兵將領。長直爲部隊番號。

[2]“朱守殷”至“漸以心腹受委”：《宋本册府》卷九二七《總録部・讒佞門》：“朱守殷，本名會兒，莊宗就學時諸奴也。及莊宗嗣位，以本院僕從爲長直軍使，雖列戎行，不聞戰功。每搆人之短長，中於莊宗，漸以爲腹心。”《新五代史》卷五一《朱守殷傳》作：“然好言人陰私長短以自結，莊宗以爲忠。”《通鑑》卷二六六開平二年（908）二月壬戌條：“李存顥等爲（李）克寧謀，因晉王過其第，殺承業、存璋，奉克寧爲節度使，舉河東九州附于梁，執晉王及太夫人曹氏送大梁。太原人史敬鎔，少事晉王克用，居帳下，見親信，克寧欲知府中陰事，召敬鎔，密以謀告之。敬鎔陽許之，入告太夫人，太夫人大駭，召張承業，指晉王謂之曰：‘先王把此兒臂授公等，如聞外間謀欲負之，但置吾母子有地，勿送大梁，自他不以累公。’承業惶恐曰：‘老奴以死奉先王之命，此何言也！’晉王以克寧之謀告，且曰：‘至親不可自相魚肉，吾苟避位，則亂不作矣。’承業曰：‘克寧欲投大王母子於虎口，不除之豈有全理！’乃召李存璋、吳珙及假子李存敬、長直軍使朱守殷，使陰爲之備。壬戌，置酒會諸將於府舍，伏甲執克寧、存顥於座。晉王流涕數之曰：‘兒暴以軍府讓叔父，叔父不取。今事已定，奈何復爲此謀，忍以吾母子遺仇讎乎！’克寧曰：‘此皆讒人交構，夫復何言！’是日，殺克寧及存顥。”

[3]蕃漢馬步都虞候：官名。五代蕃漢馬步軍統兵官，僅次於都指揮使、副都指揮使。　德勝寨：地名。原爲德勝渡，黄河重要渡口之一。李存勗部將李存審築於黄河津要處德勝口，有南北二城。南城在今河南濮陽市東南五里，北城在今河南濮陽市區。　王彦章：人名。鄆州壽張（今山東梁山縣壽張集）人。五代後梁將領。傳見本書卷二一、《新五代史》卷三二。　楊劉：地名。位於今山東東阿縣東北楊柳鎮。　“河上對壘”至“往固楊劉”：亦見明本《册府》卷四五〇《將帥部・失守門》。《輯本舊史》卷二九《唐莊宗紀三》同光元年（923）閏四月壬寅條：“時朱守殷守德勝南城，帝懼彦章奔衝，遂幸澶州。”同年五月辛酉條：“彦章夜率舟

師自楊村浮河而下，斷德勝之浮橋，攻南城，陷之。帝令中書焦彦賓馳至楊劉，固守其城，令朱守殷徹德勝北城屋木攻具，浮河而下，以助楊劉。是時，德勝軍食芻茭薪炭數十萬計，至是令人輦負入澶州，事既倉卒，耗失殆半。朱守殷以所毀屋木編栿，置步軍於其上。王彦章以舟師沿流而下，各行一岸，每遇轉灘水匯，即中流交鬭，流矢雨集，或全舟覆没，一彼一此，終日百戰，比及楊劉，殆亡其半。"明本《册府》卷四四三《將帥部・敗衄門三》："朱守殷，莊宗時爲蕃漢馬步都虞候。時河上對壘，帝潛師之下鄆州也。守殷方守德勝寨，爲王彦章攻之，全失禦備。賊衆斷其浮橋，遂失南寨。莊宗聞之曰：'駑才，大悮予事！'因徹北寨，往固楊劉。與彦章軍沿流並進，相遇即戰。比至，重傷者十有八九，定霸之基幾墜於此。"《通鑑》卷二七二同光元年四月條："帝聞之，自將親軍屯澶州，命蕃漢馬步都虞候朱守殷守德勝，戒之曰：'王鐵槍勇決，乘憤激之氣，必來唐突，宜謹備之！'守殷，王幼時所役蒼頭也。"同年五月辛酉等條："梁主召問王彦章以破敵之期，彦章對曰：'三日。'左右皆失笑。彦章出，兩日，馳至滑州。辛酉，置酒大會，陰遣人具舟於楊村；夜命甲士六百，皆持巨斧，載冶者，具韛炭，乘流而下。會飲尚未散，彦章陽起更衣，引精兵數千循河南岸趨德勝。天微雨，朱守殷不爲備，舟中兵舉鎖燒斷之，因以巨斧斬浮橋，而彦章引兵急擊南城。浮橋斷，南城遂破，時受命適三日矣。守殷以小舟載甲士濟河救之，不及。彦章進攻潘張、麻家口、景店諸寨，皆拔之，聲勢大振。帝遣宦者焦彦賓急趣楊劉，與鎮使李周固守，命守殷棄德勝北城，撤屋爲栿，……王彦章亦撤南城屋材浮河而下，各行一岸，每遇灣曲，輒於中流交鬭，飛矢雨集，或全舟覆没，一日百戰，互有勝負。比及楊劉，殆亡士卒之半。"《輯本舊史》之影庫本粘籤："駑才，原本作'駑木'；北寨，原本作'此寨'，今俱從《通鑑》改正。"按，《通鑑》未見此説，二者均見於明本《册府》卷四四三；"北寨"，明本《册府》卷四五〇作"此寨"。"大悮"，《新五代史》卷五一《朱守殷傳》作"果悮"。

　　[4]明宗：即五代後唐明宗李嗣源。沙陀部人。原名邈佶烈，李克用養子。926 年至 933 年在位。紀見本書卷三五至卷四四、《新五代史》卷六。　　鄆州：方鎮名。治所在鄆州（今山東東平縣）。

　　"明宗在鄆州"至"忍而不問"：亦見明本《册府》卷四五〇。《輯本舊史》卷三五《唐明宗紀一》同光三年十二月條："諸軍馬步都虞候朱守殷奉密旨伺帝起居，守殷陰謂帝曰：'德業振主者身危，功蓋天下者不賞，公可謂振主矣，宜自圖之，無與禍會。'帝曰：'吾心不負天地，禍福之來，吾無所避，付之於天，卿勿多談也。'"明本《册府》卷四四三："明宗聞於鄆州，密請以覆軍之罪罪之，莊宗私於腹心，忍而不問。"《新五代史》卷五一《朱守殷傳》："是時，明宗自鎮州來朝，居于私第。莊宗方惑羣小，疑忌大臣，遣守殷伺察明宗動静。守殷陰使人告明宗曰：'位高人臣者身危，功蓋天下者不賞，公可謂位高而功著矣。宜自圖歸藩，無與禍會也！'明宗曰：'吾洛陽一匹夫爾，何能爲也！'既而明宗卒反于魏。"《通鑑》卷二七二同光元年六月乙亥條："李嗣源密表請正朱守殷覆軍之罪；帝不從。"同書卷二七四天成元年（926）正月戊寅條後："成德節度使兼中書令李嗣源亦爲謡言所屬，帝遣朱守殷察之；守殷私謂嗣源曰：'令公勳業振主，宜自圖歸藩以遠禍。'嗣源曰：'吾心不負天地，禍福之來，無所可避，皆委之於命耳。'"

　　[5]振武：方鎮名。後梁貞明二年（916）以前，治所位於單于都護府城（今内蒙古和林格爾縣）。貞明二年單于都護府城爲契丹占據。此後至後唐清泰三年（936），治所位於朔州（今山西朔州市朔城區）。後晋隨燕雲十六州割予契丹，改名順義軍。　　景進：人名。籍貫不詳。五代後唐莊宗朝伶官。傳見《新五代史》卷三七。　　"同光二年"至"自謂沉厚"：《輯本舊史》卷三一《唐莊宗紀五》同光二年二月丁亥條："以蕃漢馬步都虞候兼東京馬步軍都指揮使、檢校太保朱守殷爲振武節度使，加檢校太傅。"同書卷三二《唐莊宗紀六》同光三年三月甲午條："振武軍節度使、洛京内外蕃漢馬步使朱守殷奏，昨修月陂堤，至德宫南獲玉璽一紐，獻

之。詔示百官,驗其文曰'皇帝行寶'四字,方圓八寸,厚二寸,背紐交龍,光瑩精妙。守殷又於積善坊役所得古文錢四百六十六,內二十六文曰'得一元寶',四百四十曰'順天元寶',上之。"同書卷三三《唐莊宗紀七》同光三年十一月戊戌條:"以振武節度使朱守殷爲兗州節度使。"同書卷三四《唐莊宗紀八》同光四年正月庚辰條:"以河中節度使、守太師、兼尚書令、西平王李繼麟爲滑州節度使,尋令朱守殷以兵圍其第,誅之,夷其族。"《御覽》卷八三六《資產部一六》錢下條引《後唐書》:"朱守殷奏:'於積善坊役所得古文錢四百五十六,文曰"得一元寶";四百四十,文"順天元寶"。'守殷進納。勑:'凡窺奇異,盡繫休明。所獲錢文,式昭玄眡。得一者,佇歸於一統;順天者,式契於天心。道煥一時,事光千載。殊休繼出,信史必書,宜付史館。'"明本《冊府》卷四五一《將帥部‧矜伐門》:"朱守殷爲振軍節度使,不之任,仍兼蕃漢馬步使。京城初定,內外警巡,恃憑主恩,蔑視勳舊,與景進互相表裏,又強作宿德之態,言語遲緩,自謂沉厚。"《通鑑》卷二七四天成元年正月戊寅條後:"景進言:'河中人有告變,言李繼麟與郭崇韜謀反;崇韜死,又與存乂連謀。'宦官因共勸帝速除之,帝乃徙繼麟爲義成節度使,是夜,遣蕃漢馬步使朱守殷以兵圍其第,驅繼麟出徽安門外殺之,復其姓名曰朱友謙。"《輯本舊史》之案語:"以下疑有闕文。據《歐陽史》,莊宗東討,守殷將騎軍。"見《新五代史》卷五一《朱守殷傳》,云:"莊宗東討,守殷將騎軍陣宣仁門外以俟駕。"

及郭從謙犯興教門,步軍始亂,中使急召騎士,守殷按甲不進。莊宗獨領宦官矷射,屢退,而騎軍終不至。莊宗既崩,守殷擁衆方在北邙,憩於茂林之下。迨聞凶問,乃入內,選嬪御及珍寶以歸,恣軍士劫掠京都,翌日方定,率諸校迎明宗於東郊。[1]天成初,授河南尹，判六軍諸衛事，加侍中，移汴州節度使。[2]車駕將巡幸，外議誼然，初以爲平吳，又云制置東諸侯。守殷乃生雲夢之疑，遂殺都校馬彥超、副使宋敬殷。[3]守殷驅市人閉壁以叛，明宗途次京水，[4]聞之，親統禁軍，倍程直抵其壘，長圍夾攻，縋城甚衆。守殷力屈，盡殺其族，引頸令左右盡其命。[5]王師入城，索其黨，盡誅之。詔鞭守殷尸，梟首懸於都市，滿七日，傳送洛陽。[6]《永樂大典》卷二千三十一。[7]

　　[1]郭從謙：人名。籍貫不詳。五代後唐將領、伶人。傳見本書附録、《新五代史》卷三七。　興教門：洛陽皇宮南面三門之一。位於今河南洛陽市内。　北邙：山名。亦作北山、郊山、芒山。位於今河南洛陽市北。　“及郭從謙犯興教門”至“率諸校迎明宗於東郊”：《輯本舊史》卷三五《唐明宗紀一》同光四年（926）四月丁亥等條：“四月丁亥朔，至罌子谷，聞蕭牆釁作，莊宗晏駕，帝慟哭不自勝。詰旦，朱守殷遣人馳報：‘京城大亂，燔剽不息，請速至京師。’己丑，帝至洛陽，止於舊宅，分命諸將止其焚掠。百官弊衣旅見，帝謝之，斂衽泣涕。時魏王繼岌征蜀未還，帝謂朱守殷曰：‘公善巡撫，以待魏王。吾當奉大行梓宮山陵禮畢，即歸藩矣。’是日，羣臣諸將上牋勸進，帝面諭止之。樞密使李紹宏、張居翰、宰相豆盧革、韋説、六軍馬步都虞候朱守殷、青州節度使符習、徐州節度使霍彥威、宋州節度使杜晏球、兗州節度使房知温等頓首言曰：‘帝王應運，蓋有天命，三靈所屬，當協冥符。福之所鍾，不可以謙遜免；道之已喪，不可以智力求。前代因敗爲功，殷憂啓聖，少康重興於有夏，平王再復於宗周，其命惟新，不失舊物。今日廟社無依，人神乏主，天命所屬，人何能争！光武所謂：使成帝再生，無以讓天下。願殿下俯徇樂推，時哉無失，軍國大

事，望以教令施行。'帝優答不從。"《新五代史》卷一四《唐太祖家人傳》："莊宗遇弒，後宮散走，朱守殷入宮，選得三十餘人。虢國夫人夏氏以嘗幸於莊宗，守殷不敢留。"同書卷五一《朱守殷傳》："郭從謙作亂，犯興教門以入，莊宗亟召守殷等軍，守殷按軍不動。莊宗獨與諸王宦官百餘人射賊，守殷等終不至，方移兵憩北邙山下，聞莊宗已崩，即馳入宮中，選載嬪御、寶貨以歸，縱軍士劫掠，遣人趣明宗入洛。"《通鑑》卷二七五天成元年（926）四月丁亥條："時蕃漢馬步使朱守殷將騎兵在外，帝遣中使急召之，欲與同擊賊；守殷不至，引兵憩於北邙茂林之下。""宮人多逃散，朱守殷入宮，選宮人三十餘人，各令自取樂器珍玩，內於其家。"同月戊子等條："朱守殷遣使馳白嗣源，以'京城大亂，諸軍焚掠不已，願亟來救之!'乙丑，嗣源入洛陽，止于私第，禁焚掠，拾莊宗骨於灰燼之中而殯之。""嗣源謂朱守殷曰：'公善巡徼，以待魏王。淑妃、德妃在宮，供給尤宜豐備。吾俟山陵畢，社稷有奉，則歸藩爲國家捍禦北方耳。'"

[2]河南尹：官名。唐開元元年（713）改洛州爲河南府，治所在今河南洛陽市，河南府尹總其政務。從三品。　判六軍諸衛事：官名。後唐沿唐代舊制，置六軍諸衛，以判六軍諸衛事爲禁軍六軍與諸衛的最高統帥。　侍中：官名。秦始置。隋、唐前期爲門下省長官。唐後期多爲大臣加銜，不參與政務，實際職務由門下侍郎執行。正二品。　汴州：州名。治所在今河南開封市。　"天成初"至"移汴州節度使"：《輯本舊史》卷三六《唐明宗紀二》天成元年五月丙辰條："兗州節度使、檢校太傅朱守殷加同平章事，充河南尹、判六軍諸衛事。"同書卷三八《唐明宗紀四》天成二年八月癸卯條："汴州節度使朱守殷加兼侍中。"明本《册府》卷八《帝王部·創業門四》天成元年十月條："十月，明宗幸汴，以帝爲御營使，始次涼水。汴帥朱守殷叛命，命帝董親軍倍道星行，信宿及浚城，一鼓而登之。守殷自屠其家，賊中遂定。"明本《册府》卷四五四《將帥部·奢侈門》："朱守殷，天成中爲河南尹、判六軍

諸衛事。與諸貴要、近臣、宰執交歡宴會。時集於府第，復妓侍盈室。"《新五代史》卷五一《朱守殷傳》："明宗即位，拜守殷同中書門下平章事、河南尹、判六軍諸衛事。明年，遷宣武軍節度使。"

　　[3]吴：五代十國之吴國。　　雲夢之疑：指代劉邦僞遊雲夢，詐捕韓信事。事見《史記》卷八《高祖本紀》。　　馬彥超：人名。籍貫不詳。五代後唐將領。事見《新五代史》卷五一。　　宋敬殷：人名。籍貫不詳。五代後唐將領。事見明本《冊府》卷六五《帝王部·發號令門四》、卷一一八《帝王部·親征門三》。　　"車駕將巡幸"至"遂殺都校馬彥超、副使宋敬殷"：《輯本舊史》卷三八《唐明宗紀四》天成二年十月丁亥條："帝宿於滎陽。汴州朱守殷奏，都指揮使馬彥超謀亂，已處斬訖。"《輯本舊史》之案語："《歐陽史》云：守殷將叛，召都指揮使馬彥超與計事，彥超不從，守殷殺之。明宗憐彥超之死，以其子承祚爲洺州長史。"見《新五代史》卷五一《朱守殷傳》。"宋敬殷"，中華書局本有校勘記："原作'宋敬'，據《冊府》卷六五、卷一一八改。《冊府》卷九二作'宋景殷'，係避宋諱改。"見明本《冊府》卷六五天成二年十月條、卷一一八天成二年十月乙酉等條、卷九二《帝王部·赦宥門一一》天成二年十月辛丑條；據《宋史》卷一《太祖紀一》，宋翼祖名趙敬，敬生弘殷，是爲宣祖，則知《冊府》避此二祖諱改之。《新五代史》卷五一《朱守殷傳》："九月，明宗詔幸汴州，議者喧然，或以爲征吴，或以爲東諸侯有屈彊者，將制置之。守殷尤不自安，乃殺指揮使馬彥超，閉城反。"《通鑑》卷二七六天成二年十月乙酉等條："冬，十月，乙酉，帝發洛陽，將如汴州；丁亥，至滎陽。民間訛言帝欲自擊吴，又云欲制置東方諸侯。宣武節度使、檢校侍中朱守殷疑懼，判官高密孫晟勸守殷反，守殷遂乘城拒守。帝遣宣徽使范延光往諭之，延光曰：'不早擊之，則汴城堅矣；願得五百騎與俱。'帝從之。延光暮發，未明行二百里，抵大梁城下，與汴人戰，汴人大驚。戊子，帝至京水，遣御營使石敬瑭將親兵倍道繼之。"同月己丑條："己丑，帝至大梁，四面進攻，吏民緣城出

降者甚衆。守殷知事不濟，盡殺其族，引頸命左右斬之。乘城者望見乘輿，相帥開門降。孫晟奔吳，徐知誥客之。"

[4]京水：河流名。汴水支流，位於今河南鄭州市西北。今已堙廢。《輯本舊史》之影庫本粘籤："京水，原本作'涼水'，今從《通鑑》改正。"見《通鑑》卷二七六天成二年十月戊子條，《輯本舊史》卷三八《唐明宗紀四》天成二年十月戊子條、《新五代史》卷五一《朱守殷傳》亦作"京水"，明本《冊府》卷八天成元年十月條作"涼水"。

[5]守殷力屈，盡殺其族，引頸令左右盡其命：《輯本舊史》卷三八《唐明宗紀四》天成二年十月戊子條："次京水，知朱守殷反，帝親統禁軍倍程前進。翌日，至汴州，攻其城，拔之，守殷伏誅。"同書卷一〇〇《漢高祖紀下》天福十二年（947）閏七月丙寅條："故汴州節度使朱守殷贈中書令。"《新五代史》卷六《唐明宗紀》天成二年十月乙酉等條："宣武軍節度使朱守殷反，馬步軍都指揮使馬彥超死之。己丑，守殷自殺。"《舊五代史考異》："案《儒林公議》云：朱守殷與霍彥威同立明宗，尋判諸軍事兼河南尹，旋除宣武軍節度使。時樞密使安重誨用事，汴之財利，遣中人筦榷之。守殷軍用不給，累表抗論，重誨既而復奪之，守殷不平，頗出怨言。重誨奏其反狀，明宗親率師討之。車駕至汴，守殷自以本無不臣之意，爲權臣誣奏，登城門望明宗叩頭，號哭稱冤。明宗思其功，許以開門自新，重誨已麾軍登陴，勢不可遏，城陷誅之。考守殷之叛，《歐陽史》《通鑑》與《薛史》無異辭，而《儒林公議》以爲守殷本無反心，爲重誨所陷，蓋傳聞之互異也。"

[6]洛陽：地名。即今河南洛陽市。

[7]《大典》卷二〇三一"朱"字韻"姓氏（五）"事目。

楊立

楊立者，潞州之小校。[1]初事李嗣昭及李繼韜，[2]皆畜養甚厚。繼韜被誅，憤憤失志。同光二年四月，有詔以潞兵三萬人戍涿州，[3]將發，其衆謀曰："我輩事故使二十年，衣食豐足，未嘗邊塞征行，苟於邊上差跌，白骨何歸？不如據城自固，事成則富貴耳。"因聚徒百餘輩，攻子城東門，城中大擾。副使李繼珂及監軍張弘祚出奔。[4]立自稱留後，[5]率軍民上表請旌節。莊宗怒，命明宗與李紹真攻討，一月拔之，[6]生擒立及其同惡十餘人，送於闕下，皆磔於市。潞州城峻而隍深，故立輒敢據之，莊宗因茲詔諸道撤防城之備焉。《永樂大典》卷六千五十二。[7]

[1]潞州：州名。治所在今山西長治市。　小校：即低級軍官。

[2]李嗣昭：人名。汾州（今山西汾陽市）人。唐末、五代李克用義子、部將。傳見本書卷五二、《新五代史》卷三六。　李繼韜：人名。汾州（今山西汾陽市）人。李嗣昭之子。五代後梁、後唐將領。傳見本書卷五二、《新五代史》卷三六。

[3]涿州：州名。治所在今河北涿州市。　有詔以潞兵三萬人戍涿州：《舊五代史考異》："案：《通鑑》作發安義兵三千戍涿州。"見《通鑑》卷二七三同光二年（924）四月條。

[4]李繼珂：人名。籍貫不詳。後唐將領。事見本書本卷、卷五二。　張弘祚：人名。籍貫不詳。後唐將領。事見《通鑑》卷二七三。中華書局本有校勘記："'張弘祚'，原作'張機祚'，據《通鑑》卷二七三改。影庫本粘籤：'"張機祚"，原本作"飢祚"，今從《通鑑》改正。'"見《通鑑》卷二七三同光二年四月條。

[5]留後：官名。原非正式命官，唐朝節度使入朝或宰相、親王遙領節度使不臨鎮則置。安史之亂後，節度使多以子弟或親信爲留後，以代行節度使職務，亦有軍士、叛將自立爲留後者。掌一州或數州軍政。五代沿之。北宋始爲朝廷正式命官，初爲虛銜，宋徽宗政和七年（1117）改名爲承宣使。

[6]李紹真：人名。即霍彥威。洺州曲周（今河北曲周縣）人。五代後梁將領霍存養子，後梁、後唐將領。傳見本書卷六四、《新五代史》卷四六。　命明宗與李紹真攻討，一月拔之：明本《冊府》卷一二三《帝王部·征討門三》："後唐莊宗同光三年四月，潞州小校楊立據城叛。以蕃漢馬步軍總管李嗣源，陝西留後李紹貞爲副，率師以討之。詔令河中馬步兵士五千人騎發赴潞州。"注曰："五月，收復潞州。"同書卷一六六《帝王部·招懷門四》：同光三年"五月，潞州賊首領楊立遣守將韓暉奉表，乞行赦宥。帝令樞密副使宋唐玉齎敕招撫。"此次招撫或因李嗣源等兵臨城下之故，然未見於傳文，則似李嗣源破城在即，未便再予赦宥。此外，三年皆二年之誤。又，李紹真，《舊五代史考異》："案：《通鑑》作李紹榮。"見《通鑑》卷二七三同光二年四月條。李紹真即霍彥威，明本《冊府》卷四三五《將帥部·獻捷門二》："同光二年五月，潞州招討霍彥威平潞州，擒叛將楊立，獻捷以聞。"

[7]《大典》卷六〇五二"楊"字韻"姓氏（一二）"事目。

竇廷琬

　　竇廷琬者，世爲青州牙將，[1]梁祖擢置左右。[2]同光初，爲復州遊奕使，[3]姦盜屏跡，歷貝州刺史。[4]未幾，請制置慶州鹽池，[5]逐年出絹十萬疋、米十萬斛，[6]遂以廷琬爲慶州防禦使。俾制置之，由是嚴刑峻法，屢撓邊人。課利不集，詔移任於金州。[7]廷琬據慶州叛，詔邠州節度使李敬周率兵討平之，[8]夷其族。《永樂大典》卷一萬九千三百五十四。[9]

[1]青州：州名。治所在今山東青州市。　牙將：官名。古代軍隊中的中低級軍官。

[2]梁祖：即五代後梁太祖朱温。　梁祖擢置左右：《輯本舊史》卷九《梁末帝紀中》貞明三年（917）十一月戊子條：“以河潼軍使竇廷琬爲寧州刺史。”

[3]復州：州名。治所在今湖北天門市。　遊奕使：官名。負責軍事巡邏偵察。

[4]貝州：州名。治所在今河北清河縣。

[5]慶州：州名。治所在今甘肅慶城縣。

[6]米十萬斛：中華書局本有校勘記：“本書卷三八《唐明宗紀四》作‘米萬石’，《册府》卷四九四作‘米五萬石’。”此據《輯本舊史》卷三八《唐明宗紀四》天成二年（927）十一月庚申條、《宋本册府》卷四九四《邦計部‧山澤門二》。

[7]金州：州名。治所在今陝西安康市。

[8]李敬周：人名。又名李周。邢州内丘（今河北内丘縣）人。五代後唐、後晉將領。傳見本書卷九一、《新五代史》卷四七。《通鑑》卷二七六天成三年十月戊申條作“李敬通”，其校勘記：“章：十二行本‘通’作‘周’；乙十一行本同。”明本《册府》卷一二三《帝王部‧征討門三》：“（天成三年）十月，詔邠州節度使李從敬攻慶州，以刺史竇廷琬拒命故也。”注：“十二月，平廷琬。”

[9]《大典》卷一九三五四“竇”字韻“姓氏（五）”事目。

張虔釗

張虔釗，遼州人也。[1]初爲太原牙校，以武勇聞於流輩，武皇、莊宗之世，累補左右突騎軍使。[2]明宗素聞虔釗有將帥才，及即位，擢爲護駕親軍都指揮使，領春州刺史。[3]天成中，與諸將圍王都於中山，[4]大敗契丹於嘉山之下，[5]及定州平，[6]以功授滄州節度使。[7]移鎮徐州。[8]長興中，爲山南西道節度使兼西面馬步軍都部署。[9]及末帝起于鳳翔，閔帝詔令虔釗帥部兵會王師於岐下。[10]洎西師俱變，虔釗憤惋，退歸興元，因與洋州節度使孫漢韶俱送款於蜀。孟知祥待之尤厚，僞授本鎮節度使，俾知祥坐獲山南之地，由虔釗之故也。[11]孟昶嗣僞位，加檢校太師、兼中書令。[12]晋開運末，蜀人聞契丹入洛，令虔釗率衆數萬，將寇秦、雍。俄聞漢高祖已定中原，虔釗無功而退。[13]行至興州，感憤而卒。《永樂大典》卷六千三百五十。[14]

[1]遼州：州名。治所在今山西左權縣。　張虔釗，遼州人也：《輯本舊史》之案語：“《九國志》云：虔釗，遼州榆社人。父簡，唐檢校尚書左僕射。”見《九國志》卷七《張虔釗傳》。

[2]牙校：即軍校，爲低級武職。　突騎軍使：官名。所部統兵將領。突騎爲部隊番號。　累補左右突騎軍使：《輯本舊史》之案語：“《九國志》云：莊宗嘗以偏師取鎮陽，命虔釗率騎爲先鋒，屢挫賊鋭，遂陷其城。”見《九國志》卷七《張虔釗傳》。

[3]護駕親軍都指揮使：官名。五代時侍衛親軍長官。多由皇帝親信擔任。　春州：州名。唐武德四年（621）置，治所在今廣東陽春市。

[4]王都：人名。中山陘邑（今河北定州市）人。本姓劉，後爲義武軍節度使王處直養子。五代軍閥。傳見本書卷五四、《新五代史》卷三九。　中山：地名。位於今河北定州市。　與諸將圍王

都於中山：明本《册府》卷一二三《帝王部·征討門三》：天成三年（928）四月，"以鄭州防禦使張虔釗爲北面兵馬都監"。同書卷一二八《帝王部·明賞門二》：天成元年，"七月，宋州節度使王晏球與護駕親軍都指揮使張虔釗攻定州，帝令中使押御馬二匹，賜晏球、虔釗"。

[5]契丹：古部族、政權名。公元 4 世紀中葉宇文部爲前燕攻破，始分離而成單獨的部落，自號契丹。唐貞觀中，置松漠都督府，以其首領爲都督。唐末强盛，916 年迭剌部耶律阿保機建立契丹國（遼）。先後與五代、北宋並立，保大五年（1125）爲金所滅。參見張正明《契丹史略》，中華書局 1979 年版。　嘉山：地名。位於今河北曲陽縣東北十里。

[6]定州：州名。治所在今河北定州市。

[7]滄州：州名。治所在今河北滄縣舊州鎮。　以功授滄州節度使：《輯本舊史》之案語："《北夢瑣言》云：虔釗鎮滄州日，因亢旱民饑，發廩賑之，方上聞，帝甚嘉獎。他日秋成，倍斗徵斂，朝論鄙之。"此據《北夢瑣言》卷九明宗不樂進馬條。明本《册府》卷一二八：天成四年二月，"北面行營兵馬都監、鄭州防禦使張虔釗，可光禄大夫、檢校司徒、使持節滄州諸軍事、守滄州刺史，充橫海軍節度觀察等使，仍封清河縣開國子，食邑五百户"。

[8]徐州：州名。治所在今江蘇徐州市。　移鎮徐州：《輯本舊史》卷四一《唐明宗紀七》長興元年（930）三月壬午條："滄州節度使張虔釗移鎮徐州，加檢校太保。"

[9]長興：五代後唐明宗李嗣源年號（930—933）。　山南西道：方鎮名。治所在興元府（今陝西漢中市）。　西面馬步軍都部署：官名。爲臨時委任的軍區統帥。掌管行營屯戍、攻防等事務。

爲山南西道節度使兼西面馬步軍都部署：《輯本舊史》卷四四《唐明宗紀十》長興四年九月戊子條："山南西道節度使、檢校太傅張虔釗加同平章事。"又，同書卷四五《唐閔帝紀》應順元年（934）正月戊戌條："山南西道節度使、檢校太傅、同平章事張虔釗，加檢校太尉。”

[10]末帝：即後唐廢帝李從珂，又稱末帝。鎮州平山（今河北平山縣）人。本姓王，爲後唐明宗養子，改名從珂。紀見本書卷四六至卷四八、《新五代史》卷七。　閔帝：即五代後唐閔帝李從厚。亦作“愍帝”。明宗李嗣源第三子。生於太原，小字菩薩奴。紀見本書卷四五、《新五代史》卷七。　岐下：岐山以下。此指鳳翔。

[11]興元：府名。治所在今陝西漢中市。　洋州：州名。治所在今陝西洋縣。　孫漢韶：人名。太原（今山西太原市）人。後唐、後蜀將領。傳見孫漢韶墓誌（拓片刊《成都出土歷代墓銘券文圖録綜釋》，文物出版社 2012 年版）。　山南：方鎮名。即山南西道。治所在興元府（今陝西漢中市）。　“洎西師俱變”至“由虔釗之故也”：《輯本舊史》之案語：“《北夢瑣言》云：入蜀，取人產業，黷貨無厭，蜀民怨之。”見《北夢瑣言》卷九明宗不樂進馬條。

[12]孟昶：人名。邢州龍岡（今河北邢臺市）人。孟知祥之子。五代後蜀皇帝，934 年至 965 年在位。傳見本書卷一三六、《新五代史》卷六四。　檢校太師：官名。爲散官或加官，以示恩寵，無實際執掌。　中書令：官名。漢代始置，隋、唐前期爲中書省長官，屬宰相之職，唐後期多爲授予元勳大臣的虛銜。正二品。

[13]開運：五代後晉出帝石重貴年號（944—946）。　秦：州名。治所在今甘肅天水市。　雍：地名。即京兆府，治所在今陝西西安市。　漢高祖：即五代後漢高祖劉知遠。紀見本書卷九九至卷一〇〇、《新五代史》卷一〇。　“晉開運末”至“虔釗無功而退”：《輯本舊史》之案語：“《九國志》云：歷左右匡聖馬步軍都指揮使，出爲昭武軍節度使。及漢祖即位，乃移鎮梁州，以觀朝廷之變。會晉昌軍節度使趙匡贊、鳳翔節度使侯益俱謀歸蜀，遂以虔釗爲北面行營招討使，應接經營。俄而趙匡贊、侯益請昶出師，掠定三秦，因命虔釗與韓保貞等總師五萬出散關，雄武軍節度使何重

建出隴右，奉鑾肅衛都虞候李廷珪出子午谷，會于雍州。廷珪始出子午谷，聞匡贊爲王景崇所逼，棄城自拔東去，遂先退師。時虔釗、福誠、保貞師次陳倉，謀不相叶，而侯益聞匡贊已去，廷珪班師，亦誠款中變，閉壘不出。司天監趙廷樞累以雲氣不利爲諷，保貞乃與福誠率所部取隴州道，會重建歸蜀，虔釗留寶雞，以勢孤不可深入，遂班師。"見《九國志》卷九《張虔釗傳》。

[14]《大典》卷六三五〇"張"字韻"姓氏（二〇）"事目。

楊彦溫

楊彦溫，汴州人，本梁朝之小校也。莊宗朝，累遷裨將。[1]天成中，爲河中副指揮使，及末帝鎮河中，尤善待之，因奏爲衙内都指揮使。[2]長興元年四月，乘末帝閲馬於黃龍莊，[3]據城謀叛。末帝遣人詰之曰："吾善待汝，何苦爲叛？"彦溫報曰："某非敢負恩，緣奉樞密院宣頭，[4]令某拒命，請相公但歸朝廷。"[5]數日，詔末帝歸朝。明宗疑其詐，不欲興兵，授彦溫絳州刺史。[6]安重誨堅請出師，即命西京留守索自通、侍衛步軍指揮使藥彦稠等帥兵攻之。[7]五日而拔，自閉門及敗，凡十三日。初，彦稠出師，明宗戒之曰："與朕生致彦溫，吾將自訊之。"及收城，斬首傳送，明宗深怒彦稠等。時議者以當時四海恬然，五兵載戢，蒲非邊郡，[8]近在國門，而彦溫安敢狂悖。皆以爲安重誨方弄國權，尤忌末帝之名，故巧作窺圖，究莫能傾陷也。彦溫愚昧，爲人所嗾，故滅其族焉。《永樂大典》卷六千五十一。[9]

［1］裨將：指副將。

［2］衙内都指揮使：官名。唐、五代時期衙内指揮使爲節度使府衙内之牙將，統最親近衛兵，高一級的稱衙内都指揮使。

［3］黄龍莊：地名。其地不詳，疑位於虞鄉縣（今山西永濟市）一帶。

［4］緣奉樞密院宣頭：《輯本舊史》之影庫本粘籤：“宣頭，原本作‘宜頭’，《通鑑》作‘宣頭’。胡三省注云：中書用劄，樞密院用宣，今改正。”此據《通鑑》卷二七七長興元年（930）四月壬寅條。然《通鑑》原文作“受樞密院宣耳”，胡注爲：“樞密院用宣，三省用堂帖。今堂帖謂之省劄，宣謂之密劄。”

［5］請相公但歸朝廷：《宋本册府》卷五七《帝王部·明察門》此下尚有一句：“蒲民感末帝惠養之恩，揭竿持梃敵彦温之徒者甚衆，竟以堅甲利兵不勝而退。”

［6］絳州：州名。治所在今山西新絳縣。

［7］安重誨：人名。應州（今山西應縣）人。五代後唐大臣。傳見本書卷六六、《新五代史》卷二四。　西京留守：官名。唐玄宗久住東都洛陽，天寶元年（742）以京師長安爲西京，改西都留守爲西京留守，仍掌京師軍政要務。肅宗以後稱長安爲上都，仍沿用西京留守舊稱。　索自通：人名。太原清源（今山西清徐縣）人。五代後唐將領。傳見本書卷六五。　侍衛步軍指揮使：官名。五代時皇帝親軍侍衛步軍司長官。　藥彦稠：人名。沙陀部人。五代後唐將領。傳見本書卷六六、《新五代史》卷二七。

［8］蒲：州名。即河中府。治所在今山西永濟市。

［9］原文作“《永樂大典》卷六千三百五十一”，中華書局本有校勘記：“檢《永樂大典目録》，卷六三五一係‘張’字韻‘姓氏二十一’，與本則内容不符，恐有誤記。陳垣《舊五代史輯本引書卷數多誤例》謂應作卷六〇五一‘楊’字韻‘姓氏十一’。本卷下一則同。”今據陳垣説改。

史臣曰：《春秋·傳》云："夫不令之臣，天下之所惡也。"故不復較其優劣焉。唯虔釗因避地以偷生，彥溫乃爲人之所嗾，比諸叛臣，亦可矜也。《永樂大典》卷六千五十一。[1]

[1]原作"《永樂大典》卷六千三百五十一"，查《大典》卷六三五一"張"字韻"姓氏（二一）"事目，與楊氏不合，陳垣《舊五代史輯本引書卷數多誤例》謂應作卷六〇五一"楊"字韻"姓氏（一一）"事目，今據改。

舊五代史　卷七五

晉書一

高祖紀第一

　　高祖聖文章武明德孝皇帝，姓石氏，諱敬瑭，太原人也。[1]本衞大夫碏、漢丞相奮之後，漢衰，關輔亂，子孫流汎西裔，故有居甘州者焉。[2]四代祖璟，以唐元和中與沙陀軍都督朱耶氏自靈武入附，憲宗嘉之，隸爲河東陰山府裨校，以邊功累官至朔州刺史。[3]天福二年，[4]追尊爲孝安皇帝，廟號靖祖，陵曰義陵；祖妣秦氏，追諡爲孝安元皇后。三代祖郴，早薨，贈左散騎常侍，追尊爲孝簡皇帝，廟號肅祖，陵曰惠陵；[5]祖妣安氏，追諡孝簡恭皇后。皇祖諱昱，任振武防禦使，贈尚書右僕射，追尊孝平皇帝，廟號睿祖，陵曰康陵；[6]祖妣米氏，追諡孝平獻皇后。皇考諱紹雍，番字臬捩雞，善騎射，有經遠大略，事後唐武皇及莊宗，累立戰功，與周德威相亞，歷平、洺二州刺史，薨於任，贈太傅，追尊爲孝元皇帝，廟號憲祖，陵曰昌陵；[7]皇妣何氏，追謚孝元懿皇后。帝即孝元之第二子也，以唐景福元年二月二十八日生於太原汾陽里，時有白氣充庭，人甚異焉。[8]及長，性沈澹，寡言笑，讀兵法，重李牧、周亞夫行事。[9]唐明宗爲代州刺史，每深心器之，因妻以愛女。[10]唐莊宗聞其善射，擢居左右。明宗請隸大軍，從之。後明宗從莊宗征行，命帝領親騎，號"左射軍"，倚以心腹。[11]

　　[1]高祖聖文章武明德孝皇帝：中華書局本有校勘記："'章武'，其孫石延煦墓誌（拓片刊《文物》二〇〇四年第十一期）作'彰武'，本書各處同。"　姓石氏：《舊五代史考異》："案：《歐陽史》作其姓石氏，不知其得姓之始。"見《新五代史》卷八《晉高祖紀》。　太原：府名。治所在今山西太原市。

　　[2]碏：人名。即石碏。春秋時衛國大夫。事見《春秋左傳》隱公三年、四年。　奮：人名。即石奮。溫縣（今河南溫縣）人。漢初官員，漢高祖以其姐爲美人，漢文帝時官至太中大夫。傳見《史記》卷一〇三、《漢書》卷四六。　"姓石氏"至"漢丞相奮之後"：《舊五代史考異》："案：《歐陽史》作其姓石氏，不知其得姓之始。"見《新五代史》卷八《晉高祖紀》。明本《冊府》卷一《帝王部·帝系門》載："至漢，奮自河内徙家長安，與子慶等德位俱盛，時號萬石君。"　關輔：古地區名。關中與三輔（京兆尹、左馮翊、右扶風）的合稱。相當於今陝西關中地區。　甘州：州名。治所在今甘肅張掖市。

　　[3]璟：人名。即石璟。唐末將領。五代後晉高祖石敬瑭的四代祖。事見本書本卷《晉高祖紀一》。　元和：唐憲宗李純年號（806—820）。　沙陀：部族名。原義爲沙漠。沙陀部源出西突厥。隋文帝開皇二年（582），突厥汗國分裂爲東、西突厥。處月部爲西突厥所屬部落，朱邪（又作朱耶）是處月的別部。唐初，處月部居

於大磧（今古爾班通古特沙漠），因稱沙陀突厥。唐中期時西突厥、處月部均已衰落，朱邪部遂自號沙陀，其首領以朱邪爲姓。事見《新唐書》卷二一八、本書卷二五、《新五代史》卷四末歐陽修考證。參見樊文禮《沙陀的族源及其早期歷史》，《民族研究》1999年第6期。　都督：官名。唐前期在邊疆地區設置羈縻都督府，以都督掌所部軍民政務。　靈武：郡名。治所在今寧夏吳忠市。唐肅宗乾元元年（758），改名靈州。《輯本舊史》之影庫本粘籤：“靈武，原本作‘靈戊’，據《新唐書·沙陀傳》：朱耶氏自沙州入居靈武。今改正。”見《新唐書》卷二一八。　憲宗：即李純，805年至820年在位。唐朝第十一位皇帝，唐德宗李适之孫、唐順宗李誦之子。紀見《舊唐書》卷一四至卷一五、《新唐書》卷七。　河東：方鎮名。治所在太原（今山西太原市）。　陰山府：唐羈縻府名。唐憲宗元和三年（808）置，位於今内蒙古境内。　朔州：州名。治所在今山西朔州市朔城區。　刺史：官名。漢武帝時始置。州一級行政長官，總掌考核官吏、勸課農桑、地方教化等事。唐中期以後，節度使、觀察使轄州而設，刺史爲其屬官，職任漸輕。從三品至正四品下。

　　[4]天福：五代後晋高祖石敬瑭年號（936—942）。出帝石重貴沿用至九年（944）。後漢高祖劉知遠繼位後沿用一年，稱天福十二年（947）。

　　[5]左散騎常侍：官名。門下省屬官。掌侍奉規諷，備顧問應對。《新唐書》記正三品下。中華書局本有校勘記：“‘左’，《册府》卷一作‘右’。”

　　[6]昱：中華書局本沿《輯本舊史》作“翌”，並有校勘記：“《通曆》卷一四同，《册府》卷一、《五代會要》卷一、《新五代史》卷八《晋本紀》作‘昱’。”今據《會要》卷一《追謚皇帝》條、明本《册府》卷一、《新五代史》卷八改。　振武：方鎮名。五代後梁貞明二年（916）以前，治所位於單于都護府城（今内蒙古和林格爾縣）。貞明二年單于都護府城爲契丹占據。此後至後唐

清泰三年（936），治所位於朔州（今山西朔州市朔城區）。後晉隨燕雲十六州割予契丹，改名順義軍。 防禦使：官名。唐代始置，設有都防禦使、州防禦使兩種。常由刺史或觀察使兼任，實際上爲唐代後期州或方鎮的軍政長官。 尚書右僕射：官名。秦始置。隋、唐前期，以左、右僕射佐尚書令總理六官，綱紀庶務；如不置尚書令，則總判省事，爲宰相之職。唐後期多爲大臣加銜。從二品。

　　[7]紹雍：人名。即石紹雍。番名臬（niè）捩（liè）鷄。沙陀部人。李克用部將、五代後唐將領。後晉高祖石敬瑭之父。事見本書本卷。《舊五代史考異》："案：原本作'詔雍'，今從《五代會要》改正。"見《會要》卷一《追諡皇帝》條。 臬捩鷄：中華書局本有校勘記："'臬捩鷄'，原作'臬摞鷄'，據殿本、劉本、邵本校、彭校、《通曆》卷一四、《册府》卷一、《五代會要》卷一、《新五代史》卷八《晉本紀》改。" 唐武皇：即李克用。沙陀部人，生於神武川新城（一説是今山西朔州市朔城區之梵王寺村，一説是今山西應縣縣城，一説在今山西懷仁縣之日中城）。唐末軍閥，受封晉王。五代後唐太祖，諡武皇帝。紀見本書卷二五至卷二六，事見《新五代史》卷四。 莊宗：即後唐莊宗李存勗。沙陀部人。五代後唐王朝的建立者。紀見本書卷二七至卷三四、《新五代史》卷四至卷五。 周德威：人名。朔州馬邑（今山西朔州市朔城區東北）人。唐末、五代河東將領。傳見本書卷五六、《新五代史》卷二五。 平：州名。治所在今河北盧龍縣。 洺：州名。治所在今河北邯鄲市永年區。 太傅：官名。與太師、太保並爲三師。唐後期、五代多爲大臣、勳貴加官。正一品。

　　[8]景福：唐昭宗李曄年號（892—893）。 汾陽里：中華書局本有校勘記："原作'派陽里'，據彭校、《册府》卷二、《會要》卷一改。"見《會要》卷一帝號條、明本《册府》卷二《帝王部·誕聖門》。

　　[9]李牧：人名。趙國人。戰國末年趙國將領。傳見《史記》

卷八一。 周亞夫：人名。沛（今江蘇沛縣）人。周勃次子，西漢文帝、景帝時著名將領。傳見《史記》卷五七、《漢書》卷四〇。

[10]唐明宗：即五代後唐明宗李嗣源。沙陀部人。原名邈佶烈，李克用養子。926 年至 933 年在位。紀見本書卷三五至卷四四、《新五代史》卷六。 代州：州名。治所在今山西代縣。

[11]左射軍：部隊番號。五代後唐時石敬瑭所部。中華書局本沿輯本舊史作“三討軍”，並引《輯本舊史》之案語：“案：《歐陽史》作左射軍。”中華書局本有校勘記：“‘三討軍’，《冊府》卷八、卷四四、《新五代史》卷八《晋本紀》作‘左射軍’。《通鑑》卷二七一記石敬瑭爲左射軍使。”《宋本冊府》卷八《帝王部·創業門四》載，明宗“妻以愛女，領親騎左射軍”；《宋本冊府》卷四四《帝王部·神武門》作“晋高祖初事後唐明宗，領親騎左射軍”。《新五代史》卷八《晋高祖紀》載“常隸明宗帳下，號左射軍”。《通鑑》卷二七一貞明五年十月條作“左射軍使石敬瑭”，本卷下文載天祐十五年（918）十二月晋、梁軍大戰於胡柳陂，正作“左射軍”。據改。

天祐十二年，莊宗併有河北之地，開府於鄴，梁遣上將劉鄩以兵五萬營於莘。[1]

[1]天祐：唐昭宗李曄開始使用的年號（904）。唐哀帝李柷即位後沿用（904—907）。唐亡後，河東李克用、李存勖仍稱天祐，沿用至天祐二十年（923）。五代其他政權亦有行此年號者，如南吳、吳越等，使用時間長短不等。 鄴：地名。即鄴城。治所在今河北大名縣。 劉鄩：人名。密州安丘（今山東安丘市）人。唐末、五代將領。傳見本書卷二三、《新五代史》卷二二。 莘：縣名。治所在今山東莘縣。

十三年二月，鄩引兵突至鄴城，薄於城下，莊宗至自甘陵，兵未陣，多爲鄩所掩截。[1]帝領十餘騎，横槊深入，東西馳突，無敢當者，卒全部伍而旋。莊宗壯之，拊其背曰："將門出將，言不謬爾。"因頒以器帛，復親爲啗酥，當時以爲異恩，由是知名。[2]明年，鄩兵陣於莘之西北，明宗從莊宗酣戰。久之，塵埃四合，帝與明宗俱陷陣内，帝挺身躍劍，反復轉鬬，行數十里，逐鄩於故元城之東。[3]是日，鄩軍殺傷過半。

[1]鄴城：中華書局本沿《輯本舊史》作"清平"，鄴城附近無清平，據《宋本册府》卷八《帝王部·創業門四》改。　甘陵：地名。位於貝州（今河北清河縣）。　多爲鄩所掩截："截"，中華書局本沿《輯本舊史》闕，據《宋本册府》卷八補。

[2]啗酥：《新五代史》卷八《晉高祖紀》載，"莊宗拊其背而壯之，手啗以蘇，啗蘇，夷狄所重，由是名動軍中"。

[3]元城：縣名。治所在今河北大名縣。

十五年，唐軍拔楊劉鎮，梁將賀瓌設伏於無石山，明宗爲瓌所迫，帝爲後殿，破梁軍五百餘騎，按轡而還。[1]十二月，莊宗與梁軍大戰於胡柳陂，衆號十萬，總管周德威將左軍，雜以燕人，前鋒不利，德威死之。[2]莊宗率步衆五千，固守高陵，以避敵之鋭。[3]明宗獨完右廣，[4]伏於土山之下，顧謂帝曰："梁人首獲其利，旌旂甚整，何計可以挫之？"帝曰："臘後寒如此，[5]出手墮指，彼多步衆，易進難退，莫若啜糒飲水，徐而困之。且超乘徒行，其勢不等，一擊而破，期在必勝。”明宗曰：“是吾心也。”會日暮，梁軍列於平野，五六萬人爲一方陣，麾游騎以迫唐軍，帝曰：“敵將遁矣！”乃請明宗令士整胄寬而羅之，命左射軍三百人鳴矢馳轉，漸束其勢，以數千騎合之。敵人迨夜旌旗皆靡，[6]而一角先潰，三面踵之，其牙竿相擊，若火爆之聲，橫屍積甲，不可勝計。由是梁人勢削，莊宗進營德勝渡。[7]

　　[1]楊劉鎮：地名。位於今山東東阿縣。　賀瓌：人名。濮陽（今河南濮陽市）人。五代後梁將領。傳見本書卷二三、《新五代史》卷二三。　無石山：山名。位於今山東東阿縣一帶。具體所指不詳。

　　[2]胡柳陂：地名。位於今河南濮陽市東南五十里。　總管：官名。即“蕃漢馬步總管”。五代後唐置，爲蕃漢馬步軍總指揮官。　燕：地區名。此指唐末、五代河北方鎮盧龍軍，治所在幽州（今北京市）。周德威時任盧龍軍節度使、蕃漢馬步總管。

　　[3]高陵：地名。位於今河南濮陽市。

　　[4]明宗獨完右廣：《輯本舊史》之影庫本粘籤：“右廣，原本作‘右黄’，據《册府元龜》作‘右廣’，《薛史·莊宗紀》亦作‘廣’，今改正。”見《宋本册府》卷八《帝王部·創業門四》，《輯本舊史·莊宗紀》未見。

　　[5]臘後寒如此：中華書局本有校勘記：“‘後’，《通曆》卷一四、《册府》卷八作‘候’”見《通曆》卷一四《晋高祖》。

　　[6]敵人：中華書局本沿《輯本舊史》闕，據《册府》卷八補。

　　[7]德勝渡：地名。又稱“德勝口”，爲黄河重要渡口之一。李存勗部將李存審築於黄河津要處德勝口，有南北二城。南城在今河南濮陽市東南五里，北城即今河南濮陽市。

十八年十月，又從明宗戰梁人於德勝渡，敗其將戴思遠，殺二萬餘人。[1]

[1]戴思遠：人名。籍貫不詳。五代後梁、後唐將領。傳見本書卷六四。

十九年，戰胡盧套，唐軍稍卻，帝睹其敵鋭，拔劍闢道，肩護明宗而退，敵人望之，無敢襲者。[1]

[1]胡盧套：地名。當位於今河南濮陽縣。

二十年十月，從明宗觀梁人之楊村寨，[1]部曲皆不擐甲，俄而敵出不意，以兵掩明宗，刃將及背，帝挾戰戟而進，一擊而凶酋落馬者數輩，明宗遂解其難。是歲，莊宗即位於鄴，改元同光，遣明宗越河，懸軍深入以取鄆。[2]鄆人始不之覺，帝以五十騎從明宗涉濟，突東門而入，鄆兵來拒，帝中刃，翼明宗，羅兵通衢，嶷然不動，會後騎繼至，遂拔中城以據之，汶陽遂定。[3]既而平汴水，滅梁室，成莊宗一統，集明宗大勳，帝與唐末帝功居最，莊宗朝官未顯者，以帝不好矜伐故也，唯明宗心知之。[4]

[1]楊村寨：地名。位於今河南濮陽縣西南。
[2]同光：五代後唐莊宗李存勗年號（923—926）。　鄆：州名。治所在今山東東平縣。
[3]濟：河流名。發源於今河南境内，經今山東入渤海。今黄

河下游河道即濟水故道。　　汶陽：縣名。治所在今山東泰安市。
汶陽遂定：中華書局本沿《輯本舊史》闕，據《冊府》卷八《帝
王部·創業門四》補。

　　[4]汴水：河流名。隋開通濟渠，因其自滎陽至開封一段即原
來的汴水，故唐、宋人將出自河至入淮之通濟渠東段全流統稱爲汴
水或汴渠。此處代指汴京開封府、後梁政權。　　成莊宗一統：中華
書局本有校勘記："'成'，殿本、《通曆》卷一四作'致'。"見
《通曆》卷一四《晉高祖》。　　唐末帝：即李從珂，又作唐廢帝。
鎮州（今河北正定縣）人。後唐明宗養子。紀見本書卷四六至卷四
八、《新五代史》卷七。

　　同光四年二月，趙在禮據鄴爲亂，朝廷遣元行欽招
之不下，[1]羣議紛然，以爲非明宗不可，莊宗乃以明宗
爲統帥。時帝從行，至魏，諸軍有變，叩馬請明宗帝河
北。[2]明宗受霍彥威勸，將自訴於天子，遂佯諾，諸軍
亦恐事不果而散者甚衆，明宗所全者，唯常山一軍而
已。[3]西次魏縣，[4]帝密言於明宗曰："猶豫者兵家大忌，
必若求訴，宜決其行。某願率三百騎先趨汴水，以探虎
口，如遂其志，請大軍速進。夷門者，天下之要害也，
據之可以自雪。[5]安有上將與三軍言變，他日有平手乎！
危在頃刻，不宜恬然。"明宗至相州，遂分驍騎三百付
之，遣帝由黎陽濟河，自汴西門而入，因據其城。[6]及
明宗入汴，莊宗親統師亦至城之西北五里，登高歡曰：
"吾不濟矣！"由此莊宗從兵大潰，來歸明宗。明宗尋遣
帝令率兵爲前鋒，趨氾水關，俄而莊宗遇內難而崩。[7]
是月，明宗入洛，嘉帝之功，自總管府都校署陝府兵馬

留後。[8]

[1]趙在禮：人名。涿州（今河北涿州市）人。五代後唐、後晉將領。傳見本書卷九〇、《新五代史》卷四六。　元行欽：人名。幽州（今北京市）人。後唐將領。傳見本書卷七〇、《新五代史》卷二五。　招之不下：《輯本舊史》之影庫本粘籤：“招之，原本作‘詔之’，今據《册府元龜》改正。”

[2]魏：州名。治所在今河北大名縣。

[3]霍彥威：人名。洺州曲周（今河北曲周縣）人。五代後梁將領霍存養子。後梁、後唐將領。傳見本書卷六四、《新五代史》卷四六。　常山：古郡名。其地在今河北正定縣、元氏縣一帶。此處代指方鎮成德軍，時石敬瑭爲成德軍節度使。

[4]魏縣：縣名。治所在今河北魏縣。

[5]夷門：地名。原指戰國魏都大梁城東門，故址在今河南開封城内東北隅。夷門位於夷山，夷山因山勢平夷而得名，故門亦以山爲名。此處代指開封。

[6]相州：州名。治所在今河南安陽市。　黎陽：縣名。治所在今河南浚縣。　汴：州名。治所在今河南開封市。

[7]氾水關：關隘名。位於今河南滎陽市氾水鎮。《輯本舊史》之影庫本粘籤：“氾水，原本作‘汎水’，今從《通鑑》改正。”見《通鑑》卷二七四同光四年（926）三月條。

[8]總管府：指蕃漢馬步軍都總管府。後唐明宗李嗣源即位前任蕃漢馬步軍都總管。　都校：官名。五代時置的中級統兵官。陝府：府名。即陝州。治所在今河南三門峽市陝州區。　兵馬留後：官名。唐、五代時，代行方鎮長官之職者稱留後。代行州兵馬使之職者，即爲兵馬留後。掌本州兵馬。

明宗即位，改元天成，五月，加帝光禄大夫、檢校司徒，充陝州保義軍節度使，賜竭忠建策興復功臣，歲未期而軍民之政大治焉。[1]

[1]天成：後唐明宗李嗣源年號（926—930）。　光禄大夫：官名。唐、五代文散官。從二品。　檢校司徒：官名。爲散官或加官，以示恩寵加此官，無實際執掌。司徒，與太尉、司空並爲三公。　保義軍節度使：官名。保義軍爲方鎮名，治所在陝州（今河南三門峽市陝州區）。節度使爲唐時在重要地區所設掌握一州或數州軍事、民事、財政的長官。明本《册府》卷八《帝王部·創業門四》作：“以帝爲保義軍節度、陝虢等州觀察處置等使。”　賜竭忠建策興復功臣：中華書局本沿《輯本舊史》闕，然下文有關賜功臣内容均見載，故據明本《册府》卷八、《新五代史》卷八《晋高祖紀》補。

二年二月，加檢校太傅、兼六軍諸衛副使，進封開國伯，增食邑四百户。[1]是月，帝赴闕，以倅六軍諸衛事故也。[2]八月，加食邑八百户，實封一百户，旌爲政之效也。[3]十月，明宗幸汴，以帝爲御營使。[4]車駕次京水，飛報汴州節度使朱守殷叛，明宗命帝董親軍倍道星行，信宿及浚城，一戰而拔之。[5]尋以帝爲宣武軍節度使、侍衛親軍馬步軍都指揮使兼六軍諸衛副使，進封開國公，加食邑五百户，賜耀忠匡定保節功臣。[6]

[1]檢校太傅：官名。爲散官或加官，以示恩寵，無實際執掌。　六軍諸衛副使：官名。後唐沿唐代舊制，置六軍、諸衛。以判六軍諸衛事爲禁軍六軍與諸衛的最高統帥，六軍諸衛副使爲其貳。　食邑：即封地、封邑。食邑之名，蓋取受封者不之國，僅食其租税

之意。

　　[2]倅（cuì）：意爲輔助的，副職。

　　[3]實封：即食邑實封，簡稱"食實封"。唐制，封爵本有食邑若干户的規定，如親王食邑一萬户，郡王食邑五千户，國公食邑三千户，依次遞減，至男爵食邑三百户。但是上述封户並無其實，是爲虚封。只有加上"食實封若干户"之類的名號，才能享有相應的封户租税。

　　[4]御營使：官名。五代皇帝多親自率兵征戰，故設御營使負責行營守衛，多由親信將領、寵臣充任。《輯本舊史》之影庫本粘籖："御營使，原作'御榮'，今從《五代會要》改正。"但《會要》未見記載，《輯本舊史》卷四一《唐明宗紀七》長興元年（930）二月乙巳條、明本《册府》卷八《帝王部·創業門四》、《新五代史》卷八《晋高祖紀》、《通鑑》卷二七六天成二年（927）十月戊子條均作"御營使"，據改。

　　[5]京水：河流名。汴水支流，位於今河南鄭州市西北。今已堙廢。　朱守殷：人名。籍貫不詳。少事李存勖，五代後唐將領。傳見本書卷七四、《新五代史》卷五一。　浚城：地名。位於今河南開封市。

　　[6]宣武軍：唐五代方鎮名。治宋州（今河南商丘市睢陽區）。侍衛親軍馬步軍都指揮使：官名。五代時侍衛親軍的最高長官。多由皇帝親信擔任。中華書局本有校勘記："'馬'字原闕，據本書卷三八《唐明宗紀四》、《册府》卷八、《新五代史》卷八《晋本紀》、《通鑑》卷二七六補。"見明本《册府》卷八、《通鑑》卷二七六天成二年十月癸卯條，又見《輯本舊史》卷三八《唐明宗紀四》天成二年十月癸卯條（作侍衛親軍馬步指揮使）、《新五代史》卷八《晋高祖紀》，據補。　耀忠匡定保節功臣：功臣號。唐宋時期官員、將領榮譽加銜的一種。

三年四月，車駕還洛，制加檢校太傅、同中書門下平章事、興唐尹、鄴都留守、天雄軍節度使。[1]五月丁未，加駙馬都尉。[2]

[1]三年四月：中華書局本有校勘記："'三年'二字原闕，據本書卷三九《唐明宗紀五》、《册府》卷八、《新五代史》卷八《晋本紀》、《通鑑》卷二七六補。"今從。見《輯本舊史》卷三九《唐明宗紀五》天成三年四月戊寅條、明本《册府》卷八《帝王部·創業門四》、《新五代史》卷八《晋高祖紀》、《通鑑》卷二七六天成三年四月戊寅條。　同中書門下平章事：官名。簡稱"同平章事"。唐高宗以後，凡實際任宰相之職者，常在其本官後加同平章事的職銜。後成爲宰相專稱。後晋天福五年（940），升中書門下平章事爲正二品。　興唐尹：官名。五代後唐同光元年（923），改魏州爲興唐府。以興唐尹總其政務。從三品。　鄴都留守：官名。後唐同光元年初改魏州爲興唐府，建號東京，不久又改東京爲鄴都。後晋亦曾以此爲鄴都。治所在今河北大名縣。時鄴都爲陪都，常設留守以拱衛京師，以地方長官兼任。　天雄軍：方鎮名。亦稱"魏博軍"。唐天祐元年（904）以魏博節度使號爲天雄軍。治所在魏州（今河北大名縣）。

[2]駙馬都尉：漢武帝始置，魏晋以後，公主夫婿多加此稱號。從五品下。

長興元年二月，明宗南郊禮畢，加檢校太尉，增食邑五百户，尋詔歸任。[1]時鄴都繁富爲天下之冠，而土俗獷悍，民多爭訟，帝令投函府門，一一覽之，及踰年，盈積几案，滯於獄者甚衆，時論以此少之。[2]九月，東川董璋叛，朝廷命帝爲東川行營都招討使、兼知東川行府事。[3]十月，至自魏博，董衆西征。

[1]長興：五代後唐明宗李嗣源年號（930—933）。　南郊：意爲都城南面之郊。代指南面郊區之祭天場所（圜丘），亦指祭天之禮（郊天）。古人用“郊”“南郊”“有事於南郊”指代在南郊之圜丘舉行的郊天典禮。　檢校太尉：官名。爲散官或加官，以示恩寵，無實際執掌。太尉，與司徒、司空並爲三公。

[2]時論以此少之：中華書局本有校勘記：“‘少’，原作‘減’，據《永樂大典》卷九七六二引《五代史·晋高祖紀》改。”今從。見《大典》卷九七六二“函”字韻“投函”事目。

[3]東川：方鎮名。唐至德二載（757）分劍南節度使東部地區置劍南東川節度使。治所在梓州（今四川三臺縣）。　董璋：人名。籍貫不詳。五代後梁、後唐將領。傳見本書卷六二、《新五代史》卷五一。　都招討使：官名。唐貞元時始置。戰時任命，兵罷則省。常以大臣、將帥或地方軍政長官兼任。掌招撫討伐等事務。

二年春，以川路險艱，糧運不繼，詔班師。四月，復兼六軍諸衛副使。六月，改河陽節度使，仍兼兵柄。[1]是時，秦王從榮奏：[2]“伏見北面頻奏報，契丹族帳近塞，吐渾、突厥已侵邊地，戍兵雖多，未有統帥，早宜命大將一人，以安雲朔。”[3]明宗曰：“卿等商量。”從榮與諸大臣奏曰：“將校之中，唯石敬瑭、康義誠二人可行。”[4]帝素不欲爲禁軍之副，即奏曰：“臣願北行。”[5]明宗曰：“卿爲吾行，事無不濟。”及受詔，不落六軍副使，帝復遷延辭避。

[1]河陽：方鎮名。全稱“河陽三城”。治所在孟州（今河南

孟州市)。

[2]從榮：人名。即李從榮。沙陀部人。五代後唐明宗李嗣源次子。傳見本書卷五一、《新五代史》卷一五。

[3]契丹族帳近塞：中華書局本有校勘記："'族'下原有'旋'字，據劉本、邵本校、《册府》卷一二〇、卷九九四删。今從。殿本、《通曆》卷一四作'契丹族移帳近塞'。"見明本《册府》卷一二〇《帝王部·選將門二》、《宋本册府》卷九九四《外臣部·備御門七》、《通曆》卷一四《晋高祖》。 契丹：部族、政權名。公元4世紀中葉宇文部爲前燕攻破，始分離而成單獨的部落，自號契丹。唐貞觀中，置松漠都督府，以其首領爲都督。唐末强盛，916年迭剌部耶律阿保機建立契丹國（遼）。先後與五代、北宋並立，保大五年（1125）爲金所滅。參見張正明《契丹史略》，中華書局1979年版。 吐渾：部族名。吐谷渾的省稱。源出鮮卑，後遊牧於今甘肅、青海一帶。參見周偉洲《吐谷渾資料輯録》（增訂本），商務印書館2017年版。 突厥：部族名。6至8世紀活躍於北亞和中亞，稱雄於漠北、西域。隋文帝開皇二年（582），突厥汗國分裂爲東、西突厥。唐中期時西突厥、東突厥均已衰落。此處的突厥當爲其某一餘部。 雲朔：地區名。"雲"指雲州，治所在今山西大同市。"朔"指朔州，治所在今山西朔州市朔城區。

[4]康義誠：人名。沙陀部人。五代後唐將領。傳見本書卷六六、《新五代史》卷二七。

[5]北行：《宋本册府》卷八《帝王部·創業門四》作"此行"。

三年十一月乙酉，[1]明宗復謂侍臣曰："雲州奏，契丹自幽州移帳，言就放牧，終冬不退，其患深矣。"[2]樞密使范延光奏曰：[3]"已議石敬瑭與康義誠北行，然其定奪，即在宸旨。"帝奏曰："臣雖不才，争敢避事，但進退惟命。"明宗曰:"卿爲吾行,甚叶衆議。"由是遂定。丁亥,加兼侍中、太原尹、北京留守、河東節度使、兼大同振武彰國威塞等軍蕃漢馬步軍總管,改賜竭忠匡運寧國功臣。[4]翌日,宴於中興殿,帝捧觴上壽,[5]因奏曰:"臣雖微怯,惟邊事敢不盡其忠力,但臣遠違玉階,無以時申補報。"帝因再拜告辭,明宗泣下霑衿,左右怪其過傷,果與帝因此爲訣,不復相見矣。

[1]三年十一月乙酉:中華書局本沿《輯本舊史》缺"三年"二字,並有校勘記:"本書卷四三《唐明宗紀九》、《通鑑》卷二七八繫其事於長興三年十一月。"今據《輯本舊史》卷四三《唐明宗紀九》、《通鑑》卷二七八長興三年(932)十一月乙酉條補。

[2]幽州:州名。治所在今北京市。

[3]樞密使:官名。樞密院長官。五代時以士人爲之,備顧問,參謀議,出納詔奏,權侔宰相。參見李全德《唐宋變革期樞密院研究》,國家圖書館出版社2009年版。　范延光:人名。鄴郡臨漳(今河北臨漳縣)人。五代後唐、後晉將領。傳見本書卷九七、《新五代史》卷五一。

[4]侍中:官名。秦始置。隋、唐前期爲門下省長官。唐後期多爲大臣加銜,不參與政務,實際職務由門下侍郎執行。正二品。　太原尹:官名。唐代太原地方最高行政長官。　北京:指五代後唐的北都太原。《新五代史》卷五《唐莊宗紀下》載,同光元年(923)"十一月乙巳,復北都爲鎮州,太原爲北都"。　大同:方鎮名。治所在雲州(今山西大同市)。　振武:方鎮名。後梁貞明二年(916)以前,治所位於單于都護府城(今内蒙古和林格爾縣)。貞明二年單于都護府城爲契丹占據。此後至後唐清泰三年(936),治所位於朔州(今山西朔州市朔城區)。後晉隨燕雲十六州割予契丹,改名順義軍。　彰國:方鎮名。治所在應州(今山西

應縣）。　威塞：方鎮名。治所在新州（今河北涿鹿縣）。　蕃漢馬步軍總管：官名。五代後唐置，爲蕃漢馬步軍總指揮官。

［5］中興殿：宮殿名。位於今河南洛陽市。　捧觴上壽：石敬瑭捧着酒杯，向後唐明宗敬酒祝壽。

四年十二月，明宗晏駕，帝聞之，長慟若喪考妣。[1]

[1]四年十二月：中華書局本沿《輯本舊史》缺“四年”二字，並有校勘記：“本書卷四四《唐明宗紀十》、《通鑑》卷二七八繫其事於長興四年十二月。”《輯本舊史》卷四四《唐明宗紀十》載，明宗長興四年（933）十一月戊戌崩，十二月癸卯發哀，據補。

應順元年正月，閔帝即位，加中書令，及增食邑。[1]帝性簡儉，未嘗以聲色滋味輒自宴樂，每公退，必召幕客論民間利害及刑政得失，明而難犯，事多親決。[2]有店婦與軍士訟，云“曝粟於門，爲馬所食”。而軍士懇訴，無以自明。帝謂鞫吏曰：“雖屬官，吾可市而代之。[3]兩訟未分，何以爲斷，可殺馬刳腸而視其粟，有則軍士誅，無則婦人死。”遂殺馬，馬腸無粟，因戮其婦人。境內蕭然，莫敢以欺事言者。三月，移鎮常山，所歷方鎮，以孝治爲急，見民間父母在昆弟分索者，必繩而殺之。[4]勤於吏事，廷無滯訟。常山屬邑曰九門，有人鬻地與異居兄，議價不定，乃移於他人。[5]他人須兄立券，兄固抑之，因訴於令。[6]令以弟兄俱不義，送府。帝監之曰：“人之不義，由牧長新至，教化所未能及，吾甚愧焉。若以至理言之，兄利良田，弟求善價，順之則是，沮之則非，其兄不義之甚也，宜重笞焉。[7]市田以高價者取之。"上下服其明。及岐陽兵亂，推潞王爲天子，閔帝急詔帝赴闕，欲以社稷爲託。[8]閔帝自洛陽出奔於衛，相遇於途，遂與閔帝迴入衛州。[9]時閔帝左右將不利於帝，帝覺之，因擒其從騎百餘人。閔帝知事不濟，與帝長慟而別，帝遣刺史王弘贄安置閔帝於公舍而去，尋爲潞王所害，帝後長以此愧心焉。[10]

[1]應順：五代後唐閔帝李從厚年號（934）。　閔帝：又作"愍帝"，即後唐閔帝李從厚。明宗李嗣源第三子。紀見本書卷四五、《新五代史》卷七。　中書令：官名。漢代始置，隋、唐前期爲中書省長官，屬宰相之職，唐後期多爲授予元勳大臣的虛銜。正二品。

[2]未嘗以聲色滋味輒自宴樂："聲色"，明本《册府》卷一八《帝王部·帝德門》作"絲竹"。　利害：明本《册府》卷一八作"稼穡"。

[3]雖屬官，吾可市而代之：原無。據《御覽》卷八四〇《百穀部四》粟條引《晉史》補。

[4]移鎮常山：《輯本舊史》之影庫本粘籤："移鎮，原本作'以鎮'，今據文改正。"

[5]九門：地名。位於今河北石家莊市藁城區。

[6]令：官名。即縣令。縣的行政長官，掌治本縣。唐代之縣，分赤（京）、次赤、畿、次畿、望、緊、上、中、中下、下十等。縣令分六等，正五品上至從七品下。

[7]笞：五刑之一。用竹板或荆條拷打犯人脊背或臀腿。

[8]岐陽：縣名。治所在今陝西岐山縣。《輯本舊史》之影庫

本粘籤："岐陽，原本作'伎陽'，今從《通鑑》改正。"多見《通鑑》記載，如卷二八八乾祐元年（948）八月戊子條。

[9]洛陽：後唐都城。位於今河南洛陽市。　衛：州名。治所在今河南衛輝市。

[10]王弘贄：人名。籍貫不詳。後唐明宗時爲衛州刺史。潞王李從珂起兵東進，後唐閔帝奔投衛州。從珂稱帝，他受命鴆殺閔帝。後晉時曾官鳳翔行軍司馬。傳見本書附録、《新五代史》卷四八。

　　清泰元年五月，復授太原節度使、北京留守，加檢校太師，兼中書令，充大同振武彰國威塞等軍蕃漢馬步總管。[1]

　　[1]清泰：五代後唐廢帝李從珂年號（934—936）。　五月：《輯本舊史》卷四六《唐末帝紀上》作"五月丙午"。　加檢校太師，兼中書令：中華書局本沿《輯本舊史》闕，據《輯本舊史》卷四六《唐末帝紀上》補。　蕃漢馬步總管："總管"，《輯本舊史》卷四六《唐末帝紀上》作"都部署"。

　　二年夏，帝屯軍於忻州。朝廷遣使送夏衣，傳詔撫諭，後軍人遽呼萬歲者數四，帝懼，斬挾馬都將李暉以下三十餘人以徇，乃止。[1]

　　[1]忻州：州名。治所在今山西忻州市。　挾馬都將：官名。唐、五代時節度使屬將。本書卷四七《唐末帝紀中》作"挾馬都指揮使"，本書中屢見"夾馬指揮使"。中華書局本有校勘記："'都'字原闕，據本書卷四七《唐末帝紀中》、《冊府》卷八、《通

鑑》卷二七九補。"見《輯本舊史》卷四七《唐末帝紀中》清泰二年（935）七月丙申條、《宋本册府》卷八《帝王部·創業門四》、《通鑑》卷二七九清泰二年六月條。　李暉：人名。籍貫不詳。五代後唐將領。事見本書卷四七。　三十餘人：《通鑑》卷二七九清泰二年六月條作"三十六人"。

　　三年五月，移授鄆州節度使，進封趙國公，仍改扶天啓運中正功臣。尋降詔促帝赴任，帝心疑之，乃召僚佐議曰："孤再受太原之日，主上面宣云：'與卿北門，一生無議除改。'今忽降此命，莫是以去年忻州亂兵見迫，過相猜乎？[1]又今年千春節，公主入覲，[2]當辭時，謂公主曰：'爾歸心甚急，欲與石郎反耶？'此疑我之狀，固且明矣。今天子用后族，委邪臣，沈湎荒惑，萬機停壅，失刑失賞，不亡何待！吾自應順中少主出奔之日，覩人情大去，不能扶危持顛，憒憒於方寸者三年矣。今我無異志，朝廷自啓禍機，不可安然死於道路。況太原險固之地，積粟甚多，若且寬我，我當奉之。必若加兵，我則外告鄰方，北搆強虜，興亡之數，皎皎在天。[3]今欲發表稱疾，以俟其意，諸公以爲何如？"[4]判官趙瑩懼形於色，但唯唯，掌書記桑維翰、都押衙劉知遠贊成密計，遂拒末帝之命。[5]朝廷以帝不奉詔，降旨削奪官爵，即詔晉州節度使、北面副招討使張敬達領兵圍帝於晉陽。[6]帝尋命桑維翰詣諸道求援，契丹遣人復書諾之，約以中秋赴義。[7]

　　[1]莫是以去年忻州亂兵見迫：《輯本舊史》之影庫本粘籤：

“忻州，原本作‘沂州’，今據《通鑑》改正。”見《通鑑》卷二八○天福元年（936）九月條。

[2]千春節：五代後唐廢帝李從珂誕節。本書卷四六《唐末帝紀上》載：“中書門下奏：‘請以正月二十三日皇帝誕慶日爲千春節，’從之。”　公主：即後唐明宗李嗣源之女、後晉高祖石敬瑭之妻李氏。後唐時封永寧公主。後晉出帝即位，尊爲皇太后。與晉出帝一同被俘至遼國。傳見本書卷八六、《新五代史》卷一七。

[3]北搆强虜：“虜”，中華書局本沿《輯本舊史》作“敵”，據《宋本册府》卷八《帝王部·創業門四》改。

[4]諸公以爲何如：《舊五代史考異》：“案《玉堂閒話》云：晉祖在并部，嘗從容謂賓佐云：‘近因晝寢，忽夢若頃年在洛京時，與天子連鑣于路，過舊第，天子請某入其第，某遜讓者數四，不得已即促轡而入，至廳事下馬，升自阼階，西向而坐，天子已馳車去矣。其夢如此。’羣僚莫敢有所答。是年冬，果有鼎革之事。蓋晉祖懷不軌之心久矣，故托夢以惑衆也。”見《太平廣記》卷一三六晉高祖條引《玉堂閒話》。

[5]判官：官名。唐、五代方鎮僚屬，位在行軍司馬下。分掌使衙內各曹事，並協助使職官員通判衙事。　趙瑩：人名。華州華陰（今陝西華陰市）人。五代後晉宰相。傳見本書卷八九、《新五代史》卷五六。　判官趙瑩懼形於色，但唯唯：原無，據《宋本册府》卷八《帝王部·創業門四》補。　掌書記：官名。唐制，唐、五代節度、觀察等使所屬均有掌書記一職，位在副使、判官之下，掌表奏書檄。遼節度使亦置。　桑維翰：人名。洛陽（今河南洛陽市）人。初爲石敬瑭節度掌書記，石敬瑭稱帝後出任翰林學士、知樞密院事等職。傳見本書卷八九、《新五代史》卷二九。　都押衙：官名。“押衙”即“押牙”。唐、五代時期節度使辟署的屬官，有稱左、右都押衙或都押衙者。掌領方鎮儀仗侍衛、統率軍隊。參見劉安志《唐五代押牙（衙）考略》，武漢大學歷史系魏晉南北朝隋唐史研究室編《魏晉南北朝隋唐史資料》第16輯，武漢大學出版

社 1998 年版。　劉知遠：人名。西突厥沙陀部人，後世居於太原。五代後唐、後晉將領，後漢高祖。紀見本書卷九九至卷一〇〇、《新五代史》卷一〇。

　　[6]晉州：州名。治所在今山西臨汾市。　晉州節度使：中華書局本沿《輯本舊史》作“晉州刺史”，有校勘記：“《册府》卷八作‘晉州節度使’。《新五代史》卷七《唐本紀》敘其事作‘建雄軍節度使’，《通鑑》卷二八〇略同。按建雄軍治晉州。”見明本《册府》卷八《帝王部・創業門四》、《通鑑》卷二八〇天福元年五月甲午條。張敬達爲晉州節度使，見《輯本舊史》卷四七《唐末帝紀中》清泰二年（935）十一月庚子條。今據改。　副招討使：官名。爲招討使副貳。戰時任命，兵罷則省。佐招討使掌招撫討伐等事務。中華書局本有校勘記：“本書卷七〇《張敬達傳》、《册府》卷四四四、卷九八七作‘都招討使’。”見《宋本册府》卷四四四《將帥部・陷落門》、卷九八七《外臣部・征討門六》。　張敬達：人名。代州（今山西代縣）人。五代後唐將領。傳見本書卷七〇、《新五代史》卷三三。《輯本舊史》之影庫本粘籤：“張敬達，原本作‘敬遠’，今從《歐陽史》改正。”見《新五代史》卷八《晉高祖紀》。　晉陽：縣名。治所在今山西太原市。亦爲太原故稱，此處代指太原府。

　　[7]帝尋命桑維翰詣諸道求援，契丹遣人復書諾之，約以中秋赴義：《舊五代史考異》：“案《遼史・太宗紀》云：七月丙申，唐河東節度使石敬瑭爲其主所討，遣趙瑩求救，時趙德鈞亦遣使至，河東復遣桑維翰來告急，遂許興師。八月庚午，自將以援敬瑭。”見《遼史》卷三《太宗紀上》天顯十一年（937）七月丙申條。

　　六月，北面招討指揮使安重榮以部曲數千人入城。[1]七月，代州屯將安元信率一軍，與西北面先鋒指揮使安審信引五百騎俱至。[2]八月，懷州彰聖軍使張萬

迪等各率千餘騎來降。^[3]

迪等各率千餘騎來降。[3]是月，外衆攻我甚急，帝親當矢石，人心雖固，廩食漸困。九月辛丑，契丹主率衆自雁門而南，旌騎不絶五十里餘。[4]先使人報帝云："吾欲今日便破賊，可乎？"帝使人馳告曰："皇帝赴難，比要成功，賊勢至厚，可明旦穩審議戰，未爲晚也。"使未達，契丹已與南軍騎將高行周、符彥卿等合戰。[5]時張敬達、楊光遠列陣西山下，士未及成伍，而行周、彥卿爲伏兵所斷，捨軍而退，敬達等步兵大敗，死者萬人。[6]是夜，帝出北門與戎王相見，戎王執帝手曰："恨會面之晚。"因論父子之義。[7]明日，帝與契丹圍敬達營寨，南軍不復出矣。帝與契丹本無結好，自末帝見迫之後，遣心腹何福以刀錯爲信，一言親赴其難，迅若流電，信天意耶！[8]己酉，唐末帝率親軍步騎三萬出次河橋。[9]辛亥，末帝詔樞密使趙延壽分衆二萬爲北面招討使，又詔魏博節度使范延光統本軍二萬人屯遼州。[10]十月，幽州節度使趙德鈞領所部萬餘人自上黨吳兒谷合延壽兵屯團柏谷，與敬達寨相去百里，彌月竟不能相通。[11]

[1]招討指揮使：中華書局本有校勘記："'招討'，原作'招收'，據劉本、彭校、《册府》卷八改。"今從。見《宋本册府》卷八《帝王部·創業門四》。　安重榮：人名。朔州（今山西朔州市朔城區）人。五代後唐、後晉將領。傳見本書卷九八、《新五代史》卷五一。

[2]安元信：人名。朔州馬邑（今山西朔州市朔城區東北）人。五代後唐、後晉將領。傳見本書卷九○。　先鋒指揮使：官

名。先鋒，即先鋒部隊。指揮使，爲所部統兵將領。 安審信：人
名。沙陀部人。五代將領安審琦從兄。五代後唐至後周將領。傳見
本書卷一二三。

[3]懷州：州名。治所在今河南沁陽市。 彰聖軍使：官名。
所部統兵將領。彰聖爲禁軍番號，後唐清泰元年（934）六月，改
捧聖左右軍爲彰聖左右軍。《新五代史》卷七《唐廢帝紀》作“彰
聖指揮使”。“彰聖軍”，中華書局本有校勘記：“原作‘彰德軍’，
據殿本、本書卷四八《唐末帝紀下》、《册府》卷八、《新五代史》
卷七《唐本紀》、《通鑑》卷二八〇改。按《通鑑》卷二八〇胡注：
‘彰聖軍本洛城屯衞兵也，先是分屯懷州。’”見《輯本舊史》卷
四八《唐末帝紀下》清泰元年六月庚午條、《新五代史》卷七《唐
廢帝紀》、《通鑑》卷二八〇天福元年（936）七月條胡注。 張萬
迪：人名。籍貫不詳。五代後唐、後晉將領。傳見《新五代史》卷
三三。《輯本舊史》卷四八《唐末帝紀下》記張萬迪來降事於
七月。

[4]契丹主：契丹皇帝，指耶律德光。耶律德光爲遼太祖耶律
阿保機次子，遼朝太宗皇帝。紀見《遼史》卷三至卷四。“契丹
主”，《通曆》卷一四《晉高祖》作“契丹酋長耶律氏”、《册府》
卷八《帝王部·創業門四》作“契丹大酋長邪律氏”、《新五代史》
卷八《晉高祖紀》作“契丹耶律德光”，《通鑑》卷二八〇與本卷
同。 自雁門而南：《舊五代史考異》：“案《遼史》：九月丁酉，入
雁門。戊戌，次忻州。己亥，次太原。”見《遼史》卷三《太宗紀
上》。雁門，位於今山西代縣西北。

[5]高行周：人名。媯州懷戎（今河北懷來縣）人。五代後唐
至後周將領。傳見本書卷一二三、《新五代史》卷四八。 符彥卿：
人名。陳州宛丘（今河南淮陽縣）人。五代、宋初將領。後周世宗
宣懿皇后、宋太宗懿德皇后，皆符彥卿之女。傳見《宋史》卷二
五一。

[6]楊光遠：人名。沙陀部人。五代後唐、後晉將領。傳見本

書卷九七、《新五代史》卷五一。

[7]是夜，帝出北門與戎王相見，戎工執帝手曰："恨會面之晚。"因論父子之義：《舊五代史考異》："案《遼史》：敬瑭率官屬來見，帝執手撫慰之。《契丹國志》云：敬瑭見契丹帝，問曰：'皇帝遠來，士馬疲倦，遽與唐大戰而勝，何也？'帝曰：'始我謂唐必斷雁門諸路，伏兵險要，不可得進，使人偵視皆無之，是以長驅而深入。我氣方銳，乘此擊之，是以勝之。'敬瑭歎服。"見《契丹國志》卷二《太宗嗣聖皇帝上》、《遼史》卷三《太宗紀上》天顯十一年九月條。

[8]何福：人名。籍貫不詳。五代後唐、後晉時人，石敬瑭心腹。事見本書本卷。　以刀錯爲信：《輯本舊史》之影庫本粘籤："刀錯，原本作'刀錫'，今從《冊府元龜》改正"。見明本《冊府》卷四九九《邦計部·錢幣門》。

[9]河橋：地名。位於今河南孟州市。

[10]趙延壽：人名。常山（今河北正定縣）人。本姓劉，爲後唐將領趙德鈞養子。仕至後唐樞密使，遼朝幽州節度使、燕王。傳見本書卷九八、《遼史》卷七六。　遼州：州名。治所在今山西左權縣。

[11]趙德鈞：人名。幽州（今北京市）人。初爲幽州節度使劉守光部將，再爲後唐將領，最後投降遼國。傳見本書卷九八。上黨：即潞州。治所在今山西長治市。　吳兒谷：地名。位於今山西黎城縣。　團柏谷：地名。位於今山西祁縣，爲太原與上黨地區間交通要道。中華書局本有校勘記："原本作'團谷口'，據殿本、本書卷四八《唐末帝紀下》、卷九八《趙德鈞傳》、《冊府》卷八改。《通鑑》卷二八〇作'團柏谷口'。"《舊五代史考異》："案《遼史》：初圍晉安，分遣精兵守其要害，以絕援兵之路，趙延壽等皆逗留不進。"見《遼史》卷三《太宗紀上》天顯十一年（937）十月條。

十一月，戎王會帝於營，謂帝曰："我三千里赴義，事須必成。觀爾體貌恢廓，識量深遠，真國主也。天命有屬，時不可失，欲徇蕃漢羣議，冊爾爲天子。"帝飾讓久之。既而諸軍勸請相繼，戎王乃命築壇於晋陽城南，冊帝爲大晋皇帝，戎王自解衣冠授焉。[1]文曰：

維天顯十一年歲次丙申十一月丙戌朔十二日丁酉，[2]大契丹皇帝若曰：於戲！元氣肇開，樹之以君；天命不恒，人輔以德。故商政衰而周道盛，秦德亂而漢圖昌，人事天心，古今靡異。咨爾子晋王，神鍾睿哲，天贊英雄，叶夢日以儲祥，應澄河而啓運。迨事數帝，歷試諸艱。武略文經，迺由天縱；忠規孝節，固自生知。猥以眇躬，奄有北土，暨明宗之享國也，與我先哲王保奉明契，所期子孫順承，患難相濟，丹書未泯，白日難欺，顧予纂承，匪敢失墜。爾惟近戚，實系本枝，所以余視爾若子，爾待予猶父也。朕昨以獨夫從珂，本非公族，竊據寶圖，棄義忘恩，逆天暴物，誅剪骨肉，離間忠良，聽任矯諛，威虐黎獻，華夷震悚，内外崩離。知爾無辜，爲彼致害，敢徵衆旅，來逼嚴城，雖併吞之志甚堅，而幽顯之情何負。達予聞聽，[3]深激憤驚，乃命興師，爲爾除患，親提萬旅，遠殄羣凶，但赴急難，罔辭艱險。果見神祇助順，卿士叶謀，旗一麾而棄甲平山，鼓三作而殭屍遍野。雖以遂予本志，快彼羣心，將期稅駕金河，班師玉塞。矧今中原無主，四海未寧，茫茫生民，若墜塗炭。況萬幾不可以暫廢，大寶不可以久虚，拯溺救焚，當在此日。爾有庇民之德，格于上下；爾有戡難之勳，[4]光于區宇；爾有無私之行，通乎神明；爾有不言之信，彰乎兆庶。予懋乃德，嘉乃丕績，天之曆數在爾躬，是用命爾，當踐皇極。仍以爾自茲并土，首建義旗，宜以國號曰晋，朕永與爲父子之邦，保山河之誓。於戲！補百王之闕禮，行兹盛典；成千載之大義，遂我初心。爾其永保兆民，勉持一德，慎乃有位，允執厥中，亦惟無疆之休，其誡之哉！

　　禮畢，帝鼓吹導從而歸。[5]

　　[1]戎王乃命築壇於晋陽城南：中華書局本有校勘記：“‘戎王’二字原闕，據《册府》卷八補。《通曆》卷一四作‘契丹’。按《新五代史》卷七二《四夷附録》、《通鑑》卷二八〇皆記契丹築壇册石敬瑭事。”《舊五代史考異》：“案：《通鑑》作築壇于柳林，《遼史》亦作設壇晋陽。”見《通鑑》卷二八〇天福元年（936）十一月丁酉條、《遼史》卷三《太宗紀上》天顯十一年（937）十月丁卯條。　　册帝爲大晋皇帝：中華書局本有校勘記：“‘帝’，原作‘立’，據殿本、劉本、孔本、《通曆》卷一四、《册府》卷八改。”《舊五代史考異》：“案《遼史·太宗紀》：十一年冬十月甲子，封敬瑭爲晋王。十一月丁酉，册敬瑭爲大晋皇帝。《薛史》及《通鑑》《歐陽史》俱不載先封晋王事。”中華書局本引孔本：“案《遼史》：十月甲子，封敬瑭爲晋王，幸其府，敬瑭與妻李氏率其親屬捧觴上壽。考《通鑑》及《契丹國志》俱不載先封晋王。”見《遼史》卷三《太宗紀上》。

　　[2]天顯十一年：中華書局本沿《輯本舊史》作“天顯九年”，有校勘記：“據《遼史》卷三《太宗紀》，丙申年當爲天顯十一年，即清泰三年。”丙申年確爲晋天福元年、遼天顯十一年，該年十一月丙戌確爲初一，丁酉確爲十二日，故改。

[3]達予聞聽：中華書局本有校勘記：“‘予’，原作‘于’，據殿本、孔本改。”

[4]爾有戡難之勳：《輯本舊史》之影庫本粘籤：“戡難，原本作‘甚艱’，今從《契丹國志》改正。”《契丹國志》未見記載。

[5]禮畢，帝鼓吹導從而歸：《舊五代史考異》：“案《通鑑考異》引《廢帝實録》：契丹立晉，在閏月丁卯。《歐陽史》及《通鑑》并從《薛史》，作十一月丁酉。”見《新五代史》卷八《晉高祖紀》、《通鑑》卷二八〇天福元年十一月條。

　　始梁開國之歲，即前唐天祐四年也，潞州行營使李思安奏：[1]“壺關縣庶穰鄉鄉人伐樹，[2]樹倒自分兩片，内有六字如左書，云‘天十四載石進’。”梁祖令藏於武庫，然莫詳其義。至帝即位，識者曰“‘天’字取‘四’字中兩畫加之於傍，則‘丙’字也，‘四’字去中之兩畫，[3]加十字，則‘申’字也。”帝即位之年乃丙申也。又，易云：“晋者，進也。”國號大晉，皆符契焉。

　　又帝即位之前一年，年在乙未，鄴西有栅曰李固，清、淇合流在其側。[4]栅有橋，橋下大鼠與蛇鬭，鬭及日之申，蛇不勝而死，行人觀者數百，識者志之，後唐末帝果滅於申。

　　又末帝，真定常山人也，[5]有先人舊廬，其側有古佛刹，刹有石像，忽摇動不已，人皆異之。及重圍晉陽，帝遣心腹何福輕騎求援北蕃，[6]蕃主自將諸部赴之，不以繒帛，不以珠金，若響應聲，謂福曰：“吾已兆於夢，皆上帝命我，非我意也。”[7]時援兵未至，偽將張敬達引軍逼城設柵，柵將成，忽有大風暴雨，柵無以立。[8]後築長連城，城欲就，又爲水潦所壞，城終不能合。[9]晉陽有北宮，宮城之上有祠曰毗沙門天王，帝曾焚修默而禱之。經數日，城西北隅正受敵處，軍候報稱，夜來有一人長丈餘，介金執殳，行於城上，久方不見，帝心異之。

又牙城有僧坊曰崇福，坊之廡下西北隅有泥神，神之首忽一日有煙生，其騰郁如曲突之狀。[10]坊僧奔赴，以爲人火所延，及俯而視之，無所有焉。事尋達帝，帝召僧之臘高者問焉，僧曰："貧道見莊宗將得天下，曾有此煙，觀此噴湧，甚於當時，兆可知矣。"自此，日旁多有五色雲氣，如蓮芰之狀。帝召占者視之，謂曰："此驗應誰？"占者曰："見處爲瑞，更應何人！"

又帝每詰旦使人慰撫守陴者，[11]率以爲常，忽一夕已暝，城上有號令之聲，聲不絶者三，帝使人問之，將吏云："從上傳來者。"皆知神助。時城中復有數家井泉，暴溢不止。及蕃軍大至，合勢破之，[12]末帝之衆，似拉朽焉，斯天運使然，非人力也。

[1]潞州：州名。治所在今山西長治市。　行營使：官名。五代後唐置，掌行營軍馬。　李思安：人名。陳留（今河南開封市陳留鎮）人。五代後梁將領。傳見本書卷一九。

[2]壺關縣：縣名。治所在今山西長治市。　庶穰鄉：地名。位於今山西長治市。

[3]'四'字去中之兩畫：《舊五代史考異》："案：原本作'中去之兩畫'，今從《册府元龜》改正。"見明本《册府》卷二一

《帝王部·徵應門》。

［4］清：河流名。即清水。爲衛河上游。古濟水自巨野澤以下，别名清水，宋後通稱清河。　淇：河流名。即淇水、淇河，南流至今河南衛輝市淇門鎮入河。

［5］真定：1. 府名。五代後唐長興三年（932）由鎮州升爲真定府。後晋復爲鎮州。2. 縣名。爲鎮州州治。治所在今河北正定縣。　常山：古郡名。此亦指鎮州，治所在今河北正定縣。

［6］帝遣心腹何福輕騎求援北蕃：《輯本舊史》之案語："案：原本闕'帝遣心腹'四字，今從《册府元龜》增入。"見明本《册府》卷二一。"輕騎"，中華書局本有校勘記："原作'徑騎'，據殿本、劉本、《通曆》卷一四改。彭校、《册府》卷二一作'單騎'。影庫本批校：'"徑騎"，疑當作"輕騎"。'"

［7］吾已兆於夢，皆上帝命我，非我意也：《舊五代史考異》："案《契丹國志》引《紀異録》云：契丹主德光嘗晝寢，夢一神人花冠美姿容，輜軿甚盛，忽自天而下，衣白衣，佩金帶，執錔鎟，有異獸十二隨其後，内一黑兔入德光懷而失之。神人語德光曰：'石郎使人唤汝，汝須去。'覺告其母，母忽之，不以爲異。後復夢，即前神人也，衣冠儀貌，儼然如故，曰：'石郎已使人來唤汝。'既覺而驚，復以告母。母曰：'可命筮。'乃召巫筮，言：'太祖從西樓來，言中國將立天王，要爾爲助，爾須去。'未浹旬，石敬瑭反於河東，爲後唐張敬達所敗，亟遣趙瑩持表重賂，許割燕雲，求兵爲援，契丹主曰：'我非爲石郎興師，乃奉天帝敕使也。'"見《契丹國志》卷二《太宗嗣聖皇帝上》。對《舊五代史考異》所引之"有異獸十二隨其後"，中華書局本有校勘記："'獸'，原作'人'，據《契丹國志》卷二改。"

［8］僞將張敬達引軍逼城設栅：中華書局本有校勘記："'設'，原作'投'，據殿本、劉本、《通曆》卷一四、《册府》卷二一改。"忽有大風暴雨：中華書局本有校勘記："'忽'，原作'必'，據殿本、《通曆》卷一四、《册府》卷二一改。影庫本批校：'"必有"，

按文氣應作“忽有”。’”

[9]後築長連城，城欲就：“連”字，中華書局本沿《輯本舊史》缺，從上下文可知，此“長連城”指張敬達所築以圍高祖之城，非指長城。故下文又云“城欲就，又爲水潦所壞，城終不能合”。今據明本《册府》卷二一補。“城欲就”，中華書局本有校勘記：“‘欲’字原闕，據彭校、《册府》卷二一補。”

[10]又牙城有僧坊曰崇福：《輯本舊史》之影庫本粘籤：“崇福，原本作‘從福’，今從《册府元龜》改正。”見明本《册府》卷二一。

[11]又帝每詰旦使人慰撫守陴者：“人”字，中華書局本沿《輯本舊史》缺，據明本《册府》卷二一補。

[12]合勢破之：中華書局本有校勘記：“邵本校無‘之’字。”

　　是日，[1]帝言於戎王，願以雁門已北及幽州之地爲戎王壽，仍約歲輸帛三十萬，戎王許之。[2]《永樂大典》卷一萬五千六百四十三。[3]

[1]是日：即遼天顯十一年、後唐清泰三年、後晉天福元年（丙申，936）十一月十二日丁酉。

[2]三十萬：《會要》卷二九《契丹》作“十三萬”。

[3]《大典》卷一五六四三“晉”字韻“五代後晉高祖（一）”事目。

舊五代史　卷七六

晉書二

高祖紀第二

　　天福元年十一月己亥，帝御北京崇元殿，降制："改長興七年爲天福元年，大赦天下。[1]十一月九日昧爽已前，應在京及諸州諸色罪犯，及曾授僞命職掌官吏，并見禁囚徒，已結正未結正，已發覺未發覺，罪無輕重，常赦不原者，咸赦除之。應明宗朝所行敕命法制，仰所在遵行，不得改易。[2]其在京鹽貨，元是官場出糶，自今後並不禁斷，一任人户取便糶易，仍下太原府，更不得開場糶貨。[3]其麴每斤與減價錢三十文。"[4]以節度判官趙瑩爲翰林學士承旨、守尚書户部侍郎、知河東軍府事，[5]以節度掌書記桑維翰爲翰林學士、守尚書禮部侍郎、知樞密院事，[6]以觀察判官薛融爲吏部郎中兼侍御史知雜事，[7]太原縣令羅周岳爲左諫議大夫，[8]節度推官竇貞固爲翰林學士，[9]軍城都巡檢使劉知遠爲侍衛馬軍都指揮使，[10]客將景延廣爲步軍都指揮使，[11]太原少尹李玘爲尚書工部侍郎。[12]

[1]天福：五代後晉高祖石敬瑭年號（936—942）。出帝石重貴沿用至九年（944）。後漢高祖劉知遠繼位後沿用一年，稱天福十二年（947）。　北京：指五代後唐的北都太原府（今山西太原市西南晋源鎮）。《新五代史》卷五《莊宗紀》載，同光元年（923）"十一月乙巳，復北都爲鎮州，太原爲北都"。　崇元殿：宮殿名。位於今山西太原市。　制：帝王命令的一種。唐制，凡行大賞罰，授大官爵，釐革舊政，赦宥慮囚，皆用制書。由中書舍人起草擬定。禮儀等級較高。　長興：後唐明宗李嗣源年號（930—933）。長興四年李嗣源去世，其子李從厚繼位，次年改元清泰，則長興祇有四年。後晉初沿用長興年號，是爲了否定後唐閔帝李從厚、末帝李從珂的合法性。

[2]明宗：即五代後唐明宗李嗣源。沙陀部人。原名邈佶烈，李克用養子。926年至933年在位。紀見本書卷三五至卷四四、《新五代史》卷六。

[3]在京鹽貨：《册府》卷四九四作"在京鹽價"。　出糶（tiào）：賣出糧食。據中華書局本有校勘記："'糶'，原作'糴'，據《册府》卷四九四改。"見《宋本册府》卷四九四《邦計部·山澤門二》天福元年（936）十一月九日即位制。　更不得開場糶貨：據中華書局本有校勘記："'糶'，原作'糴'，據《册府》卷九三、卷四九四改。"見明本《册府》卷九三《帝王部·赦宥門一二》，《册府》卷四九四作"一任人户取便糶易"。

[4]其麯（qū）每斤與減價錢三十文：《輯本舊史》之影庫本粘籤："其麯，原本作'其麵'，今從《文獻通考》改正。"見《通考》卷一五《徵榷考二·鹽鐵》，又見《册府》卷九三。

[5]節度判官：官名。唐、五代方鎮僚屬，位在行軍司馬下。分掌使衙内各曹事，並協助使職官員通判衙事。　趙瑩：人名。華

州華陰（今陝西華陰市）人。五代後晉宰相。傳見本書卷八九、《新五代史》卷五六。　翰林學士承旨：官名。爲翰林學士之首。掌拜免將相、號令征伐等詔令的起草。《舊唐書》卷四三《職官志二》翰林院條："例置學士六人，内擇年深德重者一人爲承旨，所以獨承密命故也。"　尚書户部侍郎：官名。尚書省户部次官。協助户部尚書掌天下田户、均輸、錢穀之政令。正四品下。　知河東軍府事：官名。臨時差遣，爲河東軍的實際長官，地位亞於河東節度使。

　　[6]節度掌書記：官名。唐五代方鎮僚屬，位在判官下。掌表奏書檄、文辭之事。　桑維翰：人名。洛陽（今河南洛陽市）人。初爲石敬瑭節度掌書記，石敬瑭稱帝後出任翰林學士、知樞密院事等職。傳見本書卷八九、《新五代史》卷二九。　翰林學士：官名。由南北朝始設之學士發展而來，唐玄宗改翰林供奉爲翰林學士，備顧問，代王言。掌拜免將相、號令征伐等詔令的起草。　尚書禮部侍郎：官名。尚書省禮部次官。協助禮部尚書掌禮儀、祭享、貢舉之政。正四品下。　知樞密院事：官名。五代後晉天福元年（936）始置，主管樞密院政務。

　　[7]觀察判官：官名。唐肅宗以後置，五代沿置。觀察使屬官。參理田賦事，用觀察使印、署狀。　薛融：人名。汾州平遥（今山西平遥縣）人。五代後唐、後晉官員。傳見本書卷九三、《新五代史》卷五六。　吏部郎中：官名。尚書省吏部頭司吏部司長官。掌文官階品、朝集、禄賜，給其告身、假使以及選補流外官等事。《新唐書》記正五品上。　侍御史知雜事：官名。唐置，以資深御史充任，總管御史臺庶務。五代沿置。

　　[8]太原縣令：官名。爲太原縣的行政長官，掌治本縣。唐代之縣，分赤（京）、次赤、畿、次畿、望、緊、上、中、中下、下十等。縣令分六等，正五品上至從七品下。太原縣令爲京縣令，正五品上。　羅周岳：人名。籍貫不詳。五代後唐、後晉官員。事見本書本卷、卷七八、卷八一、卷八四。　左諫議大夫：官名。隷門

下省。唐代置左、右諫議大夫各四人，分隸門下省、中書省。掌諫
諭得失、侍從贊相。正四品下。

[9]節度推官：官名。唐肅宗以後置，五代沿置。爲節度使屬
官，位次於判官、掌書記。掌理刑案之事。　竇貞固：人名。同州
白水（今陝西白水縣）人。歷仕後唐至後周，曾任後漢宰相。傳見
《宋史》卷二六二。

[10]軍城都巡檢使：官名。軍城當指河東軍駐地太原府。五代
始設巡檢、都巡檢、都巡檢使於京師、陪都、重要的州及邊防重
鎮。掌地方治安。　劉知遠：人名。沙陀部人，世居於太原。五代
後唐、後晉將領，後漢高祖。947 年至 948 年在位。紀見本書卷九
九至卷一○○、《新五代史》卷一○。　侍衛馬軍都指揮使：官名。
五代時皇帝親軍侍衛馬軍司長官。

[11]客將：官名。亦稱典客。唐末、五代藩鎮負責接待使節、
賓客、出使等外交職責的武官。詳見吳麗娛《試論晚唐五代的客
將、客司與客省》，《中國史研究》2002 年第 4 期。　景延廣：人
名。陝州（今河南三門峽市陝州區）人。五代後晉將領。傳見本書
卷八八、《新五代史》卷二九。　步軍都指揮使：官名。五代置。
爲侍衛親軍步兵統兵長官。

[12]太原少尹：官名。太原府次長官。唐、五代於三京、鳳翔
等府均置少尹，爲尹的副職。協助尹通判列曹諸務。從四品下。
李玘：人名。籍貫不詳。五代後晉官員。事見本書本卷。《輯本舊
史》之影庫本粘籤："原本作'李玘'，今從《通鑑》改正。"未見
於《通鑑》，但《輯本舊史》卷七六《晉高祖紀二》天福二年正月
丙寅條、卷八二《晉少帝紀二》天福八年十月壬申條、卷八四
《晉少帝紀四》開運三年（946）七月壬辰條、卷八七《石重乂傳》
均作"李玘"，據改。　尚書工部侍郎：官名。尚書省工部次官。
協助工部尚書掌管百工山澤水土之政令，考其功以詔賞罰，總所同
各司之事。正四品下。

　　閏十一月甲子，晋安寨副招討使楊光遠等殺上將張敬達，以諸軍來降。[1]丙寅，制以翰林學士承旨、知河東軍府事、户部侍郎、知制誥趙瑩爲門下侍郎、同中書門下平章事、監修國史，以翰林學士、權知樞密使事、禮部侍郎、知制誥桑維翰爲中書侍郎、同中書門下平章事、集賢殿大學士，依前知樞密院事，並賜推忠興運致理功臣。[2]甲戌，車駕至昭義，受趙德鈞、延壽降。[3]是日，戎王舉酒言於帝曰：[4]"予遠來赴義，大事已成，皇帝須赴京都，今令大相温勒兵相送至河梁，要過河者，任意多少，予亦且在此州，俟京洛平定，便當北轅。"[5]執手相泣，久不能别。脱白貂裘以衣帝，贈細馬二十四、戰馬一千二百匹，[6]仍誡曰："子子孫孫，各無相忘。"己卯，至河陽北，節度使萇從簡來降，舟楫已具。[7]庚辰，望見洛陽烟火相次，有將校飛狀請進。辛巳，唐末帝聚其族，與親將宋審虔等登玄武樓，縱火自焚而死。[8]至晚，車駕入洛。唐兵解甲待罪，皆慰而舍之。帝止潛龍舊第，百官稍稍見焉。詔御史府促朝官入見，詔文武兩班臣僚應事僞庭者並釋罪。是日，百辟謝恩於宫門之外。甲申，車駕入内，御文明殿受朝賀，用唐禮樂。[9]制："大赦天下，應中外諸色職掌官吏内曾有受僞命者，一切不問。僞庭賊臣張延朗、劉延皓、劉延朗等，[10]並姦邪害物，貪猥弄權，罪既滿盈，理難容貸。除此三人已行敕命指揮外，其有宰臣馬裔孫、樞密使房暠、宣徽使李專美、河府節度使韓昭裔等四人，並令釋放。[11]少帝宜令中書門下追尊定謚，擇日禮葬；妃孔氏，宜行追册祔葬。[12]應天下歸順節度使、刺史下賓席郡職及將校等，委中書門下各與改轉官資。[13]其北京管内鹽鐺户，合納逐年鹽利，昨者僞命指揮，[14]每斗須令人户折納白米一斗五升，極知百姓艱苦。自今後宜令人户以元納食鹽石斗數目，每斗依時價計定錢數，[15]以錢數取人户便穩，折納斛斗。其洛京管内逐年所配人户食鹽，起來年每斤特與减價錢十文。應諸道商税，仰逐處將省司合收税條例，牓於本院前，牓内該設名目者，即得收税。”

[1]晋安寨：地名。位於今山西太原市。　副招討使：官名。行營統兵官。位次行營都統、招討使。掌招撫討伐事務。　楊光遠：人名。沙陀部人。五代後唐、後晋將領。傳見本書卷九七、《新五代史》卷五一。　張敬達：人名。代州（今山西代縣）人。五代後唐將領。傳見本書卷七〇、《新五代史》卷三三。

[2]知制誥：官名。掌起草皇帝的詔、誥之事。原爲中書舍人之職。唐開元末置學士院，翰林學士入院一年，則加知制誥銜，專掌任免宰相、册立太子、宣布征伐等特殊詔令，稱爲内制。而中書舍人所撰擬的詔敕稱爲外制。兩種官員總稱兩制官。　門下侍郎：官名。門下省次官，常加“同中書門下平章事”銜爲宰相。正三品。　同中書門下平章事：官名。簡稱“同平章事”。唐高宗以後，凡實際任宰相之職者，常在其本官後加同平章事的職銜，後成爲宰相專稱。後晋天福五年（940），升中書門下平章事爲正二品。　監修國史：官名。北齊始置史館，以宰相爲之。唐史館沿置，爲宰相兼職。　中書侍郎：官名。中書省副長官。唐後期三省長官漸爲榮銜，中書、門下侍郎却因參議朝政而職位漸重，常常用爲以“同三品”或“同平章事”任宰相者的本官。正三品。　集賢殿大學士：

官名。唐中葉置，位在學士之上，以宰相兼。掌修書之事。 "丙寅" 至 "推忠興運致理功臣"："知河東軍府事趙瑩" 之 "事"，"權知樞密使事桑維翰" 之 "使"，據明本《册府》卷七四《帝王部·命相門四》改補。又，《通鑑》卷二八〇天福元年（936）閏十一月丙寅條載："以重貴爲北京留守、太原尹、河東節度使。"

[3]甲戌，車駕至昭義：《舊五代史考異》："案：《歐陽史》及《通鑑》並從《薛史》作甲戌至潞州。《遼史》作辛未，與《薛史》異。"《新五代史》卷八《晋高祖紀》天福元年閏十一月甲戌條作 "趙德鈞及其子延壽叛于唐來降，契丹鏁之以歸"。《遼史》卷三《太宗紀上》天顯十一年閏十一月辛未條作 "兵度團柏谷，以酒肴祀天地。俄追及德鈞父子，乃率衆降。次潞州，召諸將議，皆請班師，從之"。甲戌爲十九日，辛未爲十六日。 趙德鈞：人名。幽州（今北京市）人。初爲幽州節度使劉守光部將，再爲後唐將領，後投降契丹。傳見本書卷九八。 延壽：人名。即趙延壽。常山（今河北正定縣）人。本姓劉，爲趙德鈞養子。五代時後唐將領。後唐明宗李嗣源女婿。曾任後唐樞密使，鎮守徐州。後與德鈞降契丹，爲幽州節度使，封燕王，進大丞相，導契丹南下攻後晋，企圖代晋稱帝。契丹滅晋後，任中京留守。契丹主死，自稱權知南朝軍國事。不久爲契丹永康王耶律阮所執，死於契丹。傳見本書卷九八、《遼史》卷七六。

[4]戎王：指遼太宗耶律德光。石敬瑭以割幽雲十六州並向耶律德光稱子稱臣爲條件，乞求耶律德光出兵滅後唐。事見本書卷七五。

[5]大相温：官名。遼國大詳穩司長官。"相温" 又譯作廝温、撒温、索温、左温、詳穩，其原音爲 sagun，爲回紇汗國統率兵馬的軍官稱號，實際上是漢文 "將軍" 的突厥文和回鶻文音譯。參見楊若薇《契丹王朝政治軍事制度研究》，中國社會科學出版社 1991 年版。 京洛：洛陽之別稱，代指中原。

[6]贈細馬二十四：《輯本舊史》之影庫本粘籤："細馬，《通

鑑》作'良馬',疑原本有誤,考《契丹國志》亦作'細馬',今仍其舊。"見《通鑑》卷二八〇天福元年閏十一月甲戌條,但《契丹國志》卷二一外國貢進禮物條作"散馬",非"細馬"。

[7]己卯,至河陽北:《舊五代史考異》:"案:《薛史·唐紀》作庚辰,晋帝至河陽,《遼史》又作辛巳,並與此《紀》異。《通鑑》作己卯,與此《紀》同。"見《輯本舊史》卷四八《唐末帝紀下》、《通鑑》卷二八〇、《遼史》卷三《太宗紀上》。己卯爲二十四日,庚辰爲二十五日,辛巳爲二十六日。 節度使:官名。唐時在重要地區所設掌握一州或數州軍、民、財政的長官。 萇從簡:人名。陳州(今河南淮陽縣)人。五代後唐、後晋將領。傳見本書卷九四、《新五代史》卷四七。

[8]唐末帝:即後唐末帝李從珂。又謚廢帝。鎮州(今河北正定縣)人。後唐明宗養子。明宗入洛陽,以功拜河中節度使,封潞王。紀見本書卷四六至卷四八、《新五代史》卷七。 宋審虔:人名。籍貫不詳。五代後唐官員。事見本書卷四八。 玄武樓:門樓名。位於洛陽。

[9]文明殿:宮殿名。爲洛陽宮城之前殿。位於今河南洛陽市。

[10]張延朗:人名。汴州開封(今河南開封市)人。後唐三司使。傳見本書卷六九、《新五代史》卷二六。 劉延皓:人名。應州渾元(今山西渾源縣)人。後唐大臣,後唐末帝劉皇后之弟。傳見本書卷六九、《新五代史》卷一六。 劉延朗:人名。宋州虞城(今河南虞城縣)人。五代後唐大臣。傳見本書卷六九、《新五代史》卷二七。《輯本舊史》之影庫本粘籤:"原本脱'劉延朗'三字,今從《册府元龜》增入。"見明本《册府》卷九三《帝王部·赦宥門一二》。

[11]馬裔孫:人名。《新五代史》作"馬胤孫"。棣州滴河(今山東商河縣)人。後唐進士、宰相。傳見本書卷一二七、《新五代史》卷五五。 樞密使:官名。樞密院長官,五代時以士人爲之,備顧問,參謀議,出納詔奏,權侔宰相。參見李全德《唐宋變

革期樞密院研究》，國家圖書館出版社 2009 年版。　房暠：人名。京兆長安（今陝西西安市）人。五代後唐、後晉大臣。傳見本書卷九六。　宣徽使：官名。唐始置。宣徽南院使、北院使通稱宣徽使。初用宦官，五代以後改用士人。通掌內諸司及三班內侍之名籍，郊祀、朝會、宴享供帳之儀，檢視內外進奉名物。詳見王永平《論唐代宣徽使》，《中國史研究》1995 年第 1 期；王孫盈政《再論唐代的宣徽使》，《中華文史論叢》2018 年第 3 期。　李專美：人名。京兆萬年（今陝西西安市長安區）人。五代後梁、後唐、後晉官員。傳見本書卷九三。　河府：府名。當即河中府。治所在今山西永濟市。　韓昭裔：人名。《新五代史》作“韓昭胤”。籍貫不詳。五代後唐大臣，末帝親信。歷任鳳翔節度判官、樞密使、同平章事，官至尚書左僕射。事見本書本卷、卷四六、卷四七。

[12]少帝：即後唐閔帝李從厚。李從厚爲後唐明宗李嗣源第三子。紀見本書卷四五、《新五代史》卷七。　中書門下：官署名。唐代以來爲宰相處理政務的機構。參見劉後濱《唐代中書門下體制研究——公文形態·政務運行與制度變遷》，齊魯書社 2004 年版。孔氏：即後唐閔帝孔皇后。後唐廢帝李從珂入立，孔皇后及四子皆見殺。晋高祖立，追諡曰哀。傳見《新五代史》卷一五。

[13]應天下歸順節度使：“歸順”，《輯本舊史》原闕，中華書局本未補，據明本《冊府》卷九三《帝王部·赦宥部一二》補。刺史：官名。漢武帝時始置。州一級行政長官，總掌考覈官吏、勸課農桑、地方教化等事。唐中期以後，節度使、觀察使轄州而設，刺史爲其屬官，職任漸輕。從三品至正四品下。

[14]鹽鐺户：製鹽的民户。唐宋時期，河東、陝西、河北的部分地方刮碱土煮鹽，官府籍民户有碱土者爲鐺户。　昨者僞命指揮：明本《冊府》卷九三《帝王部·赦宥部一二》“指揮”下有“使”字。

[15]每斗依時價計定錢數，以錢數取人户便穩：《輯本舊史》原闕“以錢數”三字，據明本《冊府》卷四九四《邦計部·山澤

門二》補。

十二月乙酉朔，幸河陽，餞送大相温、蕃部兵士歸國，詔降末帝爲庶人。丁亥，制以司空馮道守本官兼門下侍郎、平章事、弘文館大學士，以步軍都指揮使符彦饒爲滑州節度使，以河陽節度使萇從簡爲許州節度使，以澤州刺史劉遂凝爲華州節度使，以皇子重乂爲河南尹。[1]庚寅，以滑州節度判官石光贊爲宗正卿。[2]辛卯，以舊相姚顗爲刑部尚書。[3]時自秋不雨，經冬無雪，命羣官徧加祈禱。癸巳，以邠州節度使張希崇爲靈武節度使，鄧州節度使皇甫遇爲定州節度使。[4]詔國朝文物制度、起居入閣，宜依唐明宗朝事例施行。[5]鎮州衙内都虞候祕瓊作亂，逐副使李彦琦，殺都指揮使胡章。[6]同州小校門鐸殺節度使楊漢賓，燒劫州城。[7]丙申，帝爲明宗皇后曹氏薨舉哀於長春殿，輟朝三日。[8]詔封故東丹王李贊華爲燕王，遣前單州刺史李肅部署歸葬本國。[9]以右拾遺吳涓爲左補闕，充樞密院學士。[10]己亥，以汴州節度使李周充西京留守，以前河中節度使李從璋爲鄧州節度使。[11]慈州奏，草寇攻城，三日而退。[12]庚子，帝爲皇弟故彰聖指揮使敬威、沂州指揮使敬德、檢校太子賓客敬殷舉哀於長春殿。[13]以舊相盧文紀爲吏部尚書。[14]以皇城使周瓌爲大將軍，充三司使。[15]以右贊善大夫馬重績爲司天監。[16]青州奏，節度使房知温卒，詔鄆州王建立以所部牙兵往青州安撫。[17]中書門下奏："請以來年二月二十八日帝慶誕日爲天和節。"[18]從之。

[1]司空：官名。與太尉、司徒並爲三公。唐後期、五代多爲大臣、勳貴加官。正一品。　馮道：人名。瀛州景城（今河北滄縣）人。後唐、後晉時歷任宰相。後漢、後周時任太師。歷仕四朝，居相位二十余載。傳見本書卷一二六、《新五代史》卷五四。

弘文館大學士：官名。唐初置，位在學士之上，以次相兼。　符彥饒：人名。陳州宛丘（今河南淮陽縣）人。符存審次子。五代後唐、後晉將領。傳見本書卷九一、《新五代史》卷二五。　滑州：州名。治所在今河南滑縣。　河陽：方鎮名。全稱“河陽三城”。治所在孟州（今河南孟州市）。　許州：州名。治所在今河南許昌市。　澤州：州名。治所在今山西澤州縣。　劉遂凝：人名。密州安丘（今山東安丘市）人。劉鄩之子。五代將領。歷任華州節度使、右龍武統軍、左驍衛上將軍。傳見本書卷一三一。中華書局本作“劉凝”，並有校勘記：“‘劉凝’，本書卷七八《晋高祖紀四》、《通鑑》卷二八〇作‘劉遂凝’。”今據《輯本舊史》卷七八《晋高祖紀四》天福四年（939）四月己卯條、卷八一《晋少帝紀一》天福七年十二月乙丑條、《通鑑》卷二八〇天福元年九月條作“劉遂凝”。此人即劉鄩之子。《輯本舊史》卷二三《劉鄩傳》末明言“子遂凝、遂雍別有傳”。兩傳失傳，需增輯。又鄩之猶子遂清，《輯本舊史》卷九六亦有傳，“遂”字不可删。　華州：州名。治所在今陝西渭南市華州區。　重乂：人名。即石重乂。後晉高祖石敬瑭之子。傳見本書卷八七、《新五代史》卷一七。　河南尹：官名。唐開元元年（713）改洛州爲河南府，治所在今河南洛陽市。以河南府尹總其政務。從三品。

[2]石光贊：人名。五代後晉宗室、官員。事見本書本卷。宗正卿：官名。秦始置宗正，南朝梁始有宗正卿之官。由宗室充任。掌皇族外戚屬籍。正三品。

[3]姚顗：人名。京兆萬年（今陝西西安市長安區）人。唐末進士，五代後梁、後唐、後晉大臣。傳見本書卷九二、《新五代史》卷五五。《輯本舊史》之影庫本粘籤：“‘姚顗’，原本作‘姚覬’，

今從《歐陽史》改正。"見《新五代史》卷八《晋高祖紀》天福元年閏十一月辛巳條，又《通鑑》卷二八〇天福元年十二月辛卯條"以唐中書侍郎姚顗爲刑部尚書"。　刑部尚書：官名。尚書省刑部主官。掌天下刑法及徒隷、勾覆、關禁之政令。正三品。

[4]邠州：州名。治所在今陝西彬縣。　張希崇：人名。幽州薊縣（今北京市）人。五代後唐將領。傳見本書卷八八、《新五代史》卷四七。　靈武：郡名。治所在今寧夏吳忠市。乾元元年（758），改名靈州。此處代指治所在靈州的方鎮朔方軍。　鄧州：州名。治所在今河南鄧州市。　皇甫遇：人名。常山（今河北正定縣）人。五代後唐、後晋將領。傳見本書卷九五、《新五代史》卷四七。　定州：州名。治所在今河北定州市。

[5]起居入閣：指五日起居、朔望入閣兩種朝會制度。據《新五代史》卷五四《李琪傳》載，後唐明宗天成元年（926）創置五日起居，李琪請罷五日起居，恢復朔望入閣，"明宗曰：五日起居，吾思所以數見羣臣也，不可罷。而朔望入閣可復。"

[6]鎮州：州名。治所在今河北正定縣。　衙內都虞候：官名。《新五代史》卷五一載祕瓊之職爲"衙內指揮使"。衙內指揮使爲節度使府衙內之牙將，統最親近衛兵，衙內都虞候爲其副貳。　祕瓊：人名。平山（今河北平山縣）人。五代後晋將領。傳見本書卷九四。　副使：官名。即節度副使。唐五代方鎮屬官。位於行軍司馬之下、判官之上。　李彥琦：人名。籍貫不詳。五代後晋將領。事見本書本卷。　都指揮使：官名。五代軍隊編制，五百人爲一指揮，設指揮使、副指揮使；十指揮爲一軍，設都指揮使、副都指揮使。　胡章：人名。籍貫不詳。五代後晋時的地方將領。事見本書本卷。

[7]同州：州名。治所在今陝西大荔縣。　門鐸：人名。籍貫不詳。五代後晋將領。事見本書本卷。　楊漢賓：人名。籍貫不詳。五代後唐、後晋將領。事見《通鑑》卷二七七、卷二八〇。

[8]曹氏：即後唐明宗曹皇后。籍貫不詳。閔帝時封皇太后。

後唐亡，與末帝一同自焚而死。傳見本書卷四九、《新五代史》卷一五。　　舉哀：發喪並舉行悼念儀式。　　長春殿：宮殿名。位於今河南洛陽市。　　輟朝：又稱廢朝。古代帝王遇親喪或文武大臣病故，停止視朝數日，以示哀悼。

[9]李贊華：人名。本名耶律倍，小名突欲。遼太祖耶律阿保機長子，封東丹王。其弟耶律德光即位，是爲遼太宗。突欲憤而降後唐，明宗賜名李贊華。傳見《遼史》卷七二。　　單州：州名。治所在今山東單縣。　　李肅：人名。籍貫不詳。五代後晉官員。事見本書本卷。

[10]右拾遺：官名。唐武則天於垂拱元年（685）置拾遺，分左、右。左拾遺隸門下省，右拾遺隸中書省，與左、右補闕共掌諷諫，大事廷議，小事則上封事。從八品上。　　吳涓：人名。籍貫不詳。五代後晉官員，曾任右拾遺、左補闕、樞密直學士、知制誥等職。事見本書本卷。　　左補闕：官名。唐代諫官。武則天垂拱元年（685）始置。分爲左右，左補闕隸於門下省，右補闕隸於中書省。掌規諫諷諭，大事可以廷議，小事則上封奏。從七品上。　　樞密院學士：官名。即樞密直學士。五代後唐莊宗同光元年（923）改直崇政院置，選有政術、文學者充任。備顧問應對。

[11]汴州：州名。治所在今河南開封市。　　李周：人名。原名李敬周。邢州内丘（今河北内丘縣）人。後晉將領。傳見本書卷九一、《新五代史》卷四七。　　西京留守：官名。唐玄宗久住東都洛陽，天寶元年（742）以京師長安爲西京，改西都留守爲西京留守，仍掌京師軍政要務。肅宗以後稱長安爲上都，仍沿用西京留守舊稱。　　河中：方鎮名。治所在河中府（今山西永濟市）。　　李從璋：人名。後唐明宗從子。五代後唐、後晉將領。傳見本書卷八八、《新五代史》卷一五。

[12]慈州：中華書局本有校勘記：“慈州，殿本作‘磁州’。”當作磁州爲是。磁州，治所在今河北磁縣。

[13]彰聖指揮使：官名。所部統兵將領。彰聖爲禁軍番號，後

唐清泰元年（934）六月，改捧聖左右軍爲彰聖左右軍。　　敬威：人名。即石敬威。後晋高祖石敬瑭之弟。傳見本書卷八七、《新五代史》卷一七。《輯本舊史》作“敬殷”，中華書局本有校勘記：“‘敬殷’，本書卷八〇《晋高祖紀六》作‘威’。案‘敬’係避晋高祖諱省。本書卷八七《廣王敬威傳》、《新五代史》卷一七《晋家人傳》、《通鑑》卷二八〇皆記爲彰聖指揮使者係敬威。”但未改。今據《輯本舊史》卷八〇《晋高祖紀六》天福七年正月辛酉條、卷八七《廣王敬威傳》、《新五代史》卷一七《晋家人傳》、《通鑑》卷二八〇天福元年六月丙子條，改。　　沂州：州名。治所在今山東臨沂市。　　指揮使：官名。唐末、五代藩鎮皆置都指揮使、指揮使，爲統兵將領。　　敬德：人名。即石敬德。後晋高祖石敬瑭之弟。傳見《新五代史》卷一七。　　檢校太子賓客：官名。太子賓客爲太子官屬，掌侍從規諫、贊相禮儀。檢校太子賓客爲散官或加官，以示恩寵，無實際執掌。　　敬殷：人名。即石敬殷。後晋高祖石敬瑭之弟。傳見《新五代史》卷一七。《輯本舊史》作“敬友”，中華書局本有校勘記：“‘敬友’，本書卷八〇《晋高祖紀六》作‘殷’。案‘敬’係避晋高祖諱省。《新五代史》卷一七《晋家人傳》記贈檢校太子賓客者爲敬殷，按新、舊《五代史》無敬友其人。”但未改。今據《新五代史》卷一七《晋家人傳》改。

[14]盧文紀：人名。京兆萬年（今陝西西安市長安區）人。唐末進士，五代宰相。傳見本書卷一二七、《新五代史》卷五五。

吏部尚書：官名。尚書省吏部長官，與二侍郎分掌六品以下文官選授、勳封、考課之政令。正三品。

[15]皇城使：官名。唐末始置，爲皇城司的長官，一般爲君主的親信充任，以拱衛皇城。　　周瓌：人名。晋陽（今山西太原市）人。五代後晋將領。傳見本書卷九五。　　三司使：官名。五代後唐明宗天成元年（926）將晚唐以來的户部、度支、鹽鐵三部合爲一職，設三司使統之。主管國家財政。

[16]右贊善大夫：官名。即太子右贊善大夫。掌規諫太子過

失、贊相禮儀等事。正五品上。中華書局本作"左贊善大夫"，並有校勘記："'左'，本書卷九六《馬重績傳》、《新五代史》卷五七《馬重績傳》作'右'。"但未改。今據《輯本舊史》卷九六《馬重績傳》、《新五代史》卷五七《馬重績傳》改。　馬重績：人名。其先出於北狄，籍貫不詳。五代後唐、後晉官員，天文曆法領域的專家。傳見本書卷九六、《新五代史》卷五七。　司天監：官名。爲司天監的長官，掌天文、曆法以及占候等事。

　　[17]青州：州名。治所在今山東青州市。　房知温：人名。兗州瑕丘（今山東濟寧市兗州區）人。五代後唐將領。傳見本書卷九一、《新五代史》卷四六。　鄆州：州名。治所在今山東東平縣。

　　王建立：人名。遼州榆社（今山西榆社縣）人。五代後唐、後晉大臣。傳見本書卷九一、《新五代史》卷四六。　牙兵：五代時期藩鎮親兵。參見來可泓《五代十國牙兵制度初探》，《學術月刊》1995年第11期。

　　[18]天和節：後晉高祖石敬瑭誕節。

　　天福二年春正月甲寅朔，帝御文明殿受朝賀，仗衛如式。乙卯，日有蝕之。[1]是夜，有赤白氣相間，如耕墾竹林之狀，自亥至丑，生北濁，過中天，明滅不定，徧二十八宿，徹曙方散。丁巳，故皇弟敬威、敬德、敬殷並贈太傅，皇子重裔、重進、重英並贈太保。[2]右神武統軍康思立卒，輟視朝，贈太子少師。[3]是日，詔曰："唐莊宗陵名與國諱同，宜改爲伊陵。[4]應京畿及諸州縣舊有唐朝諸帝陵并真源等縣，並不爲次赤，却以畿甸緊望爲定。[5]其逐處縣令，不得以陵臺結銜，考滿日，依出選門官例指揮，隔任後準格例施行。[6]其宋州亳州節度使、刺史，落太清宮使、副名額。"[7]庚申，以前吏部郎中兼侍御史知雜事王松爲左諫議大夫，水部郎中王易簡本官知制誥。[8]定州奏，契丹改幽州爲南京。[9]中書奏，請立宗廟，從之。以翰林學士、工部侍郎和凝爲禮部侍郎，依前充職。[10]詔内外文武臣僚並與加恩，皇基初造，示普恩也。[11]太子少保致仕華溫琪卒，贈太子太保。[12]是日，詔：“應朝臣中有藉才特除外任者，秩滿無遺闕，將來擬官之時，在外一任同在朝一任升進。其就便自求外職及不是特達選任者，不在此限。”安州上言，節度使盧文進殺行軍副使，率部下親兵過淮。[13]以前天平軍節度使、檢校太尉、兼侍中王建立爲平盧軍節度使，以守司空、門下侍郎、平章事、弘文館大學士馮道兼諸道鹽鐵轉運等使。[14]天雄軍節度使、兼中書令范延光改封秦國公，加食邑實封；鳳翔節度使、兼中書令、西平王李從曮加食邑實封。[15]乙丑，以端明殿學士、禮部侍郎吕琦爲檢校工部尚書、秘書監。[16]丙寅，改中興殿爲天福殿，門名從之。[17]湖南節度使、楚王馬希範加食邑實封，改賜功臣名號。[18]前昭義節度使、檢校太傅、同平章事高行周起復右金吾衛大將軍，依前昭義軍節度使。泰寧軍節度使李從温，荆南節度使、南平王高從誨，歸德軍節度使趙在禮，並加食邑實封，改功臣名號。[19]以端明殿學士、户部侍郎李崧爲兵部侍郎、判户部，以左諫議大夫王松判度支。[20]丁卯，魏府范延光奏：[21]“當管夏津鎮捕賊兵士誤殺却新齊州防禦使祕瓊。”[22]初，延光將萌異志。使人潛結於瓊，誘之。及是，以瓊背其謀，密使精騎殺之，由是延光反狀明矣。

以工部侍郎李玘檢校右僕射，爲汾州刺史。[23]以前彰國軍節度使尹暉爲左千牛衛上將軍。[24]是日，詔曰：“西天中印土摩竭陀舍衛國大菩提寺三藏阿闍梨沙門室利縛羅，宜賜號弘梵大師。”[25]庚午，涇州節度使李德珫、徐州節度使安彦威、秦州節度使康福、延州節度使劉景巖、襄州節度使安從進、夏州節度使李彝殷，並加食邑實封。[26]壬申，正衙備禮冊贈故皇弟、皇子等。[27]丙子，故契丹人皇王歸葬，輟視朝一日。[28]改汴州雍丘縣爲杞縣，避廟諱也。[29]戊寅，以兵部侍郎、判户部李崧爲中書侍郎、同中書門下平章事，充樞密使；以權知樞密使事、中書侍郎、同中書門下平章事、集賢殿學士桑維翰爲樞密使。是日，詔曰：“應天開國，恭己臨人，宜覃繼絶之恩，以廣延洪之道。宜於唐朝宗屬中取一人封公世襲，[30]兼隋之酅公爲二王後，以後周介公備三恪，主其祭祀，及赴大朝會。”[31]以前鎮國軍節度使皇甫立爲左神武統軍，以前宗正卿李郁爲太子賓客。[32]庚辰，以吏部侍郎龍敏判户部。[33]

[1]乙卯，日有蝕之：《舊五代史考異》：“案：《五代春秋》作正月乙卯朔，日食。據《通鑑考異》引《十國紀年》，蜀人亦以乙卯爲朔。蓋晉人避正朝日食，故改甲寅朔耳。”見《五代春秋》卷下《晉高祖》、《通鑑》卷二八一天福二年（937）正月乙卯條。

[2]敬威：《輯本舊史》原闕，中華書局本亦未補，據《輯本舊史》卷八七《廣王敬威傳》，敬威亦於天福二年贈太傅，故補。

太傅：官名。與太師、太保並爲三師。唐後期、五代多爲大臣、勳貴加官。正一品。　重裔：人名。即石重裔。或即石重胤，清人避清世宗"胤禛"諱，改"胤"爲"裔"。石重胤，後晋高祖石敬瑭之弟。傳見本書卷八七、《新五代史》卷一七。 重進：人名。即石重進。後晋高祖石敬瑭之子。傳見本書卷八七、《新五代史》卷一七。 重英：人名。即石重英。後晋高祖石敬瑭之子。傳見本書卷八七、《新五代史》卷一七。 太保：官名。與太師、太傅並爲三師。唐後期、五代多爲大臣、勳貴加官。正一品。

[3]右神武統軍：官名。唐代禁軍右神武軍的將領。初左、右神武軍置大將軍各一人，將軍各三人。興元元年（784）增置統軍各一人，位於將軍之上，爲大將軍之副職。從二品。 康思立：人名。晋陽（今山西太原市）人。五代後唐、後晋將領。傳見本書卷七〇、《新五代史》卷二七。 太子少師：官名。與太子少傅、太子少保統稱太子三少。隋唐以後多作加官或贈官。從二品。

[4]唐莊宗：人名。即李存勖。代北沙陀部人，後唐開國皇帝。紀見本書卷二七至卷三四、《新五代史》卷四至卷五。 伊陵：五代後唐莊宗陵寢。原稱雍陵。位於今河北新安縣。

[5]真源：縣名。本穀陽縣。唐高宗乾封元年（666）以玄元皇帝老子生於此，改爲真源縣。治所在今河南鹿邑縣。 次赤：唐代的第二等縣。唐代的縣分爲七或十個等級，十個等級爲赤（京）、次赤（次京）、畿、次畿、望、緊、上、中、中下、下。參見賴瑞和《唐代基層文官》，中華書局 2008 年版。

[6]隔任後準格例施行：《宋本册府》卷六三三《銓選部·條制門五》在"準格例施行"前有"據資品"三字。

[7]宋州：州名。治所在今河南商丘市睢陽區。 亳州：州名。治所在今安徽亳州市。 太清宮使：官名。太清宮是奉祀老子的道觀，位於真源縣。太清宮爲太清宮的主管官員。《輯本舊史》之影庫本粘籤："'太清'，原本作'大靖'，今從《五代會要》改正。"見《會要》卷一二觀開平元年（907）五月六日敕、同光元年（923）十月條。

[8]王松：人名。京兆（今陝西西安市）人。唐僖宗宰相王徽

之子。五代後唐至後漢官員。傳見本書附録、《新五代史》卷五七。

水部郎中：官名。唐、五代工部水部司的主官。掌修水利、治河渠及舟船賦稅等水事。從五品上。　王易簡：人名。京兆（今陝西西安市）人。五代後梁進士，五代、宋初大臣。傳見《宋史》卷二六二。

[9]契丹：部族、政權名。公元4世紀中葉宇文部爲前燕所攻破，始分離而成單獨的部落，自號契丹。唐貞觀中，置松漠都督府，以其首領爲都督。唐末強盛，916年迭剌部耶律阿保機建立契丹國（遼）。先後與五代、北宋並立，保大五年（1125）爲金所滅。參見張正明《契丹史略》，中華書局1979年版。　幽州：州名。治所在今北京市。　南京：遼國五京之一。治所在今北京市。《舊五代史考異》："案：《歐陽史》作燕京，《通鑑》《遼史》《契丹國志》並作南京。"見《通鑑》卷二八一天福二年正月條、《新五代史》卷七二《四夷附録一》、《契丹國志》卷二《太宗嗣聖皇帝上》會同元年（938）條、《遼史》卷三《太宗紀上》天顯三年（928）十二月條。

[10]和凝：人名。鄆州須昌（今山東東平縣）人。後晉宰相。傳見本書卷一二七、《新五代史》卷五六。

[11]"中書奏"至"示普恩也"：此段各條前後順序有誤。中書請立宗廟事在正月壬戌，見明本《册府》卷三一《帝王部·奉先門四》；下詔加恩事在正月庚申，據明本《册府》卷八一《帝王部·慶賜門三》。庚申爲七日，壬戌爲九日。由於不能確定此段全部條目之時間，故暫不調整順序。

[12]太子少保：官名。與太子少傅、太子少師合稱"三少"，唐後期、五代多爲大臣、勳貴加官。從二品。　致仕：指古代高級官員退休。　華溫琪：人名。宋州下邑（今河南夏邑縣）人。唐末爲黃巢部下，五代時爲後梁、後唐將領。傳見本書卷九〇、《新五代史》卷四七。　太子太保：官名。與太子太師、太子太傅統稱太子三師。隋唐以後多作加官或贈官。從一品。

[13]安州：州名。治所在今湖北安陸市。　盧文進：人名。范陽（今河北涿州市）人。五代後唐、後晉、吳國、南唐將領。傳見本書卷九七、《新五代史》卷四八。　行軍副使：官名。當爲執掌部隊調度、作戰之軍事副官。　"安州上言"至"率部下親兵過淮"：《舊五代史考異》："案：盧文進棄鎮奔吳，《通鑑》作元年十二月，《五代春秋》《歐陽史》作二年正月，與《薛史》同。"見《新五代史》卷八《晉高祖紀》天福二年正月癸亥條、《通鑑》卷二八〇天福元年十二月辛丑條、《五代春秋》卷下《晉高祖》天福二年正月條。

[14]天平軍：方鎮名。治所在鄆州（今山東東平縣）。　檢校太尉：官名。爲散官或加官，以示恩寵加此官，無實際執掌。太尉，與司徒、司空並爲三公。　侍中：官名。秦始置。隋、唐前期爲門下省長官。唐後期多爲大臣加銜，不參與政務，實際職務由門下侍郎執行。正二品。　平盧軍：方鎮名。治所在青州（今山東青州市）。　諸道鹽鐵轉運等使：官名。簡稱鹽鐵使。爲鹽鐵司長官。鹽鐵與度支、户部合稱"三司"。主掌漕運及專賣事務。

[15]天雄軍：方鎮名。亦稱"魏博軍"。唐天祐元年（904）以魏博節度使號爲天雄軍，治所在魏州（今河北大名縣）。　中書令：官名。漢代始置，隋、唐前期爲中書省長官，屬宰相之職；唐後期多爲授予元勳大臣的虚銜。正二品。　范延光：人名。鄴郡臨漳（今河北臨漳縣）人。五代後唐、後晉將領。傳見本書卷九七、《新五代史》卷五一。　食邑實封：簡稱"食實封"。唐制，封爵本有食邑若干户的規定，如親王食邑一萬户，郡王食邑五千户，國公食邑三千户，依次遞減，至男爵食邑三百户。但是上述封户並無其實，是爲虚封。只有加上"食實封若干户"之類的名號，才能享有相應的封户租税。　鳳翔：方鎮名。治所在鳳翔府（今陝西鳳翔縣）。　李從曮：人名。深州博野（今河北蠡縣）人。李茂貞長子，唐末、五代軍閥。傳見本書卷一三二。

[16]端明殿學士：官名。後唐明宗時始置，以翰林學士充任，

負責誦讀四方書奏。　呂琦：人名。幽州安次（今河北廊坊市）人。五代後唐、後晉官員。傳見本書卷九二、《新五代史》卷五六。

　檢校工部尚書：官名。爲散官或加官，以示恩寵，無實際執掌。

　秘書監：官名。秘書省長官，掌圖書秘記等。從三品。

　[17]中興殿：五代後唐朝廷內殿。本名崇勳殿，同光二年（924）改名中興殿，位於今河南洛陽市。

　[18]湖南：方鎮名。又稱武安軍節度。治所在潭州（今湖南長沙市）。　馬希範：人名。許州鄢陵（今河南鄢陵縣）人，一說扶溝（今河南扶溝縣）人。五代十國南楚國主馬殷子。後唐明宗長興三年（932）至後晉開運四年（947）在位。傳見本書卷一三三、《新五代史》卷六六。

　[19]昭義：方鎮名。即昭義軍。治所在潞州（今山西長治市）。　檢校太傅：官名。爲散官或加官，以示恩寵，無實際執掌。

　昭義：方鎮名。即昭義軍。治所在潞州（今山西長治市）。　高行周：人名。嬀州（今河北懷來縣）人。五代名將。傳見本書卷一二三、《新五代史》卷四八。　右金吾衛大將軍：官名。唐置，掌宮禁宿衛。唐代置十六衛，即左右衛、左右驍衛、左右武衛、左右威衛、左右領軍衛、左右金吾衛、左右監門衛、左右千牛衛，各置上將軍，從二品；大將軍，正三品；將軍，從三品。　泰寧軍：方鎮名。治所在兗州（今山東濟寧市兗州區）。　李從溫：人名。代州崞縣（今山西原平市）人，後唐明宗李嗣源之侄，後養爲己子。其從妹爲石敬瑭后，後爲忠武軍節度使、河陽三城節度使。傳見本書卷八八。　荆南：五代十國之一。又稱南平。後梁開平元年（907）朱温命高季興爲荆南節度使，梁末帝時封季興爲渤海王。後唐同光三年（925）受後唐封爲南平王。　高從誨：人名。陝州硤石（今河南三門峽市陝州區）人，南平國主高季興長子。傳見本書卷一三三、《新五代史》卷六九。　歸德軍：方鎮名。治所在宋州（今河南商丘市睢陽區）。本後梁宣武軍，後唐改名歸德軍。　趙在禮：人名。涿州（今河北涿州市）人。五代後唐、後晉將領。傳見本書卷九〇、《新五代史》卷四六。

　　[20]李崧：人名。深州饒陽（今河北饒陽縣）人。後晉宰相，歷仕後唐至後漢。傳見本書卷一〇八、《新五代史》卷五七。　　兵部侍郎：官名。尚書省兵部次官。協助兵部尚書掌武官銓選、勳階、考課之政。正四品下。　　判戶部：官名。唐末五代稱鹽鐵、度支、戶部爲三司，掌管統籌國家財政之事。戶部掌戶口、財賦等事務。判戶部爲戶部的長官。　　判度支：官名。安史之亂後，因軍事供應浩繁，以宰相爲度支使，由戶部尚書、侍郎或他官兼領度支事務，稱度支使或判度使、知度支事，權任極重，與鹽鐵使、判戶部或戶部使合稱"三司"。掌管天下租賦物産，歲計所出而支調之。

　　[21]丁卯：《輯本舊史》原闕，中華書局本亦未補，據《新五代史》卷八《晉高祖紀》天福二年正月丁卯條、《通鑑》卷二八一天福二年正月條補，否則下文之"是日"將蒙上文被誤認爲前一日之丙寅。　　魏府：即魏州。唐五代方鎮魏博軍的治所。位於今河北大名縣。

　　[22]夏津鎮：地名。位於今山東夏津縣。　　齊州：州名。治所在今山東濟南市。　　防禦使：官名。唐代始置，設有都防禦使、州防禦使兩種。常由刺史或觀察使兼任，實際上爲唐代後期州或方鎮的軍政長官。

　　[23]檢校右僕射：官名。右僕射爲隋唐宰相名號。檢校右僕射爲散官或加官，以示恩寵，無實際執掌。　　汾州：州名。治所在今山西汾陽市。

　　[24]彰國軍：方鎮名。治所在應州（今山西應縣）。　　尹暉：人名。魏州大名（今河北大名縣）人。五代後唐、後晉將領。傳見本書卷八八。　　左千牛衛上將軍：官名。唐置，掌宮禁宿衛。唐代十六衛之一。從二品。

　　[25]中印土：又作中天竺、中印度。時印度被分爲東、西、南、北、中五部分。玄奘《大唐西域記》記中印度有摩竭陀等三十國。《舊唐書》卷一九八《西戎傳》記："中天竺據四天竺之會，其

都城週迴七十餘里，北臨禪連河。"中印度位於今印度北部及尼泊爾一帶。 摩竭陀：中印度古國名。又作摩羯陀國、摩伽陀國、摩竭提國、默竭陀國、默竭提國、摩訶陀國。爲佛陀住世時印度十六大國之一。都王舍城，其領域相當於現今印度比哈爾邦的巴特那（Patna）及加雅（Gaya）地方。 舍衛國：中印度古國名。舍衛本爲北憍薩羅國都城名，爲區別於南憍薩羅國，故以都城代稱。此國之位置，據英國考古學家康林罕（A. Cunningham）推定，近於尼泊爾之奥都（Oudh，古稱沙只）北方約九十餘公里處，即拉布提河（Rapti）左岸之沙赫瑪赫（Sahet Mahet）。 大菩提寺：寺院名。爲佛陀成道處。位於印度比哈兒邦菩提迦耶（Buddha Gaya，Bihar）南十公里處。 三藏阿闍梨沙門：三藏，經律論也。經説定學，律説戒學，論説慧學。因之而通三藏達三學者，稱爲三藏。阿闍梨，又作阿舍梨、阿闍梨、阿只利、阿遮利耶。略稱闍梨。意譯爲軌範師、正行、悦衆、應可行、應供養、教授、智賢、傳授。意即教授弟子，使之行爲端正合宜，而自身又堪爲弟子楷模之師，故又稱導師。沙門，又作娑門、桑門、喪門、沙門那，譯曰息、息心、静志、净志、乏道、貧道等。爲出家者之總稱。 室利縛羅：僧人名。此僧人後晋時被賜號"弘梵"，鄭炳林認爲，疑後唐普化大師即後晋賜號弘梵大師之室利縛羅（詳見鄭炳林《敦煌地理文書彙輯校注》，甘肅教育出版社 1989 年版，第 318 頁）。榮新江指出，弘梵大師與後唐普化大師的名字和來歷，有某些相似之處，但是否爲同一人尚難確定（詳見《敦煌文獻所見晚唐五代宋初的中印文化交往》，收録於榮新江《絲綢之路與東西文化交流》，北京大學出版社 2015 年版，第 114 頁）。楊寶玉認爲二人爲同一人的可能性非常大，或許在後唐時被尊稱爲普化大師，後晋時被賜號"弘梵"（詳見《敦煌文書與五代時期五臺山佛教史研究——以 P. 3931 爲例》，收録於楊寶玉《高臺魏晋墓與河西歷史文化研究》，甘肅教育出版社 2012 年版，第 179 頁）。若室利縛羅即普化大師，據 P. 3931《印度普化大師遊五臺山啓文》，"師乃生長在摩竭陀國内，出家於那爛陀寺中”。

[26]涇州：州名。治所在今甘肅涇川縣。此處指代彰義軍。李德珫：人名。應州金城（今山西應縣）人。五代後唐、後晉將領。傳見本書卷九〇。　徐州：州名。治所在今江蘇徐州市。　安彦威：人名。崞縣（今山西原平市）人。五代後唐、後晉將領。傳見本書卷九一、《新五代史》卷四七。　秦州：州名。治所在今甘肅天水市。　康福：人名。蔚州（今河北蔚縣）人。五代後唐將領。傳見本書卷九一、《新五代史》卷四六。　延州：州名。治所在今陝西延安市。　劉景巖：人名。延州（今陝西延安市）人。高允權妻之祖父，家富於財，爲高允權所誣殺。傳見《新五代史》卷四七。　襄州：州名。治所在今湖北襄陽市。　安從進：人名。索葛部人。五代後唐、後晉將領。傳見本書卷九八、《新五代史》卷五一。　夏州：州名。治所在今陝西靖邊縣。　李彝殷：人名。又名李彝興。党項族，夏州（今陝西靖邊縣）人。五代、宋初軍閥。傳見本書卷一三二、《宋史》卷四八五。

[27]正衙：即正殿。唐代以大明宮宣政殿爲正衙。唐後期以來，在正衙舉行的每日朝參，亦稱正衙。

[28]故契丹人皇王歸葬：《輯本舊史》之影庫本粘籤：“人皇王，原本作‘天皇王’，考《契丹國志》，東丹王稱人皇王，今改正。”見《契丹國志》卷一《太祖大聖皇帝》天贊六年（927）七月條。　輟視朝一日：“一日”，明本《册府》卷九七六《外臣部·褒異門三》作“三日”。

[29]雍丘縣：縣名。即杞縣。治所在今河南杞縣。

[30]宜於唐朝宗屬中取一人封公世襲：《舊五代史考異》：“案：《五代會要》載原敕云：其唐朝宗屬中，舊在朝及諸道爲官者，各據資歷，考限滿日，從品秩序遷；已有出身，任令參選。”見《會要》卷五二王三恪條。

[31]酅公：即酅國公。五代二王三恪制度下，隋朝楊氏後裔受封的爵名。　二王後：中國古代新王朝建立後封前朝的皇室後裔，

給以爵位，以示敬重。參見謝元魯《隋唐五代的特殊貴族——二王三恪》，《中國史研究》1994年第2期。　後周介公：五代二王三恪制度下，北周宇文氏後裔受封的爵名。　三恪：中國古代新王朝建立後封前朝的皇室後裔，給以爵位，以示敬重。參見謝元魯《隋唐五代的特殊貴族——二王三恪》。　大朝會：朝會典禮。後唐以來規定在元正、冬至、五月朔舉行。大朝會之日，有司排辦盛大的儀仗，在京文武百官以及地方官員在京者、藩國使人，共同向皇帝朝參、致賀、上壽，並以宴會結束典禮。

　　[32]鎮國軍：方鎮名。治所在華州（今陝西渭南市華州區）。　皇甫立：人名。代北（今山西代縣）人。五代後唐至後漢將領。傳見本書卷一〇六。　左神武統軍：官名。唐德宗時於左右龍武、神武、神策各軍大將軍之下，各置統軍一或二人。從二品。《輯本舊史》原闕“左”字，中華書局本有校勘記：“‘神武統軍’，本書卷一〇六《皇甫立傳》作‘左神武統軍’。”但未補，今據補。李郁：人名。唐代宗室。五代後唐、後晉官員。傳見本書卷九六。　太子賓客：官名。爲太子官屬。唐高宗顯慶元年（656）始置。掌侍從規諫、贊相禮儀。正三品。

　　[33]龍敏：人名。幽州永清（今河北永清縣）人。五代大臣。傳見本書卷一〇八、《新五代史》卷五六。

　　二月丙戌，以尚食使安友規充葬明宗皇后監護使，以河陽節度使安審暉爲鄜州節度使。[1]癸巳，詔停北京西北面計度司事。[2]吳越國王錢元瓘加食邑實封，改賜功臣名號。[3]己亥，詔：“應諸道行軍副使等得替後，且就私家取便安止，限一年後方得赴闕，當便與比擬。”[4]壬寅，詔：“應諸道馬步都虞候，自今後朝廷更不差補，委自藩方，於本州衙前大將中慎選久歷事任、曉會刑獄者充，以三年爲限，[5]仍不得於元隨職員內差補。”以左散騎常侍孔昭序爲太子賓客。[6]尚書左僕射劉昫、右僕射盧質並加食邑實封。[7]甲辰，以滄州留後馬全節爲橫海軍節度使，以太子賓客韓惲爲貝州刺史，左羽林統軍羅周敬爲右金吾衛上將軍。[8]丙午，以皇子左驍衛上將軍重信爲檢校太保、河陽三城節度使，以權知河陽軍州事周瓌爲安州節度使。[9]詔：“中外臣僚，或因差使出入，並不得薦屬人於藩鎮希求事任。如有犯者，並準唐長興二年敕條處分。”戊申，中書舍人陳乂改左散騎常侍。[10]應在朝文武百僚及見任刺史，先代未封贈者，與加封贈；母、妻未敘封者，並與敘封。辛亥，天和節，帝御長春殿，召左右街僧錄威儀殿內譚經，循舊式也。[11]

　　[1]尚食使：官名。唐始置，以宦官充任，掌供皇帝膳食。安友規：人名。籍貫不詳。五代後漢將領。事見本書本卷。　葬明宗皇后監護使：官名。爲喪葬禮儀行事官。監護後唐明宗曹皇后葬禮事宜。　安審暉：人名。籍貫不詳。五代後晉高級將領。傳見本書卷一二三。　鄜州：州名。治所在今陝西富縣。

　　[2]計度司：財政官署名。掌藩鎮、出征部隊財政事務。

　　[3]吳越國王錢元瓘加食邑實封：中華書局本有校勘記：“本卷下文：‘（十一月戊辰）鎮海鎮東節度使、吳越王錢元瓘加天下兵馬副元帥，封吳越國王’，則元瓘時仍爲吳越王。”　吳越：五代十國之吳越國。後梁開平元年（907），封鎮海節度使錢鏐爲吳越王，領有今浙江之地、江蘇南部及福建北部。北宋太平興國三年（978），錢弘俶向北宋納土，吳越亡。　錢元瓘：人名。祖籍臨安（今浙江杭州市臨安區）。錢鏐之子。五代十國吳越國國主，932年至941年

在位。傳見本書卷一三三、《新五代史》卷六七。

〔4〕應諸道行軍副使等得替後：《宋本册府》卷六三三《銓選部·條制門五》在“諸道”後有“前任”二字。　當便與比擬：《宋本册府》卷六三三《銓選部·條制門五》作“朝廷當據職資便與比擬”。

〔5〕馬步都虞候：官名。唐五代方鎮高級軍官。位次都副指揮使。　衙前大將：官名。唐五代方鎮軍官。　以三年爲限：中華書局本有校勘記：“‘爲’字原闕，據《五代會要》卷二四補。”見《會要》卷二四《諸使雜録》天福二年（937）二月“是月敕”條。

〔6〕左散騎常侍：官名。門下省屬官。掌侍奉規諷，備顧問應對。正三品下。　孔昭序：人名。籍貫不詳。五代後唐官員。事見本書本卷、卷一二七。

〔7〕尚書左僕射：官名。秦始置。隋、唐前期，以左、右僕射佐尚書令總理六官、綱紀庶務；如不置尚書令，則總判省事，爲宰相之職。唐後期多爲大臣加銜。從二品。　劉昫：人名。涿州歸義縣（今河北容城縣）人。五代大臣，曾任宰相、監修國史，領銜撰進《舊唐書》。傳見本書卷八九、《新五代史》卷五五。　右僕射：官名。秦始置。隋、唐前期以左、右僕射佐尚書令總理六官，綱紀庶務，如不置尚書令，則總判省事，爲宰相之職。唐後期多爲大臣加銜。從二品。中華書局本有校勘記：“‘右’，原作‘左’，據殿本、邵本校、本書卷九三《盧質傳》改。”　盧質：人名。河南（今河南洛陽市）人。五代大臣。傳見本書卷九三、《新五代史》卷五六。

〔8〕滄州：州名。治所在今河北滄縣舊州鎮。　留後：官名。唐、五代節度使多以子弟或親信爲留後，以代行節度使職務，亦有軍士、叛將自立爲留後者。掌一州或數州軍政。　馬全節：人名。魏郡元城（今河北大名縣）人。五代後唐、後晉將領。傳見本書卷九〇、《新五代史》卷四七。　橫海軍：方鎮名。治所在滄州（今河北滄縣舊州鎮）。　韓惲：人名。太原晉陽（今山西太原市）

人。五代後唐、後晋官員。傳見本書卷九二。　貝州：州名。治所在今河北清河縣。　左羽林統軍：官名。左羽林軍統兵官。左羽林爲唐代“北衙六軍”之一。從二品。　羅周敬：人名。魏州貴鄉（今河北大名縣）人。五代軍閥。傳見本書卷九一。　右金吾衛上將軍：官名。唐置，掌宮禁宿衛。唐代十六衛之一。從二品。

[9]左驍衛上將軍：官名。唐置，掌宮禁宿衛。唐代十六衛之一。從二品。　重信：人名。即石重信。後晋高祖石敬瑭之子。傳見本書卷八七、《新五代史》卷一七。　檢校太保：官名。爲散官或加官，以示恩寵加此官，無實際執掌。太保，與太師、太傅合稱“三師”。　權知河陽軍州事：官名。方鎮河陽三城的實際長官。地位亞於河陽節度使。

[10]中書舍人：官名。中書省屬官。掌起草文書、呈遞奏章、傳宣詔命等。正五品上。　陳乂：人名。薊門（今北京昌平區）人。後梁時爲太子舍人。後唐莊宗時從郭崇韜伐蜀，署爲招討判官。明宗時歷知制誥、中書舍人、左散騎常侍。傳見本書卷六八。

[11]天和節：《輯本舊史》之影庫本粘籤：“‘天和’，原本作‘天河’，今從《五代會要》改正。”見《會要》卷一《帝號》晋高祖條。　左右街僧録：官名。左街僧録、右街僧録的合稱。掌理僧尼名籍、僧官補任等事宜。　威儀殿：宮殿名。位於今河南開封市。

　　三月甲寅朔，制北京留守、太原尹、皇子重貴封食邑三百户，刑部侍郎張鵬改兵部侍郎。[1]已未，御史臺奏：[2]“唐朝定令式，南衙常參文武百僚，每日朝退，於廊下賜食，謂之常食。[3]自唐末亂離，常食漸廢，仍於入閤起居日賜食，每入閤禮畢，閤門宣放仗，羣官俱拜，謂之謝食。[4]至僞主清泰年中，入閤禮畢，更差中使至正衙門口宣賜食，百官立班重謝，此則交失唐朝賜食之意，於禮實爲太煩。[5]臣恐因循，漸失根本，起今後入閤賜食，望不差中使口宣，準唐明宗朝事例處分。”從之。[6]庚申，[7]中書奏：“準敕，故庶人三月七日以王禮葬，其妻男等並以禮葬，請輟其日朝參一日。”從之。以宣徽南院使楊彥詢爲左監門衛上將軍，依前充宣徽使。[8]兗州李從温奏，節度副使王謙搆軍士作亂，尋已處置。[9]丙寅，詔：“王者省方設教，靡憚於勤勞；養士撫民，必從其宜便。顧惟涼德，肇啟丕圖，常務去乎煩苛，冀漸臻於富庶。[10]念京城攸擾之後，屬舟船焚爇之餘，饋運頓虧，支費殊闕。將別謀於飛輓，慮轉困於生靈，以此疚心，未嘗安席。今以夷門重地，梁苑雄藩，水陸交通，舟車必集，爰資經度，須議按巡，寧免暫勞，所期克濟，取今月二十六日巡幸汴州”云。[11]以前貝州刺史史圭爲刑部侍郎，充諸道鹽鐵轉運副使；前澤州刺史閻至爲户部侍郎。[12]詔“車駕經過州府管界，[13]所有名山大川、帝王陵廟、名臣祠墓，[14]去路十里内者，[15]宜令本州排比祇候，車駕經過日，[16]以酒脯祭告。”左僕射劉昫等議立宗廟，以立高祖已下四親廟，其始祖一廟，伏候聖裁。[17]御史中丞張昭遠議，請依隋唐之制，立四廟，推四世之中名位高者爲太祖。[18]詔下百官定議，百官請依唐制，追尊四廟爲定，從之。甲戌，以右龍武統軍楊思權爲左衛上將軍。[19]乙亥，前鄜州節度使張萬進加檢校太傅，前宋州節度使李從敏加檢校太尉。[20]以吏部郎中兼侍御史知雜事薛融爲左諫議大夫，以兵部郎中段希堯爲右諫議大夫。[21]戊寅，以户部尚書王權爲兵部尚書，工部尚書崔居儉爲戶部尚書，兵部尚書李鏻爲太子少保，兵部尚書致仕裴皞爲工部尚書，東上閤門使李守貞爲右龍武將軍充職。^[22]庚辰，車駕離京。

[1]三月甲寅朔："朔"，《輯本舊史》原闕，中華書局本亦未補，據正史本紀計時規則，凡朔日有記事，在該日干支下需加"朔"字。　北京留守：官名。後晉以太原府爲北京。唐、五代在都城、陪都或軍事重鎮所設留守，由地方行政長官兼任。　太原尹：官名。唐開元十一年（723）改并州爲太原府，治所在今山西太原市。太原尹總其政務。從三品。　重貴：人名。即石重貴。沙陀部人。後晉高祖石敬瑭從子，後晉少帝。紀見本書卷八一至卷八五、《新五代史》卷九。　食邑：即採邑，官員可以收其賦稅自用的封地。　刑部侍郎：官名。尚書省刑部次官。協助刑部尚書掌天下刑法及徒隸、勾覆、關禁之政令。正四品下。　張鵬：人名。鎮州鼓城（今河北晉州市晉州鎮鼓城村）人。時爲成德軍節度副使，因言論失當爲節度使高行周奏殺。傳見本書卷一〇六。

[2]御史臺：官署名。爲中央監察機構。

[3]南衙：唐代宮城位於長安城的北部。皇城在宮城之南，中央的省、臺、寺、監各官署都設在皇城，故稱南衙或南司。　常參：唐代皇帝每日御正殿，受群臣朝參、奏事，稱常參。後沿稱常日早朝。《會要》卷六廊下餐條、明本《册府》卷一〇八《帝王部·朝會門二》、《宋本册府》卷五一七《憲官部·振舉門二》均作"常參官"。　常食：又稱廊下食、廊下餐。

[4]閤門：唐代大明宮之正殿（宣政殿）、內殿（紫宸殿）以東、西上閤門相連，閤門遂爲外朝、內朝之分界。五代宮殿承唐制，亦設閤門。

[5]清泰：五代後唐廢帝李從珂年號（934—936）。　中使：

今注本二十四史　舊五代史

皇宫中派出的使臣。多由宦官擔任。

[6]"己未"至"從之"：本段末有《舊五代史考異》："案《五代會要》載：其年四月，御史臺奏：'文武百官，每月朔望入閤禮畢，賜廊下食。在京時祗於朝堂幕次兩廊下，今在行朝，于正衙門外權爲幕次，房廊隘狹，伏恐五月一日朝會禮畢，准例賜食于幕次，難爲排比。伏見唐明宗時，兩省官于文明殿前廊下賜食，今未審入閤日權于正衙門内兩廊下排比賜食，爲復別有處分？'敕：宜依唐明宗時舊規，廊下賜食。"對《舊五代史考異》所引之"在京時祗於朝堂幕次兩廊下"，中華書局本有校勘記："'朝堂'原作'廟堂'，據《五代會要》卷六改。"見《會要》卷六廊下餐條。

[7]庚申：《輯本舊史》原闕，中華書局本未補，據《通鑑》卷二八一補。

[8]宣徽南院使：官名。唐始置。宣徽南院的長官。初用宦官，五代以後改用士人。與宣徽北院使通掌内諸司及三班内侍之名籍，郊祀、朝會、宴享供帳之儀，檢視内外進奉名物。參見王永平《論唐代宣徽使》，《中國史研究》1995年第1期；王孫盈政《再論唐代的宣徽使》，《中華文史論叢》2018年第3期。　楊彦詢：人名。河中寶鼎（今山西萬榮縣西南）人。五代後唐、後晉將領。傳見本書卷九〇、《新五代史》卷四七。　左監門衛上將軍：官名。唐置，掌宮禁宿衛。唐代十六衛之一。從二品。

[9]兗州：州名。治所在今山東濟寧市兗州區。　王謙：人名。籍貫不詳。五代後晉方鎮將領。事見本書本卷。

[10]常務去乎煩苛：中華書局本有校勘記："'乎'，原作'于'，據《册府》卷一一四改。"見明本《册府》卷一一四《帝王部·巡幸門三》。

[11]夷門：地名。原指戰國魏都大梁城東門，故址在今河南開封城内東北隅。夷門位於夷山，夷山因山勢平夷而得名，故門亦以山爲名。此處代指開封。　梁苑：地名。代指開封。《輯本舊史》之影庫本粘籤："'梁苑'，原本作'梁莊'，今從《册府元龜》改

正。"見《册府》卷一一四。　取今月二十六日巡幸汴州云：中華
書局本有校勘記："'二十六日'，《册府》卷一一四作'二十七
日'。按本卷下文云'庚辰，車駕離京'，《通鑑》卷二八一略同。
是月甲寅朔，庚辰爲二十七日。"　"丙寅"至"取今月二十六日
巡幸汴州云"：本條末有《舊五代史考異》："案《通鑑》：范延光
聚卒繕兵，悉召巡内刺史集魏州，將作亂。會帝謀徙都大梁，桑維
翰曰：'大梁北控燕趙，南通江淮，水陸都會，資用富饒。今延光
反形已露，大梁距魏不過十驛，彼若有變，大軍尋至，所謂疾雷不
及掩耳也。'丙寅，下詔，託以洛陽漕運有闕，東巡汴州。"事見
《通鑑》卷二八一。

[12]史圭：人名。常山石邑（今河北石家莊市）人。五代後
唐、後晉官員。傳見本書卷九二、《新五代史》卷五六。　諸道鹽
鐵轉運副使：官名。簡稱鹽鐵副使。爲鹽鐵司副長官。鹽鐵與度
支、户部合稱"三司"。佐鹽鐵使掌漕運及專賣事務。　澤州：州
名。治所在今山西澤州縣。　閻至：人名。籍貫不詳。五代後唐、
後晉官員。事見本書卷三八、卷四一。

[13]車駕經過州府管界：明本《册府》卷三四《帝王部·崇
祭祀門三》、卷一一四《帝王部·巡幸門》、《宋本册府》卷一七四
《帝王部·修廢門》作"經過河南府、河陽、鄭州、汴州管界"。

[14]名臣祠墓：中華書局本有校勘記："'祠墓'，原作'等'，
據殿本、劉本改。"今從。

[15]去路十里内者：中華書局本有校勘記："'内'字原闕，據
《册府》卷三四、卷一一四補。"今從。

[16]車駕經過日：中華書局本有校勘記："'車'字原闕，據
《册府》卷三四、卷一一四、卷一七四補。"今從。

[17]宗廟：中國古代禮制中，天子七廟，即"四親"之廟、
"二祧"之廟以及"始祖"之廟。《禮記·王制》亦有"天子七廟，
三昭三穆，與太祖之廟而七"之説。

[18]御史中丞：官名。如不置御史大夫，則爲御史臺長官。掌

司法監察。正四品下。 張昭遠：人名。即“張昭”。濮州范縣（今河南范縣）人。五代後唐至宋初官員。傳見《宋史》卷二六三。

[19]楊思權：人名。邠州新平（今陝西彬縣）人。五代後梁、後唐、後晉將領。傳見本書卷八八、《新五代史》卷四八。 左衛上將軍：官名。唐置，掌宮禁宿衛。唐代十六衛之一。從二品。

[20]張萬進：人名。雲州（今山西大同市）人。唐末將領。傳見本書卷一三。 李從敏：人名。後唐明宗之侄。傳見本書卷一二三、《新五代史》卷一五。

[21]兵部郎中：官名。唐高祖改兵曹郎置，二人，一掌武官階品、衛府名數、校考、給告身之事；一掌軍籍、軍隊調遣名數、朝集、祿賜、告假等事。高宗、武則天、玄宗時，一度隨本部改名司戎大夫、夏官郎中、武部郎中。五代因之。從五品上。 段希堯：人名。河內（今河南沁陽市）人。五代大臣。傳見本書卷一二八、《新五代史》卷五七。 右諫議大夫：官名。隸中書省。唐代置左、右諫議大夫各四人，分隸門下省、中書省。掌諫諭得失、侍從贊相。正四品下。

[22]戶部尚書：官名。戶部最高長官。掌管全國土地、戶籍、賦稅、財政收支諸事。正三品。 王權：人名。太原（今山西太原市）人。五代官員。傳見本書卷九二、《新五代史》卷五六。 兵部尚書：官名。尚書省兵部主官。掌兵衛、武選、車輦、甲械、廄牧之政令。正三品。 工部尚書：官名。尚書省工部主官。掌百工、屯田、山澤之政令。正三品。 崔居儉：人名。清河（今河北清河縣）人。五代後梁至後晉官員。傳見本書附錄、《新五代史》卷五五。 李鏻：人名。唐朝宗室、五代大臣。傳見本書卷一〇八、《新五代史》卷五七。《輯本舊史》之影庫本粘籤：“李鏻，原本作‘李鄰’，今從《歐陽史》改正。”見《新五代史》卷五七《李鏻傳》，又可參見《輯本舊史》卷一〇八《李鏻傳》。 裴皞：人名。世居河東（今山西太原市），出自中眷裴氏。五代後唐、後

晋官員。傳見本書卷九二、《新五代史》卷五七。 東上閣門使：
官名。與西上閣門使共稱"閣門使"。唐代始設，掌扈從乘輿、朝
會禮儀、大宴引贊、引接朝見等事務。 李守貞：人名。河陽（今
河南孟州市）人。五代將領。傳見本書卷一〇九、《新五代史》卷
五二。 右龍武將軍：官名。唐代禁軍右龍武軍統兵官。從三品。

　　夏四月癸未朔，至鄭州，防禦使白景友進牲餼器
皿，[1]帝曰："不出民力否？"景友曰："臣畏陛下法，皆
辦於己俸。"命收之。甲申，駕入汴州。丁亥，制："應
天福二年四月五日昧爽已前，諸道州府見禁囚徒，大辟
已下，罪無輕重，並釋放。天福元年已前，諸道州府應
係殘欠租稅，並特除免。諸道係徵諸色人欠負省司錢
物，宜令自僞清泰元年終已前所欠者，據所通納到物業
外，並與除放。昨者，行至鄭州滎陽縣界，路旁見有蟲
食及旱損桑麥處，委所司差人檢覆，量與蠲免租稅。[2]
河陽管內酒戶百姓，應欠天福元年閏十一月二十五日已
前，不敷年額麴錢，並放。[3]其諸處應經兵火者，亦與
指揮。當罪即誅，式明常典；既往可憫，宜示深仁。僞
清泰中，臣僚內有從珂誅戮者，並許收葬。[4]天下百姓，
有年八十已上者，與免一子差徭，仍逐處簡署上佐官。
梁故滑州節度使王彥章，効命當時，致身所事，稟千年
之生氣，流百代之令名，宜令超贈太師，子孫量才敘
錄。[5]應諸道州府管界，有自僞命抽點鄉兵之時，多是
結集劫盜，因此畏懼刑章，藏隱山谷，宜令逐處曉諭招
攜，各令復業。自今年四月五日已前爲非者，一切不
問；如兩月不歸業者，復罪如初。"丁酉，宣武軍節度

使、侍衛親軍使楊光遠加兼侍中。[6]己亥，陝州節度使、侍衛都虞候劉知遠加檢校太保。[7]庚子，北京、鄴都、徐兗二州並奏旱。[8]詔：“今後立妃，及拜免三師、三公、宰相，及命將、封親王公主，宜令並降制命，餘從令式處分。”[9]

[1]夏四月癸未朔：《輯本舊史》原闕“夏”字，中華書局本亦未補，據正史本紀記時規則，四時首月如有記事，在該月前加四時，如無記事，則順延至下月。　鄭州：州名。治所在今河南鄭州市。　白景友：人名。籍貫不詳。五代後晋官員。事見本書本卷。

[2]榮陽縣：縣名。治所在今河南榮陽市。　路旁見有蟲食及旱損桑麥處：《輯本舊史》之影庫本粘籤：“‘桑麥’，原本作‘乘麥’，今據《五代會要》改正。”《會要》未見記載，見明本《册府》卷九三《帝王部·赦宥門一二》天福二年（937）四月丁亥制條。　蠲（juān）免：蠲放、免除之意。

[3]酒户：從事釀酒沽賣之人户。　麴錢：政府對“麴”征收的酒業專賣税。“麴”亦稱麯、曲。指酒母，釀酒或製醬用的發酵物。

[4]臣僚内有從珂誅戮者：《輯本舊史》原闕“珂”字。中華書局本有校勘記：“‘從’，《册府》卷九三同，《册府》卷四二作‘從珂’。”未補。今據《宋本册府》卷四二《帝王部·仁慈門》補，因前文已明言爲末帝從珂清泰年間事。

[5]王彦章：人名。鄆州壽張（今山東梁山縣壽張集）人。五代後梁將領。傳見本書卷二一、《新五代史》卷三二。　稟千年之生氣：中華書局本有校勘記：“‘稟’，《册府》卷九三作‘凜’。”“稟”勝於“凜”。　太師：官名。與太傅、太保合稱“三師”，唐後期、五代多爲大臣、勳貴加官。正一品。

[6]宣武軍：方鎮名。治所在汴州（今河南開封市）。　侍衛

親軍使：官名。即侍衛親軍都指揮使。五代時侍衛親軍之長官。多由皇帝親信擔任。

　　[7]陝州：州名。治所在今河南三門峽市陝州區。

　　[8]鄴都：地名。治所在今河北大名縣。五代後唐同光元年（923），改魏州爲興唐府，建號東京。三年改東京爲鄴都。

　　[9]及拜免三師、三公、宰相：“三師”，《輯本舊史》原闕，中華書局本亦未補，據《會要》卷一三《翰林院》天福二年四月敕條補。

　　五月壬子朔，帝御崇元殿受朝賀，仗衛如式。[1]詔洛京、魏府管內所徵今年夏苗稅物等，宜放五分之一，以微旱故也。[2]丙辰，御史中丞張昭遠奏：“汴州在梁室朱氏稱制之年，有京都之號，及唐莊宗平定河南，復廢爲宣武軍。[3]至明宗行幸之時，掌事者因緣修葺衙城，遂挂梁室時宮殿門牌額，當時識者或竊非之。一昨車駕省方，暫居梁苑，臣觀衙城內齋閣牌額，一如明宗行幸之時，無都號而有殿名，恐非典據。臣竊尋秦漢已來，寰海之內，鑾輿所至，多立宮名。近代隋室於揚州立江都宮，太原立汾陽宮，岐州立仁壽宮。[4]唐朝於太原立晉陽宮，同州立長春宮，岐州立九成宮。[5]宮中殿閣，皆題署牌額，以類皇居。[6]請準故事於汴州衙城門權挂一宮門牌額，則其餘齋閣，並可取便爲名。”[7]敕：行闕宜以大寧宮爲名。[8]湖南青草廟舊封安流侯，進封廣利公；洞庭廟舊封利涉侯，進封靈濟公；磊石廟舊封昭靈侯，進封威顯公；黃陵二妃廟舊封懿節廟，改封昭烈廟，從馬希範之請也。[9]戊午，以前成德軍節度判官張彭爲太府卿。[10]壬戌，詔在朝文武臣僚，每人各進封事一件，仍須實封通進，務裨闕政，用副虛懷。甲子，以虞部郎中、知制誥于嶠爲中書舍人，以户部郎中于遘爲虞部郎中、知制誥。[11]故太子少保致仕朱漢賓贈司空。[12]乙丑，六宅使王繼弘送義州衙前收管，前洺州團練使高信送復州收管，二人於崇禮門内喧争，爲臺司所劾故也。[13]戊辰，翰林學士、户部員外郎、知制誥竇貞固改工部郎中、知制誥，翰林學士、都官郎中、知制誥李慎儀改中書舍人，仍賜金紫，並依舊充職。[14]庚午，制封皇長女爲長安公主，封皇第十一妹烏氏爲壽安長公主，皇第十二妹史氏爲永壽長公主，皇第十三妹杜氏爲樂平長公主。[15]壬申，天雄軍節度使、守太傅、兼中書令、興唐尹范延光進封臨清王，加食邑三千户；鳳翔節度使、檢校太師、兼中書令、西平王李從曮進封岐王。[16]丙子，平盧軍節度使、兼中書令王建立進封臨淄王。昭信軍節度使、侍衛步軍都指揮使景延廣改寧江軍節度使，典軍如故。[17]太常卿梁文矩奏定四廟謚號、廟號、陵號，太常少卿裴坦奏定四廟皇后追尊謚號，從之。[18]戊寅，以中書舍人、權知貢舉王延爲御史中丞，以翰林學士、户部侍郎、知制誥崔梲爲兵部侍郎充承旨，以翰林學士承旨、兵部侍郎程遜爲檢校禮部尚書、太常卿，以檢校吏部尚書、太常卿梁文矩爲吏部尚書，以御史中丞張昭遠爲户部侍郎，以吏部尚書盧文紀爲太子少傅。[19]己卯，詔太社内先收掌唐朝罪人首級等，宜令骨肉或親舊僚屬收葬，其喪葬儀注不得過制。[20]

[1]五月壬子朔：《輯本舊史》"五月"上原有"夏"字，今因本年四月已有記事，故刪。

[2]夏苗稅物：中華書局本有校勘記："'物'，原作'麥'，據殿本、孔本、《册府》卷四九二改。"見《宋本册府》卷四九二《邦計部·蠲復門四》天福二年（937）五月敕條。

[3]河南：府名。治所在今河南洛陽市。

[4]揚州：州名。治所在今江蘇揚州市。　岐州：州名。治所在今陝西鳳翔縣。《輯本舊史》之影庫本粘籤："岐州，原本作'岐周'，今據《五代會要》改正。"見《會要》卷五太寧宮條天福二年五月記事。

[5]同州：州名。治所在今陝西大荔縣。

[6]皆題署牌額：中華書局本有校勘記："'額'字原闕，據《册府》卷一四、《五代會要》卷五補。"見《會要》卷五太寧宮條、明本《册府》卷一四《帝王部·都邑門二》，又見《通鑑》卷二八一天福二年五月丙辰條胡注。

[7]則其餘齋閤：中華書局本有校勘記："'其'字原闕，據《册府》卷一四、《五代會要》卷五補。"又見《通鑑》卷二八一天福二年五月丙辰條胡注。

[8]大寧宮：後晉時開封宮城名。位於今河南開封市。

[9]洞庭廟舊封利涉侯，進封靈濟公：中華書局本有校勘記："'利涉侯'三字原闕，據《五代會要》卷一一、《册府》卷三四補。《舊五代史考異》卷二：'案洞庭廟不載舊封，疑有脫文，考《五代會要》《十國春秋》並與《薛史》同。'"見《會要》卷一一封嶽瀆天福二年五月敕條，其中，"湖南青草廟"，《會要》作"青草湖廟"，"洞庭廟"，《會要》作"洞庭湖廟"；《十國春秋》卷六八《楚二·文昭王世家》記載與《會要》同；又見明本《册府》卷三四《帝王部·崇祭祀門三》。　進封威顯公：《舊五代史考異》："案《五代會要》作廣利威顯公。"見《會要》卷一一封嶽瀆條。

　　[10]成德軍：方鎮名。治所在恒州（今河北正定縣）。　張彭：人名。籍貫不詳。五代後唐官員。事見本書本卷、卷四五、卷四七。　太府卿：官名。南朝梁始置。太府寺長官。掌國家財帛庫藏出納、關市稅收等務。從三品。

　　[11]虞部郎中：官名。唐、五代工部虞部司的長官，掌京城街道、苑囿、山澤草木及百官外國客人的時蔬薪炭供給、畋獵等事。從五品上。　于嶠：人名。籍貫不詳。歷任後唐左拾遺、秘書少監，後晉知制誥、中書舍人。事見本書本卷、卷三〇、卷四〇。于邁：人名。籍貫不詳。五代後晉官員。事見本書本卷。

　　[12]朱漢賓：人名。亳州譙縣（今安徽亳州市）人。五代後梁、後唐將領。傳見本書卷六四、《新五代史》卷四五。

　　[13]六宅使：官名。唐置，管理諸皇子宅、諸王府事務。五代沿置，爲諸司使之一，無職掌，僅作爲武臣遷轉之階。　王繼弘：人名。冀州南宮（今河北南宮市）人。五代後晉將領。傳見本書卷一二五。　義州：州名。治所在今河南信陽市。《宋本冊府》卷一五四《帝王部·明罰門三》作“儀州”。　洺州：州名。治所在今河北邯鄲市永年區。　團練使：官名。唐代中期以後，於不設節度使的地區設團練使，掌本區各州軍政。　高信：人名。籍貫不詳。五代後晉將領。事見本書本卷。　復州：州名。治所在今湖北天門市。　崇禮門：宮門名。位於今河南開封市。本書卷三《太祖紀第三》載，梁太祖開平元年（907）四月以“正衙東門爲崇禮門”。臺司：指御史臺。

　　[14]戶部員外郎：官名。尚書省戶部之戶部司的屬官，爲戶部郎中的副職。協助郎中掌戶部司事務。從六品上。　工部郎中：官名。尚書省屬官，位在侍郎之下、員外郎之上。主持尚書省工部工部司事務。從五品上。　都官郎中：官名。尚書省刑部都官司長官。掌徒刑流放配隸等事。從五品上。　李慎儀：人名。籍貫不詳。五代後唐、後晉官員，官至尚書左丞、太常卿。事見本書本卷、卷八四。

[15]皇長女：中華書局本作"皇第二十一女"，並有校勘記："'第二十一女'，《五代會要》卷二作'長女'。按本書卷七九《晋高祖紀五》：'長安公主薨，帝之長女也。'"但未改。《會要》卷二《公主》晋高祖長女長安公主條載："降楊承祚，天福二年五月封，至六年五月卒"，《輯本舊史》卷七九《晋高祖紀五》天福六年二月癸丑條載"長安公主薨，帝之長女"，雖長安公主卒月，《會要》與《輯本舊史》記載不同，但均載長安公主爲晋高祖之長女，據改。　烏氏：即後晋壽安長公主，爲後晋高祖石敬瑭第十一妹。　史氏：即後晋永壽長公主，爲後晋高祖石敬瑭第十二妹。杜氏：即後晋樂平長公主，爲後晋高祖石敬瑭第十三妹。

[16]檢校太師：官名。爲散官或加官，以示恩寵，無實際執掌。太師，與太傅、太保並爲三師。

[17]昭信軍：方鎮名。治所在均州（今湖北丹江口市）。　侍衛步軍都指揮使：官名。侍衛親軍步軍司最高長官。中華書局本有校勘記："'步軍'，原作'馬軍'，據本書卷七八《晋高祖紀四》、卷八八《景延廣傳》、《新五代史》卷二九《景延廣傳》及本卷上文改。"見《輯本舊史》本卷天福元年十一月己亥載以"客將景延廣爲步軍都指揮使"、卷七八《晋高祖紀四》天福四年正月甲寅"以侍衛步軍都指揮使、寧江軍節度使景延廣爲義成軍節度使"。景延廣：人名。陝州（今河南三門峽市陝州區）人。五代後晋將領。傳見本書卷八八、《新五代史》卷二九。　寧江軍：方鎮名。治所在夔州（今重慶奉節縣）。

[18]太常卿：官名。西漢置太常，南朝梁始置太常卿。太常寺長官。掌宗廟祭祀禮樂及教育等。正三品。　梁文矩：人名。鄆州（今山東東平縣）人。五代後梁至後晋官員。傳見本書卷九二。《輯本舊史》之影庫本粘籤："梁文矩，原本作'文舉'，今從《歐陽史》改正。"《新五代史》無梁文矩之記載。但《輯本舊史》《會要》《册府》《通鑑》均有記載。如，《輯本舊史》卷三八《唐明宗紀四》天成二年（927）四月丙午條、《會要》卷一六《太常寺》

長興三年（932）正月條、明本《册府》卷三一《帝王部·奉先門四》天福二年五月條、《通鑑》卷二八一天福三年二月庚辰條。

太常少卿：官名。太常寺次官。佐太常卿掌宗廟祭祀禮樂及教育等。正四品上。　裴坦：人名。籍貫不詳。五代後晋官員。事見本書卷八○、卷八一。中華書局本有校勘記：“原作‘裴垣’，據《册府》卷三一改。按本書卷八○《晋高祖紀六》有太常卿裴坦。”見《輯本舊史》卷八○《晋高祖紀六》天福七年五月壬子載“太常卿裴坦爲左諫議大夫”，又見明本《册府》卷三一。

　[19]權知貢舉：官名。唐始置，爲主持禮部會試的考官。　王延：人名。鄭州長豐（今河北文安縣南）人。五代大臣，歷仕五代各朝。傳見本書卷一三一、《新五代史》卷五七。　崔梲（zhuō）：人名。博陵安平（今河北安平縣）人。後梁進士，歷仕後梁、後唐、後晋。傳見本書卷九三、《新五代史》卷五五。　承旨：官名。即翰林學士承旨。爲翰林學士之首。掌拜免將相、號令征伐等詔令的起草。《舊唐書》卷四三《職官志二》“翰林院”：“例置學士六人，内擇年深德重者一人爲承旨，所以獨承密命故也。”　程遜：人名。壽春（今安徽壽縣）人。後唐、後晋官員。傳見本書卷九六。　檢校禮部尚書：官名。爲散官或加官，以示恩寵，無實際執掌。　檢校吏部尚書：官名。爲散官或加官，以示恩寵，無實際執掌。　太子少傅：官名。與太子少保、太子少師合稱“三少”，唐後期、五代多爲大臣、勳貴加官。從二品。

　[20]太社：神壇名。祭祀土地神的神壇。　親舊僚屬：“親”原作“先”，據《宋本册府》卷四二《帝王部·仁慈門》及《通鑑》卷二八一天福二年五月己卯條改。《輯本舊史》之案語：“案：改葬梁末帝，因婁繼英之請也。事未及行而繼英誅死，至九月甲寅，始命安崇阮改葬，詳見《通鑑》。”見《通鑑》卷二八一天福二年五月己卯條、九月甲寅條。

六月壬午朔，制：“宗正卿石光贊奏：滎陽道左有萬石君石奮之廟，德行懿美，宜示封崇，用光遠祖之徽猷，益茂我朝之盛典。[1]贈奮太傅。”癸未，契丹使夷離畢來聘，進馬二百匹，及人參、貂鼠皮、走馬、木椀等物。[2]乙酉，翰林學士、司封員外郎、知制誥王仁裕改都官郎中，右贊善大夫盧損改右散騎常侍，前有朝貶故也。[3]以祕書少監致仕劉顗爲鴻臚卿致仕，前光禄少卿尹玉羽以少府監致仕。[4]丙戌，宰臣李崧上表讓樞密使於趙瑩，以瑩佐命之元臣也。詔不允。以前義成軍節度使李彦舜爲左武衛大將軍，以左散騎常侍唐汭爲檢校禮部尚書、國子祭酒，以前左龍武統軍李承約爲左驍衛上將軍。[5]戊子，宰臣趙瑩自契丹使回。[6]癸巳，東都奏，瀍、澗河溢，壞金沙灘内舍屋。[7]幽州趙思温奏：[8]“瀛、莫兩州，元係當道，其刺史常行周、白彦球乞發遣至臣本府。”[9]詔遣行周等赴闕。甲午，六宅使張言自魏府迴，奏范延光叛命。[10]滑州符彦饒飛奏，有兵士自北來，傳范延光到黎陽，乞發兵屯禦。[11]宣遣客省使李守貞往延光所問罪。[12]尋命護聖都指揮使白奉進領騎士一千五百赴白馬渡巡檢。[13]乙未，魏府范延光男閑厩使守圖送御史臺。[14]攝荆南節度行軍司馬、檢校太保、歸州刺史王保義加檢校太傅，知武泰軍節度觀察留後，充荆南行軍司馬兼沿淮巡檢使。[15]襄州奏，江水漲一丈二尺。丁酉，遣内班史進能押信箭一對，往滑州賜符彦饒。[16]以前磁州刺史劉審交爲魏府計度使，以東都巡檢使張從賓充魏府西南面都部署。[17]戊戌，遣侍衛都軍使楊光遠領步騎一萬赴滑州。[18]以東都副留守張延播充洛京都巡檢使。[19]白奉進奏："捉得賊卒張柔，稱范延光差澶州刺史馮暉充一行都部署，元從都押衙孫銳充一行兵馬都監。"[20]帝覽奏，謂侍臣曰："朕雖寡德寡謀，自謂不居延光之下，而馮暉、孫銳過於兒戲，朝夕就擒，安能抗拒大軍爲我之患乎！"天平軍節度使安審琦起復舊任，翰林學士、禮部侍郎和凝改端明殿學士。[21]乙巳，范延光差牙將王知新齎表到闕，不令朝見，收付武德司。[22]丁未，詔侍衛使楊光遠充魏府四面都部署，以張從賓充副、兼諸軍都虞候，昭義節度使高行周充魏府西面都部署。[23]是日，張從賓亦叛，與范延光叶謀，害皇子河陽節度使重信、皇子東都留守重乂。[24]己酉，以奉國都指揮使侯益、護聖都指揮使杜重威領步騎五千往屯汜水關，備從賓之亂也。[25]

[1]石奮：人名。溫縣（今河南溫縣）人。漢初官員，漢高祖以其姐爲美人，漢文帝時官至太中大夫。傳見《史記》卷一○三、《漢書》卷四六。

[2]夷離畢：官名。遼國夷離畢院長官。掌刑獄。中華書局本有校勘記："原作'伊勒希巴'，注云：'舊作"夷離畢"，今改正。'按此係輯錄《舊五代史》時所改，今恢復原文。" 進馬二百匹："進馬"原作"致馬"，據《宋本冊府》卷九七二《外臣部·朝貢門五》改。

[3]司封員外郎：官名。尚書省吏部司封郎中的副職。佐郎中掌封爵、命婦、朝會及賜予等事。從六品上。 王仁裕：人名。天水（今甘肅天水市）人。五代後唐、後晉、後漢官員。傳見本書卷一二八、《新五代史》卷五七。 盧損：人名。范陽（今河北涿

州）人。唐末、五代官員。傳見本書卷一二八。　右散騎常侍：官名。中書省屬官。掌侍奉規諷，備顧問應對。正三品下。

[4]祕書少監：官名。唐承隋制，置秘書省，設秘書少監二人協助秘書監工作。從四品上。　劉顗：人名。籍貫不詳。五代後唐、後晉官員。事見本書本卷、卷四八。　鴻臚卿：官名。秦稱典客，漢初改大行令，漢武帝時改大鴻臚，北齊置鴻臚寺，以鴻臚寺卿爲主官，後代沿置。掌四夷朝貢、宴飲賞賜、送迎外使等禮儀活動。從三品。　光禄少卿：官名。光禄寺副長官。光禄卿掌祭祀、朝會、宴享酒醴膳羞之事，修其儲謹其出納之政，少卿爲之貳。從四品上。　尹玉羽：人名。京兆長安（今陝西西安市）人。五代後梁、後唐、後晉官員。傳見本書卷九三。　少府監：官名。少府監長官，隋初置，唐初廢，太宗時復置。掌百工技巧之事。從三品。

[5]義成軍：方鎮名。治所在滑州（今河南滑縣）。　李彦舜：人名。酸棗（今河南開封市）人。五代後唐、後晉、後漢將領。事見本書卷四七、《通鑑》卷二八八。　左武衛大將軍：官名。唐置，掌宫禁宿衛。唐代十六衛之一。正三品。　唐汭：人名。籍貫不詳。五代後唐、後晉官員。事見本書本卷、卷四五。　國子祭酒：官名。國子監長官。掌領太學、國子學及國子監所屬各學。從三品。　左龍武統軍：官名。唐代左龍武軍統兵官。至德二載（757）唐肅宗置禁軍，也叫神武天騎，分爲左、右神武天騎及左、右羽林，左、右龍武等六軍，稱“北衙六軍”。職掌左右廂飛騎儀仗，階陛禁衛，馳道内仗，並負責飛騎番上宿衛。從二品。　李承約：人名。薊州（今天津市薊州區）人。五代後唐、後晉將領。傳見本書卷九〇、《新五代史》卷四七。

[6]戊子，宰臣趙瑩自契丹使回：《舊五代史考異》：“案：《薛史》不載趙瑩出使之月日，《五代春秋》作三月，趙瑩使契丹，《歐陽史》作四月。”見《五代春秋》卷下晉高祖條作“三月庚辰，帝幸汴州，趙瑩使契丹”，《新五代史》卷八《晉高祖紀》載天福二年（937）四月丁亥“趙瑩使於契丹”。

[7]東都：即洛陽。　瀍：河流名。即瀍水。東流至洛陽西注入洛河。　澗：河流名。即澗水。東流至洛陽西注入洛河。　金沙灘：地名。位於今河南洛陽市。

[8]趙思溫：人名。盧龍（今河北盧龍縣）人。原爲後唐將領，官至平州刺史，兼平、營、薊三州都指揮使。後降遼，從伐渤海，爲漢軍團練使。遼太宗時，以功擢檢校太保，歷任保静、盧龍、臨海軍節度使。傳見《遼史》卷七六。

[9]瀛：州名。治所在今河北河間市。　莫：州名。治所在今河北任丘市。　常行周：人名。籍貫不詳。五代將領。瀛、莫隸屬幽州，石敬瑭割讓幽雲十六州予遼國，故趙思溫向後晉索要二人。事見本書本卷。　白彦球：人名。籍貫不詳。五代將領。事見本書本卷。

[10]張言：人名。籍貫不詳。五代後晉官員。事見本書本卷、卷八〇。

[11]黎陽：縣名。治所在今河南浚縣東。

[12]客省使：官名。唐代宗時始置，五代沿置。客省長官。掌接待四方奏計及外族使者。《輯本舊史》之影庫本粘籤："原本作'安省'，今從《五代會要》改正。"《會要》有多處記載，如卷五諸宫條後之《雜録》開元元年（907）八月敕條。

[13]護聖都指揮使：官名。所部統兵將領。護聖爲五代後晉禁軍，分爲左右厢。　白奉進：人名。雲州清塞軍（今山西陽高縣）人。五代後唐、後晉將領。傳見本書卷九五。　一千五百：《輯本舊史》卷九一《符彦饒傳》、卷九五《白奉進傳》，皆作"三千"。　白馬渡：地名。位於今河南滑縣。

[14]閑厩使：官名。唐置，分領殿中省、太僕寺之事，而專掌輿輦牛馬和鵰、鶻、鷂、鷹、狗五坊。　守圖：人名。即范守圖。鄴郡臨漳（今河北臨漳縣）人。范延光之子。五代後晉官員。事見本書本卷。

[15]行軍司馬：官名。出征將領及節度使的屬官。掌軍籍符

伍、號令印信，是藩鎮重要的軍政官員。　歸州：州名。治所在今湖北秭歸縣。　王保義：人名。籍貫不詳。五代地方將領，爲南平高季興部下。事見本書本卷。《輯本舊史》之影庫本粘籤：“王保義，原本作‘倞義’，今從《十國春秋》改正。”《十國春秋》多見，如卷一〇二《荆南三·王保義傳》。《輯本舊史》一〇二《漢隱帝紀中》乾祐二年（949）四月丙子條、卷一三三《世襲列傳二》，《新五代史》卷六九《南平世家九》、《通鑑》卷二八二天福六年（941）五月丁亥條亦作“王保義”。　武泰軍：方鎮名。治所在黔州（今重慶彭水苗族土家族自治縣）。　節度觀察留後：官名。唐、五代時，代行方鎮長官之職者稱留後。代行觀察使之職者，即爲觀察留後。掌一州或數州軍政。　巡檢使：官名。唐末、五代置。設於京師、陪都、重要的州及邊防重鎮。掌巡邏檢查事務。

　　[16]内班：爲宦官所任官職。《通鑑》卷二八三：“遣内班賜光遠玉帶、禦馬，以安其意。”胡三省注：“内班，蓋宦者也。”　史進能：人名。籍貫不詳。五代後晋宦官。事見本書本卷。　信箭：作爲憑證的令箭。

　　[17]磁州：州名。治所在今河北磁縣。　劉審交：人名。幽州文安（今河北文安縣）人。唐末爲幽州將領、官員，後爲五代後唐至後晋官員。傳見本書卷一〇六、《新五代史》卷四八。　計度使：官名。掌藩鎮、出征部隊財政事務。　張從賓：人名。籍貫不詳。五代後唐、後晋將領。傳見本書卷九七。　都部署：官名。五代後唐始置，爲臨時委任的大軍區統帥。掌管屯戍、攻防等事務。

　　[18]戊戌：二字原闕，據《通鑑》卷二八一補。丁酉爲十六日，戊戌爲十七日。　侍衛都軍使：官名。即侍衛親軍馬步軍都指揮使。爲侍衛親軍的最高長官。

　　[19]東都副留守：官名。東都留守的副官。古代在都城、陪都或軍事重鎮所設留守，由地方行政長官兼任。副留守爲留守之貳。

　　張延播：人名。汶陽（今山東泰安市）人。五代後唐、後晋將領。傳見本書卷九七。　都巡檢使：官名。五代始設巡檢於京師、陪都、重要的州及邊防重鎮，設於都城的稱京城巡檢使、都巡檢、都巡檢使。掌地方治安。

[20]張柔：人名。籍貫不詳。五代後晉士兵。事見本書本卷。　澶州：州名。唐、五代初，治所在今河南清豐縣。後晉天福四年（939），移治於今河南濮陽市。　馮暉：人名。魏州（今河北大名縣）人。五代後唐至後周將領。傳見本書卷一二五、《新五代史》卷四九。　元從：自初始即追隨在側的部屬。　都押衙：官名。"押衙"同"押牙"。唐、五代時期節度使辟署的屬官，有稱左、右都押衙或都押衙者。掌領方鎮儀仗侍衛、統率軍隊。參見劉安志《唐五代押牙（衙）考略》，武漢大學歷史系魏晉南北朝隋唐史研究室編《魏晉南北朝隋唐史資料》第 16 輯，武漢大學出版社 1998 年版。　孫銳：人名。籍貫不詳。五代後晉將領。事見本書本卷。

兵馬都監：官名。唐代中葉命將出征，常以宦官爲監軍、都監。後爲臨時委任的統兵官，稱都監、兵馬都監。掌屯戍、邊防、訓練之政令。

[21]安審琦：人名。沙陀部人。五代將領。歷仕後唐、後晉、後漢、後周。傳見本書卷一二三。　翰林學士、禮部侍郎和凝改端明殿學士：《通鑑》卷二八一繫於"辛丑"。丁酉爲十六日，辛丑爲二十日。

[22]王知新：人名。籍貫不詳。五代後晉將領，范延光屬官。事見本書本卷。　武德司：官署名。五代後唐始置。掌皇宮警衛、侍從監察等。宋時更名爲皇城司。參見趙雨樂《從武德使到皇城使——唐宋政治變革的個案研究》，《唐研究》第 6 卷，北京大學出版社 2000 年版。

[23]侍衛使：官名。即侍衛親軍馬步軍都指揮使。爲侍衛親軍的最高長官。　魏府四面都部署：中華書局本有校勘記："'都'字原闕，據殿本、《册府》卷一二三、《新五代史》卷八《晉本紀》、《通鑑》卷二八一補。"見明本《册府》卷一二三《帝王部·征討

門三》。　都虞候：官名。唐五代方鎮、部隊的高級軍官。

[24]留守：官名。古代皇帝出巡或親征時指定親王或大臣留守京城，綜理國家軍事、行政、民事、財政等事務，稱京城留守。在陪都或軍事重鎮也常設留守，以地方長官兼任。

[25]奉國都指揮使：官名。奉國爲五代後晉禁軍名。唐末五代軍隊皆置都指揮使、指揮使，爲領兵將領。　侯益：人名。汾州平遥（今山西平遥縣）人。五代後唐至宋初將領。傳見《宋史》卷二五四。　杜重威：人名。其先朔州（今山西朔州市朔城區）人，後徙居太原。五代後晉、後漢將領。傳見本書卷一〇九、《新五代史》卷五二。　汜水關：關隘名。位於今河南滎陽市汜水鎮。“是日”至“備從賓之亂也”：《舊五代史考異》：“案《通鑑》：七月，張從賓攻汜水關，殺巡檢使宋廷浩。帝戎服，嚴整輕騎，將奔晉陽以避之。桑維翰叩頭苦諫曰：‘賊鋒雖盛，勢不能久，請少侍之，不可輕動。’帝乃止。”見《通鑑》卷二八一。

秋七月辛亥朔，兩浙錢元瓘奏：[1]“弟吳越土客馬步諸軍都指揮使、靜海軍節度使元玭，[2]非時入府，欲謀爲亂，腰下搜得匕首，已誅戮訖。”詔削元玭在身官爵。甲寅，奉國都指揮使馬萬奏，滑州節度使符彥饒作亂，屠害侍衛馬軍都指揮使白奉進，尋以所部兵擒到彥饒，差立功都虞候方太押送赴闕。[3]尋賜死於路。是日，削奪范延光在身官爵。以馬萬爲滑州節度使；以昭義節度使高行周爲河南尹、東都留守，充西面行營諸軍都部署；以護聖左右廂都指揮使杜重威爲昭義軍節度使兼侍衛馬軍都指揮使，充西面行營副部署；以奉國都指揮使侯益爲河陽節度使；以右神武統軍王周充魏府行營步軍都指揮使；以滑州節度使馬萬充魏府行營馬軍都指揮使；以左僕射劉昫充東都留守，兼判河南府事。[4]辛酉，[5]杜重威等奏：「收下汜水關，破賊千人，張從賓及其殘黨奔投入河；[6]兼收到護聖指揮使曹再晟一百人騎，稱背賊投來，並送赴行闕。」[7]升貝州爲防禦使額。皇子故東都留守重乂贈太傅，皇子故河陽節度使重信贈太尉。[8]敕：「朋助張從賓逆人張延播、張繼祚等十人，宜令收捕，親的骨肉並處斬。」[9]丁卯，以唐開府儀同三司、守太尉、兼中書令、西平王李晟五代孫䐱爲耀州司户參軍，示勸忠之義也。[10]壬申，帝御崇元殿，備禮册四廟，親授寶册於使攝太尉、守司空、門下侍郎、平章事馮道，使副攝司徒、守工部尚書裴皞，赴洛京行禮。[11]甲戌，以宰臣趙瑩判户部，以吏部侍郎判户部龍敏爲東都副留守。詔洛京留司百官並赴闕。安州軍亂，指揮使王暉害節度使周瓌於理所，遣右衛上將軍李金全領千騎赴安州。[12]

[1]秋七月辛亥朔：「秋」「朔」二字原闕。據正史本紀計時規則補。　兩浙：地區名。浙東、浙西的合稱。泛指今浙江全省及江蘇南部一角。

[2]土客馬步諸軍都指揮使：官名。所部統兵將領。中華書局本有校勘記：「『土』，原作『士』，據彭校、《通鑑》卷二八一改。」今從。　静海軍：方鎮名。治所在交州（今廣東廣州市番禺區）。

元玞：中華書局本作「元球」，《通鑑》從《吳越備史》《九國志》作「元玞」，據改。又《通鑑》卷二八一繫此事於二月戊午殺元玞之時。

[3]馬萬：人名。澶州（今河南濮陽市）人。五代後唐、後晋、後漢將領。傳見本書卷一〇六。　方太：人名。青州千乘（今

山東高青縣）人。五代後晉將領，契丹滅晉後降於後蜀。傳見本書卷九四。

　　[4]侍衛馬軍都指揮使：《輯本舊史》之案語：“原本脱‘馬軍都’三字，今從《通鑑》增入。”見《通鑑》卷二八一。　　以奉國都指揮使侯益爲河陽節度使：《舊五代史考異》：“案《宋史·侯益傳》：晉祖召益謂曰：‘宗社危若綴旒，卿能爲朕死耶？’益曰：‘願假鋭卒五千人，破賊必矣。’以益爲西面行營副都部署。據《薛史》，高行周爲都部署，杜重威爲副部署，不言侯益爲副都部署，與《宋史》異。”見《宋史》卷二五四《侯益傳》。　　王周：人名。魏州（今河北大名縣）人。五代後唐、後晉、後漢將領。傳見本書卷一〇六、《新五代史》卷四八。　　行營馬軍都指揮使：《舊五代史考異》：“案：原本脱‘馬軍都’三字，今從《通鑑》增入。”未見《通鑑》有相關記載，亦不見於本書卷一〇六《馬萬傳》。　　河南府：府名。治所在今河南洛陽市。

　　[5]辛酉：原闕，據《新五代史》卷八《晉高祖紀》補。

　　[6]“杜重威等奏”至“奔投入河”：《舊五代史考異》：“案《宋史·侯益傳》：益率禁兵數千人，次虎牢，從賓軍萬餘人，夾汜水而陣。益親鼓士乘之，大敗其衆，擊殺殆盡，汜水爲之不流，從賓乘馬入河溺死。據《薛史》，祇言破賊千人，與《宋史》異。”見《宋史》卷二五四《侯益傳》。

　　[7]護聖指揮使：官名。所部統兵將領。護聖爲後晉禁軍。五代軍隊編制，五百人爲一指揮，設指揮使、副指揮使；十指揮爲一軍，設都指揮使、副都指揮使。　　曹再晟：人名。籍貫不詳。五代後晉將領。事見本書本卷。

　　[8]太尉：官名。與司徒、司空並爲三公，唐後期、五代多爲大臣、勳貴加官。正一品。

　　[9]張繼祚：人名。濮州臨濮（今山東鄄城縣）人。張全義之子。五代將領。傳見本書卷九六。

　　[10]開府儀同三司：官名。曹魏始置，隋、唐時爲散官之最高

官階，多授功勛重臣。從一品。　李晟：人名。洮州臨潭（今甘肅臨潭縣）人。唐中期名將。傳見《舊唐書》卷一三三、《新唐書》卷一五四。　觚：人名。即李觚。李晟後人。後晉官員。事見本書本卷。　耀州：州名。治所在今陝西銅川市耀州區。　司戶參軍：官名。簡稱"司戶"。府、州級政府僚佐。掌本府、州屬縣之戶籍、賦稅、倉庫受納等事。上州從七品下，中州正八品下，下州從八品下。

[11]攝：官員任用類別之一。爲代理、兼職。　司徒：官名。與太尉、司空並爲三公，唐後期、五代多爲大臣、勳貴加官。正一品。

[12]指揮使：官名。唐末、五代藩鎮皆置都指揮使、指揮使，爲領兵將領。　王暉：人名。籍貫不詳。五代後晉將領。事見本書本卷。　周瓌：人名。亦作"周環"。晉陽（今山西太原市）人。五代將領。傳見本書卷九五。《輯本舊史》之影庫本粘籤："周瓌，原本作'周璀'，今從《通鑑》改正。"見《通鑑》卷二八一。又，《舊五代史考異》："案：王暉害周瓌，《五代春秋》《通鑑》俱不書日，《歐陽史》作丙子，《薛史》作甲戌，諸史所載俱異。"　右衛上將軍：官名。唐置，掌宮禁宿衛。唐代十六衛之一。從二品。李金全：人名。吐谷渾人。早年爲後唐明宗李嗣源奴僕，驍勇善戰，因功升遷。後晉時封安遠軍節度使，後投奔南唐。傳見本書卷九七、《新五代史》卷四八。

八月辛巳朔，以許州節度使萇從簡爲徐州節度使，以陝州節度使、侍衛馬步軍都虞候劉知遠爲許州節度使，以權北京留守、徐州節度使安彦威爲太原尹、北京留守、河東節度使。[1]宰臣監修國史趙瑩奏："請循近例，依唐明宗朝，凡有内庭公事及言動之間，委端明殿學士或樞密院學士侍立冕旒，繫日編錄，逐季送當館。

其百司公事，亦望逐季送當館，旋要編修日曆。"[2] 從之。丁亥，以前宋州節度使李從敏爲陝州節度使。[3] 戊子，以尚書左丞鄭韜光爲户部尚書致仕。[4] 改玄德殿爲廣政殿，門名從之。[5] 庚子，華州渭河泛溢，害稼。[6] 宰臣馮道加開府儀同三司，食邑實封；左僕射劉昫加特進，兼鹽鐵轉運等使。[7] 故東京留守判官李遐可贈右諫議大夫，其母田氏封京兆郡太君，子孫量才敘録，仍加賵贈，長給遐在身禄俸，終母之世。[8] 先是，遐監左藏庫於洛陽，會張從賓叛，令强取錢帛，遐拒而不與，因而遇害，故有是命。[9] 乙巳，詔 "天下見禁囚徒，除十惡五逆、放火劫舍、持杖殺人、合造毒藥、官典犯贓、欠負官錢外，其餘不問輕重、已發覺未發覺、已結正未結正，並從釋放。應自張從賓作亂以來，有曾被張從賓及張延播脅從染污者，及符彦饒下隨身軍將等，兼安州王暉徒黨，除已誅戮外，並從釋放，一切不問。張繼祚在喪紀之中，承逆豎之意，顯從叛亂，難貸刑章。乃睠先臣，實有遺德，遽兹乏祀，深所軫懷。其一房家業，準法雖已籍没，所有先臣并祖父母墳莊祠堂，並可交付骨肉主張。應自梁朝、後唐以來，前後奉使及北京沿邊管界擄掠往向北人口，宜令官給錢物，差使齎持，往彼收贖，放歸本家" 云。繼祚，故齊王全義之子也，故有是詔。[10] 丙午，詔："天下刑獄繫囚染疾者，宜差醫工治療，官中量給藥價。事輕者仍許家人看候，合杖者俟損日決遣。"

　　[1]八月辛巳朔：天福二年（937）八月辛巳朔，《輯本舊史》原闕“朔”字，中華書局本亦未補，據正史木紀計時規則補。　侍衛馬步軍都虞候：官名。五代侍衛親軍馬步軍統兵官，位僅次於馬步軍都指揮使、副都指揮使。　權：官員任用類別之一。與“攝”相近，是一種暫時的委任。　河東：方鎮名。治所在太原府（今山西太原市）。

　　[2]日曆：由史官逐日撰寫有關朝政事務的史册。屬於當代歷史的編撰體裁。唐永貞元年（805），始令史官撰寫。

　　[3]宋州：《輯本舊史》之影庫本粘籤：“宋州，原本作‘家州’，今從《歐陽史》改正。”宋州，多見於《新五代史》，如卷六〇《職方考三》。

　　[4]尚書左丞：官名。尚書省佐貳官。唐中期以後，與尚書右丞實際主持尚書省日常政務，權任甚重。正四品上。後梁開平二年（908）改爲左司侍郎，後唐同光元年（923）復舊爲左丞。正四品。　鄭韜光：人名。河清（今河南孟州市）人。榮陽（今河南榮陽市）子弟，唐憲宗朝宰相鄭絪之曾孫，唐宣宗外甥。自唐末至後晉，歷仕諸朝。傳見本書卷九二。

　　[5]玄德殿：殿名。即廣政殿。位於今河南開封市。

　　[6]華州渭河泛溢：中華書局本有校勘記：“‘華州’下殿本有‘奏’字。”

　　[7]特進：官名。西漢末期始置，授給列侯中地位較特殊者。隋唐時期，特進爲散官，授給有聲望的文武官員。正二品。

　　[8]留守判官：官名。留守司僚屬，分掌留守司各曹事，並協助留守通判陪都事。　李遠：人名。兗州（今山東濟寧市兗州區）人。五代後唐、後晉官員。傳見本書卷九三。　賻贈：賻是以財物幫助生者治辦喪事，贈是以奠品吊祭死者。《儀禮·既夕禮》：“知死者贈，知生者賻。”

　　[9]左藏庫：官署名。後梁始置。負責收納各地所輸財賦，以供官吏、軍兵俸給及賞賜等費用。

[10]齊王全義：即張全義。濮州臨濮（今山東鄄城縣）人。唐末、五代後梁、後唐將領。傳見本書卷六三、《新五代史》卷四五。《輯本舊史》之影庫本粘籤："齊王，原本作'濟王'，今從《歐陽史》改正。"

九月庚戌朔，以前太府卿兼通事舍人陳瓚爲衛尉卿兼通事舍人。[1]壬子，故安遠軍節度使周瓌贈太傅。[2]甲寅，皇子北京留守、知河東軍府事、太原尹重貴加檢校太保，爲右金吾衛上將軍。以右龍武統軍安崇阮爲右衛上將軍，以前保大軍節度使、檢校太傅張萬進爲右龍衛軍統軍，以右領軍衛上將軍、權知安州軍州事李金全爲安遠軍節度使。魏府招討使楊光遠進攻城圖。[3]戊午，以太子賓客孔昭序爲工部尚書致仕。將作少監高鴻漸上言：[4]"伏覩近年已來，士庶之家，死喪之苦，當殯葬之日，被諸色音聲伎藝人等作樂攪擾，求覓錢物，請行止絶。"從之。庚申，靜江軍節度使、檢校太尉、同平章事馬希杲加階爵及功臣名號。[5]以前兵部侍郎楊凝式爲檢校兵部尚書、太子賓客。[6]故右金吾衛上將軍羅周敬贈太傅。乙丑，鄧州節度使李從璋卒，贈太師。改興唐府爲廣晉府，興唐縣爲廣晉縣。[7]癸酉，以左諫議大夫、判度支王松爲尚書工部侍郎。甲戌，貝、衛兩州奏，河溢害稼。[8]乙亥，以將作監王岯爲太子賓客。[9]

[1]通事舍人：官名。東晋始置。唐代爲中書省屬官，全稱中書通事舍人。掌殿前承宣通奏。從六品上。　陳瓚：人名。籍貫不詳。五代後晋官員。事見本書本卷。　衛尉卿：官名。東漢始置。

唐代爲衛尉寺長官。掌器械文物，總武庫、武器、守宮三署之官屬。從三品。

[2]安遠軍：方鎮名。治所在安州（今湖北安陸市）。

[3]安崇阮：人名。潞州上黨（今山西長治市）人。五代後唐、後晉將領。傳見本書卷九〇。　保大軍：方鎮名。治所在鄜州（今陝西富縣）。中華書局本有校勘記："‘保大’，原作‘保太’，據本書卷八八《張萬進傳》改。按本卷上文云‘前鄜州節度使張萬進加檢校太傅’，鄜州置保大軍。"　檢校太傅張萬進爲右龍衛軍統軍：中華書局本有校勘記："‘太傅’，原作‘太尉’，據殿本、孔本改。按本卷上文記張萬進於三月乙亥加檢校太傅。龍衛軍，按五代龍衛軍僅此一見，《事物紀原》卷一〇龍衛條引《宋朝會要》云，太平興國二年（977）正月，詔改龍捷軍爲龍衛軍。故龍衛軍入宋方置，此處疑有訛誤。"今據改。　右領軍衛上將軍：官名。唐置，掌宮禁宿衛。唐代十六衛之一。從二品。　招討使：官名。唐貞元時始置。戰時任命，兵罷則省。常以大臣、將帥或地方軍政長官兼任。掌招撫討伐等事務。

[4]將作少監：官名。爲將作監副長官。佐掌監署中雜作，典工役。從四品下。　高鴻漸：人名。籍貫不詳。五代後晉官員，曾任將作少監、大理少卿。事見本書卷七八。

[5]靜江軍：方鎮名。治所在桂州（今廣西桂林市）。　馬希杲：人名。五代十國之南楚開國君主馬殷之子，馬希範之弟。希杲在南楚擔任要職，後晉時被殺。傳見《十國春秋》卷七一。《輯本舊史》之影庫本粘籤："希杲，原本作‘希皐’，今從《十國春秋》改正。"見《十國春秋》卷六八《楚二》。《十國春秋》爲清吳任臣撰。《輯本舊史》卷三七《唐明宗紀三》天成元年（926）十二月庚子條、卷八一《晉少帝紀一》天福八年（943）三月乙丑條、卷八三《晉少帝紀三》開運元年（944）七月辛巳條、卷八四《晉少帝紀四》開運二年八月戊子等條，均作"希杲"。

[6]楊凝式：人名。華陰（今陝西華陰市）人。唐末宰相楊涉

之子。唐末進士，歷仕五代各朝。傳見本書卷一二八、《新五代史》卷三五。　檢校兵部尚書：官名。爲散官或加官，以示恩寵，無實際執掌。

[7]興唐府：府名。即廣晉府。治所在今河北大名縣。　興唐縣：縣名。即廣晉縣。治所在今河北大名縣。

[8]衛：州名。治所在今河南衛輝市。

[9]將作監：官名。秦代設將作少府，唐代改將作監，其長官亦稱爲將作監。掌宮廷器物置辦及宮室修建事宜。從三品。　王岯：人名。籍貫不詳。五代後晉官員。事見本書本卷。

　　冬十月壬午，以宣徽南院使、左監門衛上將軍楊彥詢爲鄧州威勝軍節度使。[1]詔選人試判兩道。[2]以左司郎中張璟爲右諫議大夫，以刑部侍郎、鹽鐵轉運副使史圭爲吏部侍郎。[3]以曹州刺史宋光業爲宣徽北院使；以左金吾衛大將軍高漢筠爲左驍衛大將軍，充內客省使；以宣徽北院使、左驍衛大將軍劉處讓爲左監門衛上將軍，充宣徽南院使。[4]丙戌，遣使祀五嶽四瀆。[5]故天平軍節度使閻寶追封太原郡王，故大同軍節度使李存璋贈太師，故瀛州刺史李嗣顒贈太尉，故相州刺史史建瑭、故代州刺史王建及並贈太保，故幽州節度使周德威追封燕王。[6]

　　[1]冬十月壬午：“冬”字原闕，中華書局本亦未補。據正史本紀計時規則補。　威勝軍：方鎮名。治所在鄧州（今河南鄧州市）。

　　[2]選人：此處當指候選補闕的官員。　試判：判，判詞。試寫判詞是選拔人才的一種考試方式。

　　[3]左司郎中：官名。爲尚書左丞副貳，協掌尚書都省事務，

監管吏、户、禮部諸司政務。位在諸司郎中上。從五品上。 張瓘：人名。籍貫不詳。五代後晉官員，後出任給事中、三白渠制置使。事見本書卷七九。

［4］曹州：州名。治所在今山東曹縣西北。 宋光業：人名。又作“宋光鄴”。籍貫不詳。五代後晉官員。事見本書卷八〇、卷八三。 宣徽北院使：官名。唐始置。宣徽北院的長官。初用宦官，五代以後改用士人。與宣徽南院使通掌内諸司及三班内侍之名籍，郊祀、朝會、宴享供帳之儀，檢視内外進奉名物。參見王永平《論唐代宣徽使》，《中國史研究》1995年第1期；王孫盈政《再論唐代的宣徽使》，《中華文史論叢》2018年第3期。 高漢筠：人名。齊州歷山（今山東濟南市歷城區）人。五代後唐、後晉將領。傳見本書卷九四。 内客省使：官名。中書省所屬内客省長官。唐始置，五代沿置。 劉處讓：人名。滄州（今河北滄縣舊州鎮）人。五代後唐、後晉將領。傳見本書卷九四、《新五代史》卷四七。

［5］五嶽四瀆：東嶽泰山、西嶽華山、南嶽衡山（一説霍山）、北嶽恒山、中嶽嵩山爲五嶽。江、河、淮、濟爲四瀆。

［6］閻寶：人名。鄆州（今山東東平縣）人。五代後梁、後唐將領。傳見本書卷五九、《新五代史》卷四四。 大同軍：方鎮名。治所在雲州（今山西大同市）。 李存璋：人名。雲中（今山西大同市）人。五代後唐將領。傳見本書卷五三、《新五代史》卷三六。 李嗣顒：人名。籍貫不詳。五代後晉將領。事見本書卷三九。 相州：州名。治所在今河南安陽市。 史建瑭：人名。雁門（今山西代縣）人。五代將領。傳見本書卷五五、《新五代史》卷二五。 代州：州名。治所在今山西代縣。 王建及：人名。許州（今河南許昌市）人。五代後唐將領。傳見《新五代史》卷二五。 周德威：人名。馬邑（今山西朔州市）人。唐末、五代河東將領。傳見本書卷五六、《新五代史》卷二五。 燕王：《輯本舊史》之影庫本粘籤：“燕王，原本作‘荛王’，今從《薛史·唐書》改正。”見《輯本舊史》卷五六《周德威傳》。

　　十一月庚戌朔，賜楊光遠空名官告，自司空至常侍凡四十道，將士立功者，得補之而後奏。[1]中書上言："準唐貞元二年九月五日敕，文官充翰林學士及皇太子諸王侍讀，武官充禁軍職事，並不常朝參，其在三館等諸職事者，並朝參訖各歸所務。[2]自累朝以來，文武在內廷充職兼判三司，或帶職額及六軍判官等，例不赴常朝，元無正敕。[3]準近敕，文武職事官未升朝者，按舊制並赴朔望朝參。[4]其翰林學士、侍讀、三館職事，望準元敕處分。其諸在內廷諸司使等，每受正官之時，來赴正衙謝後，不赴常朝，大朝會不離禁廷位次。[5]三司職官免常朝，唯赴大朝會。其京司未升朝官員，祇赴朔望朝參，帶諸司職掌者不在此例。[6]文官除端明殿翰林學士、樞密院學士、中書省知制誥外，有兼官兼職者，仍各發遣本司公事。"[7]從之。丙辰，太子賓客王玭卒。[8]改洛京潛龍宅爲廣德宮，北京潛龍宅爲興義宮。[9]戊午，中書奏："準雜令，車駕巡幸所祇承者，賜贈並同京官。"[10]從之。戊辰，鎮海鎮東節度使、吳越王錢元瓘加天下兵馬副元帥，封吳越國王。[11]庚午，以右拾遺李澣充翰林學士。[12]甲戌，命太常卿程遜、兵部員外郎韋梲充吳越國王加恩使。[13]丙子，[14]以戶部侍郎張昭遠守本官，充翰林學士，仍知制誥。丁丑，湖南馬希範貢寶裝龍鳳器用、結銀花果子等物，帝覽之，謂侍臣曰："奇巧蕩心，斯何用耳！但以來遠之道，不欲阻其意。"聞者服之。壬申，[15]安州李金全上言："奉詔抽臣元隨左都押衙胡漢筠，其人染重病，候損日赴闕。"[16]

漢筠本滑吏也，從金全歷數鎮，而濫聲喧聞，帝知之，欲授以他職，免陷功臣。漢筠懼其罪，遂託疾，由是勸金全貳於朝廷，自此始也。

[1]十一月庚戌朔："朔"字原闕，中華書局本亦未補。據正史本紀計時規則補。　楊光遠：中華書局本有校勘記："'楊'字原闕，據殿本、《册府》卷一二三補。"見明本《册府》卷一二三《帝王部·征討門三》天福二年（937）十一月條。

[2]貞元：唐德宗李适年號（785—805）。　侍讀：官名。爲陪侍帝王、皇子、諸王讀書論學的官職。　三館：指弘文館、集賢館、史館。

[3]判三司：官名。通掌鹽鐵、度支、户部三個部門事務。判官：官名。爲長官的佐吏，協理政事，或備差遣。

[4]朔望朝參：每月朔望日，在京百官依照禮儀向皇帝行朝參禮儀。屬於朝會禮制的一種。

[5]諸司使：唐五代設置使、司以專掌某項事務，隨着使、司設置的增多，遂統稱諸司、諸司使。

[6]其京司未升朝官員：中華書局本有校勘記："'京司'，原作'京師'，據殿本、劉本、《册府》卷一〇八改。"見明本《册府》卷一〇八《帝王部·朝會門二》天福二年十一月條，然《會要》卷五朔望朝參條天福二年十一月記事亦作"京師"。

[7]端明殿翰林學士：中華書局本有校勘記："原作'翰林端明殿學士'，據殿本、劉本、《册府》卷一〇八、《五代會要》卷五改。"見《會要》卷五朔望朝參條天福二年十一月記事。

[8]丙辰：中華書局本有校勘記："原作'丙申'，據殿本改。影庫本粘籤：'丙申，以《長曆》推之，當作丙辰。今無別本可校，姑仍其舊，附識於此。'按是月庚戌朔，無丙申，丙辰爲初七。"此條前爲庚戌（初一）記事，後爲戊午（初九）記事，應改爲丙辰。

[9]改洛京潛龍宅爲廣德宮，北京潛龍宅爲興義宮："洛京"，中華書局本有校勘記："原作'潞京'，據彭校、《册府》卷一四、《五代會要》卷五改。"見《會要》卷五諸宮條天福二年十一月記事、明本《册府》卷一四《帝王部·都邑門二》天福二年十一月條。又，在"北京潛龍宅爲興義宮"後，《會要》卷五諸宮條尚載有"北京舊莊爲慶昌宮"八字。

[10]賜贈並同京官：中華書局本有校勘記："'贈'，殿本、孔本、《册府》卷六一作'會'。"見明本《册府》卷六一《帝王部·立制度門二》天福二年十一月戊午條。

[11]鎮海：方鎮名。治所在潤州（今江蘇鎮江市）。　鎮東：方鎮名。治所在越州（今浙江紹興市）。　錢元瓘：《輯本舊史》之影庫本粘籤："元瓘，原本作'元權'，今從《十國春秋》改正。"《十國春秋》爲清人吳任臣著，《通鑑》卷二八一天福二年十一月戊辰條即作"元瓘"，可據。　天下兵馬副元帥：官名。在名義上是天下兵馬的副統帥，實際上僅是榮譽稱號，無實職。

[12]李澣：人名。京兆萬年（今陝西西安市長安區）人。歷仕後唐、後晉，後與徐台符被契丹挾而北行，在遼任宣政殿學士、禮部尚書等。傳見《遼史》卷一〇三、《宋史》卷二六二。

[13]兵部員外郎：官名。兵部郎中之副職，協理諸項軍務。從六品上。　韋税：人名。籍貫不詳。五代後晉官員。事見本書本卷。　加恩使：官名。爲特設的差遣，事畢即廢。

[14]丙子：中華書局本有校勘記："原作'甲子'，下文'丁丑'，原作'乙丑'，據殿本改。影庫本粘籤：'甲子，以《長曆》推之，當作丙子，下文乙丑當作丁丑，今姑仍其舊，附識於此。'按是月庚戌朔，甲子、乙丑不當在甲戌後，丙子爲二十七日，丁丑爲二十八日。"

[15]壬申：《輯本舊史》之影庫本粘籤："壬申，以《長曆》推之，當作十二月壬午，原文似有脱誤，今無別本可校，姑且仍其舊。"十一月壬申爲二十三日，爲何置於甲戌（二五）、丙子（二

七）之後？但影庫本粘籤所云"當作十二月壬午"，亦無他證，姑仍保留。

[16]胡漢筠：人名。籍貫不詳。五代後晉時的地方將領。事見本書本卷、卷九七。

十二月，以監察御史徐台符爲尚書膳部員外郎、知制誥，以右補闕、史館修撰吳承範爲尚書屯田員外郎、知制誥。[1]左諫議大夫薛融改中書舍人，辭而不拜。尚書水部郎中、知制誥王易簡改中書舍人。故隴西郡王李嗣昭追封韓王，故橫海軍節度使安審通贈太師。[2]辛丑，湖南節度使、兼中書令楚王馬希範加食邑實封，改賜扶天佐運同德致理功臣。甲辰，車駕幸相國寺祈雪。[3]《永樂大典》卷一萬五千六百四十三。[4]

[1]監察御史：官名。屬御史臺之察院，爲御史臺各種御史之一。掌監察中央機構、州縣長官及祭祀、庫藏、軍旅等事。唐中期以後，亦作爲外官所帶之銜。正八品下。　徐台符：人名。真定獲鹿（今河北石家莊市鹿泉區）人。歷仕後唐、後晉，後被契丹挾而北行。後漢隱帝時自幽州逃歸，又仕後周。傳見本書附録。　尚書膳部員外郎：官名。尚書省禮部膳部司的副長官。佐本司郎中掌管百官飲食餚饌，及祭祀宴享等方面的政令。從六品上。　右補闕：官名。唐代諫官。武則天時始置。分爲左右，左補闕隸於門下省，右補闕隸於中書省。掌規諫諷諭，大事可以廷議，小事則上封奏。從七品上。　史館修撰：官名。史館中負責修史的官員。中華書局本有校勘記："'館'，原作'官'，據本書卷九二《吳承範傳》、《册府》卷五五四改。"見《宋本册府》卷五五四《國史部·恩獎門》。　吳承範：人名。魏州（今河北大名縣）人。五代後唐、後

晋官員。傳見本書卷九二。　尚書屯田員外郎：官名。尚書省工部屯田司郎中的副職。佐郎中掌屯田政令等。從六品上。

　　[2]李嗣昭：人名。汾州（今山西汾陽市）人。唐末、五代李克用義子、部將。傳見本書卷五二、《新五代史》卷三六。　安審通：人名。籍貫不詳。五代後唐、後晋將領。事見本書卷三八。

　　[3]相國寺：全稱大相國寺。位於今河南開封市内。

　　[4]《大典》卷一五六四三"晋"字韻"五代晋高祖（一）"事目。

舊五代史　卷七七

晋書三

高祖紀第三

　　天福三年春正月戊申朔，帝御崇元殿受朝賀，仗衛如式。[1]己酉，百官守司，以太史先奏日蝕故也，至是不虧，内外稱賀。[2]壬戌，是夜以上元張燈於京城，縱都人遊樂，帝御大寧宮門樓觀之。[3]丙申，端明殿學士、禮部侍郎和凝兼判度支；[4]工部侍郎、判度支王松改尚書刑部侍郎；[5]户部郎中高延賞改左諫議大夫，充諸道鹽鐵轉運副使。[6]壬申，以前右諫議大夫薛融爲左諫議大夫。[7]前興元節度使張筠卒於西京，輟視朝一日。[8]

　　[1]天福：五代後晋高祖石敬瑭年號（936—942）。出帝石重貴沿用至九年（944）。後漢高祖劉知遠繼位後沿用一年，稱天福十二年（947）。　春正月：“春”字原闕，中華書局本亦未補，據正史本紀計時之規則補。　崇元殿：宮殿名。五代後梁開平元年（907）改汴京正殿爲崇元殿。位於今河南開封市。　受朝賀：即大

朝會典禮。大朝會之日，有司排辦盛大的儀仗，在京文武百官以及地方官員在京者、藩國使人，共同向皇帝朝參、致賀、上壽，並以宴會結束典禮。

　　[2]太史：官名。西周始設，初掌起草文書、修撰史籍、校訂曆法。後職位漸低、事權漸分，隋唐時專掌天文曆法。　　"己酉"至"内外稱賀"：《輯本舊史》卷一三九《天文志·日食》載："正月戊申朔，司天先奏，其日日蝕。至是日不蝕，内外稱賀。"

　　[3]大寧宮：後晉時開封宫城名。位於今河南開封市。

　　[4]丙申：中華書局本作"丙寅"。　　端明殿學士：官名。後唐明宗時始置，以翰林學士充任，負責誦讀四方書奏。　　禮部侍郎：官名。尚書省禮部次官。協助禮部尚書掌禮儀、祭享、貢舉之政。正四品下。　　和凝：人名。鄆州須昌（今山東東平縣）人。歷仕後梁至後周，五代官員、詞人。傳見本書卷一二七、《新五代史》卷五六。　　判度支：官名。度支爲財政官署，掌管天下租賦物産，歲計所出而支調之，故名。安史亂後，因軍事供應浩繁，以宰相爲度支使，由户部尚書、侍郎或他官兼領度支事務，稱度支使或判度使、知度支事，權任極重，與鹽鐵使、判户部或户部使合稱"三司"。

　　[5]工部侍郎：官名。尚書省工部次官。協助工部尚書掌管百工、山澤、水土之政令，考其功以詔賞罰，總所同各司之事。正四品下。中華書局本有校勘記："原作'工部郎中'，據殿本、劉本改。按本書卷七六《晋高祖紀二》：'（天福二年九月）癸酉，以左諫議大夫、判度支王松爲尚書工部侍郎。'影庫本粘籤：'工部郎中，原本脱"中"字，今據《通鑑》增入。'今檢《通鑑》未記此事。"見《輯本舊史》卷七六《晋高祖紀二》天福二年（937）九月癸酉條。　　王松：人名。京兆（今陝西西安市）人。唐僖宗宰相王徽之子。五代後唐至後漢官員。傳見本書附録、《新五代史》卷五七。　　尚書刑部侍郎：官名。尚書省刑部次官。協助刑部尚書掌天下刑法及徒隸、勾覆、關禁之政令。正四品下。

[6]户部郎中：官名。即尚書省户部頭司户部司長官。掌户口、土田、賦役、貢獻、優復、婚姻、繼嗣等事。從五品上。　高延賞：人名。籍貫不詳。五代後唐時爲三司判官，後晉時爲户部郎中、左諫議大夫、鹽鐵副使。事見本書本卷、卷八九。　左諫議大夫：官名。隸門下省。唐代置左、右諫議大夫各四人，分隸門下省、中書省。掌諫諭得失、侍從贊相。正四品下。　諸道鹽鐵轉運副使：官名。簡稱鹽鐵副使。爲鹽鐵司副長官。鹽鐵與度支、户部合稱“三司”。佐鹽鐵使掌漕運及專賣事務。

[7]右諫議大夫：官名。隸中書省。唐代置左、右諫議大夫各四人，分隸門下省、中書省。掌諫諭得失、侍從贊相。正四品下。中華書局本有校勘記：“‘右’，本書卷七六《晋高祖紀二》作‘左’。按本書卷九三《薛融傳》：‘天福二年，自左諫議大夫遷中書舍人，自以文學非優，不敢拜命，復爲諫議。’”《輯本舊史》卷七六《晋高祖紀二》天福二年三月乙亥載“以吏部郎中兼侍御史、知雜事薛融爲左諫議大夫”；同卷十二月條又載“左諫議大夫薛融改中書舍人，辭而不拜”。《新五代史》卷五六《薛融傳》載：“高祖入立，拜吏部郎中，兼侍御史知雜事。累拜左諫議大夫，遷中書舍人。”均未載薛融曾爲右諫議大夫。　薛融：人名。汾州平遥（今山西平遥縣）人。五代後唐、後晉官員。傳見本書卷九三、《新五代史》卷五六。

[8]興元：府名。治所在今陝西漢中市。　節度使：官名。唐時在重要地區所設掌握一州或數州軍、民、財政的長官。　張筠：人名。海州（今江蘇連雲港市海州區）人。五代十國藩鎮軍閥。傳見本書卷九〇、《新五代史》卷四七。　西京：指京兆府（今陝西西安市）。　輟視朝：即輟朝。古代帝王遇親喪或文武大臣病故，停止視朝數日，以示哀悼。　前興元節度使張筠卒於西京，輟視朝一日：《舊五代史考異》：“案《五代會要》：太常禮院申：‘准故事，前節度使無例輟朝。’敕：‘宜特輟一日朝參。’”見《會要》卷六輟朝條晋天福三年正月記事。

二月庚辰，左散騎常侍張允進《駁赦論》，帝覽而嘉之，降詔獎飾，仍付史館。[1]甲申，荆南節度使高從誨加食邑實封。[2]戊子，翰林學士李澣賜緋魚袋。[3]以尚書屯田員外郎、知制誥吳承範爲庫部員外郎，充樞密院直學士。[4]乙未，御札曰：[5]“曾有宣示百官，令進封事，今據到者未及十人。朕雖無德，自行敕後已是數月，至於假手於人，[6]也合各有一件事敷奏，食禄於朝，豈當如是！言而不用，朕所甘心；用而不言，誰之責也？”[7]丙申，制武清軍節度使馬希蕚改武平軍節度使。[8]辛丑，中書上言：[9]“《禮經》云：‘禮不諱嫌名，二名不偏諱。’注云：‘嫌名，謂音聲相近，若禹與雨、丘與區也。[10]二名不偏諱，謂孔子之母名徵在，言在不稱徵，言徵不稱在。’此古禮也。唐太宗二名並諱，玄宗二名亦同，[11]人姓與國諱音聲相近是嫌名者，亦改姓氏，與古禮有異。廟諱平聲字，即不諱餘三聲；諱側聲，即不諱平聲字。所諱字正文及偏旁闕點畫，[12]望依令式施行。”詔曰：“朝廷之制，今古相沿，道在人弘，禮非天降。方開曆數，虔奉祖宗，雖踰孔子之文，未爽周公之訓。所爲二名及嫌名事，宜依唐禮施行。”[13]乙巳，天和節，宴近臣於廣政殿。[14]

[1]左散騎常侍：官名。門下省屬官。掌侍奉規諷，備顧問應對。正三品下。　張允：人名。鎮州束鹿（今河北辛集市）人。五代後唐至後漢官員。傳見本書卷一〇八、《新五代史》卷五七。史館：官署名。唐天寶以後，他官兼領史職者，稱史館修撰。初入史館者稱爲直館。元和六年（811）宰相裴垍建議，登朝官領史職

者爲修撰，以官階高的一人判館事；未登朝官均爲直館。《五代會要》記載：尹拙爲左拾遺，王慎徽爲右拾遺，並直史館，《薛史》闕載王慎徽。見《會要》卷一八、《册府》卷五五四。

[2]荆南：五代十國之一。又稱南平。後梁開平元年（907）朱温命高季興爲荆南節度使，梁末帝時封季興爲渤海王。同光二年（924）受後唐封爲南平王。　高從誨：人名。陝州硤石（今河南三門峽市陝州區）人，南平國主高季興長子。傳見本書卷一三三、《新五代史》卷六九。　食邑實封：簡稱"食實封"。唐制，封爵本有食邑若干户的規定，如親王食邑一萬户，郡王食邑五千户，國公食邑三千户，依次遞減，至男爵食邑三百户。但是上述封户並無其實，是爲虚封。祇有加上"食實封若干户"之類的名號，才能享有相應的封户租税。

[3]翰林學士：官名。由南北朝始設之學士發展而來，唐玄宗改翰林供奉爲翰林學士，備顧問、代王言。掌拜免將相、號令征伐等詔令的起草。　李澣：人名。京兆萬年（今陝西西安市長安區）人。歷仕後唐、後晉，後與徐台符被契丹挾而北行，在遼任宣政殿學士、禮部尚書等。傳見《遼史》卷一〇三、《宋史》卷二六二。

緋魚袋：指緋衣與魚符袋。唐制，五品以上官員服緋衣，佩魚符，魚符盛以袋。

[4]尚書屯田員外郎：官名。尚書省工部屯田司郎中的副職。佐郎中掌屯田政令等。從六品上。　知制誥：官名。掌起草皇帝的詔、誥之事，原爲中書舍人之職。唐開元末置學士院，翰林學士入院一年，則加知制誥銜，專掌任免宰相、册立太子、宣布征伐等特殊詔令，稱爲内制。而中書舍人所撰擬的詔敕稱爲外制。兩種官員總稱兩制官。　吳承範：人名。魏州（今河北大名縣）人。五代後唐、後晉官員。傳見本書卷九二。　庫部員外郎：官名。尚書省户部庫部司員外郎的省稱。庫部郎中之副職，掌戎器、鹵簿儀仗。從六品上。　樞密院直學士：官名。五代後唐同光元年（923），改直崇政院置，選有政術、文學者充任。充皇帝侍從，備顧問應對。

[5]御札：又作“御劄”。皇帝手劄、手詔。

[6]至於假手於人：明本《册府》卷一〇三《帝王部·招諫門二》天福三年二月條作“至懵人也”。

[7]“言而不用”至“誰之責也”：明本《册府》卷一〇三於其前有“可不知貞觀政要説”八字。

[8]武清軍：方鎮名。治所在衡州（今湖南衡陽市）。　馬希萼：人名。五代十國南楚君主，武穆王馬殷之子，弑殺馬希廣後自立爲王，不恤政事，後爲馬希崇所代，終被南唐所俘。事見本書本卷、卷八一、卷一〇二、卷一三三，《新五代史》卷六六。　武平軍：方鎮名。治所在朗州（今湖南常德市）。中華書局本有校勘記：“‘武平軍’，原作‘威武軍’，據本書卷八一《晋少帝紀一》改。按威武軍治福州，非馬氏所轄，武平軍治朗州。影庫本粘籤：‘威武軍，原本脱“威”字，今據《十國春秋》增入。’今檢《十國春秋》未記此事，此處所脱當是‘平’字。”見《輯本舊史》卷八一《晋少帝紀一》天福八年（943）三月己丑條，《新五代史》卷六六《楚馬希廣傳》亦言希萼爲朗州節度使。

[9]中書：官署名。“中書門下”的簡稱。唐代以來爲宰相處理政務的機構。參見劉後濱《唐代中書門下體制研究——公文形態·政務運行與制度變遷》，齊魯書社 2004 年版。

[10]若禹與雨、丘與區也：中華書局本有校勘記：“‘雨’，原作‘宇’，據殿本，《五代會要》卷四，《册府》卷三一、卷五九四改。《禮記·曲禮》注：‘嫌名謂音聲相近，若“禹”與“雨”、“丘”與“區”也。’”見《會要》卷四諱條天福三年二月記事、明本《册府》卷三一《帝王部·奉先門四》天福三年二月辛丑條、《宋本册府》卷五九四《掌禮部·奏議門二二》天福三年二月辛丑條。

[11]唐太宗：即唐代第二位皇帝李世民。隴西成紀（今甘肅秦安縣）人。626 年至 649 年在位。通過“玄武門之變”掌權，開創“貞觀之治”。紀見《舊唐書》卷二至卷三、《新唐書》卷二。

玄宗：即唐玄宗李隆基。隴西成紀（今甘肅秦安縣）人。712 年至 756 年在位。開創"開元盛世"，因"安史之亂"退位爲太上皇。紀見《舊唐書》卷八至卷九、《新唐書》卷五。

[12]所諱字正文及偏旁闕點畫：《會要》卷四諱條、《册府》卷五九四於"闕點畫"前有"皆"字。

[13]"詔曰"至"宜依唐禮施行"：《舊五代史考異》："案：太原縣有史匡翰碑，立於天福八年。匡翰，建瑭之子也。碑於'瑭'字空文以避諱，而建瑭父敬思，仍書'敬'字，蓋當時避諱之體如此。"

[14]天和節：後晋高祖石敬瑭誕節。　廣政殿：殿名。本書卷七六載，天福二年八月戊子，"改玄德殿爲廣政殿"。位於在今河南開封市。

　三月戊午，鴻臚卿致仕劉頎卒，贈太子賓客。[1]壬戌，東上閣門使、前司農卿蘇繼顔改鴻臚卿充職。[2]迴鶻可汗王仁美進野馬、獨峯駞、玉團、碉砂等方物。[3]甲戌，永壽長公主薨，輟朝一日。[4]故涇州節度觀察留後盧順密贈右驍衛上將軍。[5]丁丑，詔禁止私下打造鑄瀉銅器。

　[1]鴻臚卿致仕劉頎卒：《輯本舊史》作"鴻臚卿劉頎卒"，中華書局本從之，今據《輯本舊史》卷七六《晋高祖紀二》天福二年（937）六月乙酉記事補。　鴻臚卿：官名。南朝梁武帝天監七年（508）改大鴻臚置，爲十二卿之一，掌接待周邊少數民族賓客、朝會禮儀贊導等，九班。唐朝加掌喪葬禮儀。五代沿置。從三品。致仕：官員告老辭官。　劉頎：人名。籍貫不詳。五代後唐、後晋官員。事見本書本卷、卷四八、卷七六。　太子賓客：官名。爲太子官屬。唐高宗顯慶元年（656）始置。掌侍從規諫、贊相禮儀。

正三品。

[2]東上閤門使：官名。與西上閤門使共稱"閤門使"。唐代始設，掌扈從乘輿、朝會禮儀、大宴引贊、引接朝見等事務。　司農卿：官名。司農寺長官。掌管倉廩、籍田、苑囿諸事。從三品。

蘇繼顔：人名。籍貫不詳。五代後唐、後晉官員。事見本書本卷、卷四七。

[3]迴鶻：部族名、政權名。又作回鶻、回紇。原係突厥鐵勒部的一支。唐天寶三載（744）建立回鶻汗國，8世紀末9世紀初，回鶻與吐蕃争奪北庭和安西並最終取勝，統治西域。9世紀中葉，回鶻汗國瓦解。參見楊蕤《回鶻時代：10—13世紀陸上絲綢之路貿易研究》，中國社會科學出版社2015年版。　仁美：人名。即藥羅葛仁美。甘州回鶻首任可汗，尊號烏母主可汗，後唐封賜英義可汗。事見《新五代史》卷五。　玉團：《輯本舊史》之影庫本粘籤："原本作'玉圍'，今從《歐陽史》改正。"見《新五代史》卷七四《四夷附録三》回鶻條。又，《輯本舊史》卷一三八《外國列傳二》沙州條載其貢物中亦有"玉團"，同卷回鶻條並載有天福五年正月、廣順元年（951）二月貢"玉團"記事。　方物：諸侯國、藩屬國貢獻的地方特産。

[4]永壽長公主：後晉高祖石敬瑭第十二妹，夫家姓史，天福二年五月庚午受封永壽長公主。事見本書本卷、卷七六、卷八一。

[5]涇州：州名。治所在今甘肅涇川縣。　節度觀察留後：官名。唐、五代時，代行方鎮長官之職者稱留後。代行觀察使之職者，即爲觀察留後。掌一州或數州軍政。　盧順密：人名。汶陽（今山東泰安市）人。五代後唐、後晉將領。傳見本書卷九五。右驍衛上將軍：官名。唐置，掌宮禁宿衛。唐代置十六衛，即左右衛、左右驍衛、左右武衛、左右威衛、左右領軍衛、左右金吾衛、左右監門衛、左右千牛衛，各置上將軍，從二品；大將軍，正三品；將軍，從三品。

　　夏四月丁亥，以尚書吏部侍郎盧詹爲尚書左丞。[1]
中書舍人李詳上疏：[2] "請沙汰在朝文武臣僚，以減冗
食，仍條貫藩侯郡守，凡遇溥恩，不得多奏銜前職
員，[3]妄邀恩澤。" 疏奏，嘉之。戊子，宣武軍節度使、
侍衛親軍馬步軍都指揮使、廣晋府行營都招討使楊光遠
加兼中書令。[4]昭義節度使、侍衛馬軍都指揮使、廣晋
府行營都排陣使杜重威，河陽節度使兼奉國左右厢都指
揮使、廣晋府行營馬步都虞候侯益，並加檢校太傅。[5]
鳳翔節度使、檢校太師、兼中書令、岐王李從曮進封秦
王，平盧軍節度使、檢校太尉、兼中書令、臨淄王王建
立進封東平王。[6]甲午，泰寧軍節度使李從温，西京留
守、京兆尹李周，歸德軍節度使趙在禮，並加兼侍
中。[7]是月，諸道藩侯郡守皆等第加恩。改雍熙樓爲章
和樓，避廟諱也。

　　[1]夏四月丁亥："夏" 字原闕，據正史本紀四時記載之規則
補。　　尚書吏部侍郎：官名。尚書省吏部次官。協助吏部尚書掌文
選、勳封、考課之政。正四品上。　　盧詹：人名。京兆長安（今陝
西西安市）人。唐末、五代官員。傳見本書卷九三。　　尚書左丞：
官名。尚書省佐貳官。唐中期以後，與尚書右丞實際主持尚書省日
常政務，權任甚重。正四品上。後梁開平二年（908）改爲左司侍
郎，後唐同光元年（923）復舊爲左丞。正四品。
　　[2]中書舍人：官名。中書省屬官。掌起草文書、呈遞奏章、
傳宣詔命等。正五品上。　　李詳：人名。籍貫不詳。五代後唐至後
周官員，歷任左補闕、中書舍人、尚書右丞、吏部侍郎。事見本書
本卷、卷四二、卷八四、卷一一一。《輯本舊史》之影庫本粘籤：
"李詳，原本作 '李祥'，今從《册府元龜》改正。" 見《宋本册

府》卷五五三《詞臣部·獻替門二》李詳條。又,《輯本舊史》卷七八《晉高祖紀四》天福四年(939)九月丙申載“中書舍人李詳改禮部侍郎”。

[3]衙前:唐宋州府衙門胥佐統稱。唐末五代多由衙校充當,稱將吏衙前,屬軍職,分管州府各種公務,有都知兵馬使、兵馬使、中軍使、都押衙、押衙、教練使、子城使等名目。

[4]宣武軍節度使:中華書局本有校勘記:“‘使’字原闕,據劉本補。” 宣武軍:方鎮名。治所在汴州(今河南開封市)。侍衛親軍馬步軍都指揮使:官名。五代時侍衛親軍長官。多爲皇帝親信。 廣晉府:府名。五代後晉天福二年改興唐府置廣晉府,治元城、廣晉二縣(今河北大名縣)。 行營都招討使:官名。自後梁至後周均設此職,掌同招討使,負責某一路、某一道或某一方征討招撫之事。掌管區域較大而且主官資深者,則委以諸道行營都招討使和副都招討使,否則爲行營招討使和副招討使。 楊光遠:人名。沙陀部人。五代後唐、後晉將領。傳見本書卷九七、《新五代史》卷五一。 中書令:官名。漢代始置,隋、唐前期爲中書省長官,屬宰相之職;唐後期多爲授予元勳大臣的虛銜。正二品。

[5]昭義:方鎮名。治所在潞州(今山西長治市)。 侍衛馬軍都指揮使:官名。五代時皇帝親軍侍衛馬軍司長官。 行營都排陣使:官名。唐節度使所屬武官中有排陣使、都排陣使,五代後梁以後設於諸軍、行營,爲先鋒之職。參見王軼英《中國古代排陣使述論》,《西北大學學報》2010年第6期。 杜重威:人名。其先朔州(今山西朔州市朔城區)人,後徙居太原。五代後晉、後漢將領。傳見本書卷一〇九、《新五代史》卷五二。 河陽:方鎮名。全稱“河陽三城”。治所在孟州(今河南孟州市)。 奉國左右廂都指揮使:官名。“奉國”爲五代後晉禁軍,分左右廂。唐末、五代軍隊皆置都指揮使、指揮使,爲領兵將領。 行營馬步都虞候:官名。五代時期出征軍隊高級統兵官。 侯益:人名。汾州平遙(今山西平遙縣)人。五代後唐至宋初將領。傳見《宋史》卷二五

四。　檢校太傅：官名。爲散官或加官，以示恩寵，無實際執掌。

　　[6]鳳翔：方鎮名。治所在鳳翔府（今陝西鳳翔縣）。　檢校太師：官名。爲散官或加官，以示恩寵，無實際執掌。　李從曋：人名。深州博野（今河北蠡縣）人。李茂貞之子，後晉時封秦王。傳見本書卷一三二。　平盧軍：方鎮名。治所在青州（今山東青州市）。　檢校太尉：官名。爲散官或加官，以示恩寵加此官，無實際執掌。太尉，與司徒、司空並爲三公。　王建立：人名。遼州榆社（今山西榆社縣）人。五代後唐、後晉大臣。傳見本書卷九一、《新五代史》卷四六。

　　[7]泰寧軍：方鎮名。治所在兗州（今山東濟寧市兗州區）。　李從溫：人名。代州崞縣（今山西原平北）人，後唐明宗李嗣源之姪，後養爲己子。其從妹爲石敬瑭后，後爲忠武軍節度使、河陽三城節度使。傳見本書卷八八。　西京留守：官名。唐玄宗久住東都洛陽，天寶元年（742）以京師長安爲西京，改西都留守爲西京留守，仍掌京師軍政要務。肅宗以後稱長安爲上都，仍沿用西京留守舊稱。　京兆尹：官名。唐開元元年（713）改雍州置京兆府，治所在今陝西西安市。以京兆尹總其政務。從三品。　李周：人名。邢州内丘（今河北内丘縣）人。五代後唐、後晉將領。傳見本書卷九一、《新五代史》卷四七。　歸德軍：方鎮名。治所在宋州（今河南商丘市睢陽區）。本後梁宣武軍，後唐改名歸德軍。　趙在禮：人名。涿州（今河北涿州市）人。五代後唐、後晉將領。傳見本書卷九〇、《新五代史》卷四六。　侍中：官名。秦始置。隋、唐前期爲門下省長官。唐後期多爲大臣加銜，不參與政務，實際職務由門下侍郎執行。正二品。

　　五月丁未朔，帝御崇元殿受朝，仗衛如式。丁巳，詔應諸州縣名犯廟諱者並改之。庚申，以楊光遠男承祚爲檢校工部尚書、左威衛將軍、駙馬都尉。[1]丁卯，魏府行營步軍都指揮使、檢校司徒、右神武統軍王周加檢校太保。[2]戊辰，故振武節度使李嗣本贈太尉。[3]己巳，詔：“中外臣僚帶平章事、侍中、中書令及諸道節度使，並許私門立戟，仍並官給及據官品依令式處分。”[4]

[1]承祚：人名。即楊承祚。沙陀部人。五代後唐、後晉將領楊光遠之子，後晉高祖石敬瑭女婿。五代後晉官員。事見本書卷七九、八二。　檢校工部尚書：檢校官名。地方使職帶檢校三公、三師及臺省官之類，表示遷轉經歷和尊崇的地位，檢校工部尚書爲其中之一階，爲虛銜。　左威衛將軍：官名。唐置，掌宮禁宿衛。唐代十六衛之一。從三品。　駙馬都尉：漢武帝始置，魏晉以後，公主夫婿多加此稱號。從五品下。

[2]魏府：地名。即魏州廣晉府，唐五代方鎮魏博軍的治所。位於今河北大名縣。　行營步軍都指揮使：官名。行營步軍長官。五代軍隊編制，五百人爲一指揮，設指揮使、副指揮使；十指揮爲一軍，設都指揮使、副都指揮使。　檢校司徒：官名。爲散官或加官，以示恩寵加此官，無實際執掌。司徒，與太尉、司空並爲三公。　右神武統軍：官名。唐、五代禁軍右神武軍的將領。初左、右神武軍置大將軍各一人，將軍各三人。興元元年（784）增置統軍各一人，位於將軍之上，爲大將軍之副職。從二品。　王周：人名。魏州（今河北大名縣）人。五代後唐、後晉、後漢將領。傳見本書卷一〇六、《新五代史》卷四八。　檢校太保：官名。爲散官或加官，以示恩寵，無實際執掌。

[3]振武：方鎮名。治所在今山西朔州市。　李嗣本：人名。雁門（今山西代縣）人。李克用義子，本姓張。五代後唐將領。傳見本書卷五二、《新五代史》卷三六。　太尉：官名。與司徒、司空並爲三公，唐後期、五代多爲大臣、勳貴加官。正一品。

[4]平章事：官名。即“同中書門下平章事”。唐高宗以後，

凡實際任宰相之職者，常在其本官後加同平章事的職銜。後成爲宰相專稱。後晉天福五年（940），升中書門下平章事爲正二品。　私門立戟：帝王外出巡幸，在止宿處插戟爲門，稱戟門，亦作“棘門”。唐制，三品以上官員可於私門立戟，以示顯貴。　仍並官給及據官品依令式處分：“仍並官給”後明本《册府》卷六一《帝王部·立制度門二》尚有“並各賜詔書”五字，“及”字，《册府》作“仍”。

六月丁丑，右監門衛上將軍王彥璘卒。[1]甲申，以太子詹事王居敏制置安邑、解縣兩池榷鹽事。[2]丙戌，左諫議大夫薛融上疏，請罷修洛京大内，優詔褒之，尋罷營造。[3]庚寅，翰林學士、尚書工部郎中、知制誥竇貞固改中書舍人充職。[4]户部尚書致仕蕭蘧卒，贈右僕射。[5]詔貢舉宜權停一年，以員闕少而選人多，常調有淹滯故也。[6]丁酉，詔：“尚書省司門應管諸關令丞等，[7]宜準唐天成四年四月四日敕，本司不得差補，祇委關鎮使鈐轄；[8]見差補者，並畫時勒停訖奏聞。”“應常帶使相節度使，[9]自楊光遠已下凡七人，並改鄉里名號。”

[1]右監門衛上將軍：官名。唐置，掌宮禁宿衛。唐代十六衛之一。從二品。　王彥璘：人名。籍貫不詳。五代後晉將領。事見本書本卷。

[2]太子詹事：官名。掌領太子之詹事府，爲太子官屬之長。正三品。　王居敏：人名。籍貫不詳。五代後唐、後晉官員。事見本書本卷、卷八四等。《輯本舊史》之影庫本粘籤：“王居敏，原本作‘君敏’，今據《通鑑》改正。”見《通鑑》卷二七八長興四年

（933）四月癸丑條。又，《輯本舊史》卷八四《晋少帝紀四》開運二年（945）九月壬子條載“以前太子詹事王居敏爲鴻臚卿”。安邑：縣名。治所在今山西運城市。　解縣：縣名。治所在今山西運城市解州鎮。　榷鹽：食鹽專賣。

[3]丙戌：中華書局本沿《輯本舊史》未補，《通鑑》卷二八一繫此事於天福三年（938）六月丙戌，天福三年六月丙子朔，丙戌爲十一日，此條前爲甲申（九日）記事，其後爲庚寅（十五日）、丁酉（二十二日）記事，故可據補。　洛京：即西京洛陽府。五代後晋改洛京爲西京，位於今河南洛陽市。後漢、後周、北宋皆以洛陽爲西京。

[4]尚書工部郎中：官名。尚書省屬官，位在侍郎之下、員外郎之上。主持尚書省工部之工部司事務。從五品上。　竇貞固：人名。同州白水（今陝西白水縣）人。五代後唐至後周大臣，後唐進士，後漢宰相。傳見《宋史》卷二六二。

[5]户部尚書：官名。户部最高長官。掌管全國土地、户籍、賦稅、財政收支諸事。正三品。　蕭蘧：人名。籍貫不詳。唐末曾任主客郎中、永樂令，五代後唐時爲太子賓客、户部尚書。事見《舊唐書》卷二〇下、本書本卷。　右僕射：官名。秦始置。隋、唐前期以左、右僕射佐尚書令總理六官，綱紀庶務，如不置尚書令，則總判省事，爲宰相之職。唐後期多爲大臣加銜。從二品。

[6]貢舉：即科舉考試。原意爲地方向中央貢獻、推舉人才。

[7]尚書省：官署名。東漢始置尚書臺，至南北朝始稱尚書省。隋唐時期與中書省、門下省並稱“三省”，爲最高政務機關。　司門：官署名。即尚書省刑部司門司。以司門郎中、員外郎主其事。掌門關、橋樑、道路之禁令，稽察官吏、軍民、商販出入違法者。

諸關令丞：即關令、關丞。唐時有驛道的爲上關，無驛道的爲中關，其餘爲下關。各置關令、關丞，負責稽察行人。從八品下至從九品下不等。中華書局本有校勘記：“‘關’，原作‘闗’，據《五代會要》卷一六改。本卷下一處同。”見《會要》卷一六司門條。

　　[8]天成：後唐明宗李嗣源年號（926—930）。　關鎮使：即關使、鎮使。關使掌關禁、稽察奸僞、驗證公文券引，品秩高於關令、關丞。鎮使掌治賊盜、安集户口。　鈐轄：中華書局本有校勘記："'鈐轄'，原作'鈴轄'，據殿本、劉本、邵本、彭本、《五代會要》卷一六改。影庫本批校：'鈐轄，"鈐"訛"鈴"，今改。'"見《會要》卷一六司門條所載天福三年六月敕。

　　[9]使相：官名。唐朝後期，宰相常兼節度使，節度使亦常加宰相銜，皆稱使相。五代時，節度使多帶宰相銜，但不預朝廷政事。

　　秋七月丙午朔，差左諫議大夫薛融、秘書監吕琦、駕部員外郎兼侍御史知雜事劉皡、刑部郎中司徒詡、大理正張仁瑑，同共詳定唐明宗朝編敕。[1]庚戌，御史中丞王延改尚書右丞，尚書右丞盧導改尚書吏部侍郎，以左諫議大夫薛融爲御史中丞。[2]辛酉，製皇帝受命寶，以"受天明命，惟德允昌"爲文。[3]據六典，受命寶者，天子修封禪、禮神祇則用之，其始皆破皇業錢以製之。[4]皇業者，藩邸主事之所有也。壬戌，虞部郎中、知制誥于邁改中書舍人。[5]宰臣趙瑩、桑維翰、李崧各改鄉里名號。[6]荆南節度使高從誨本貫汴州浚儀縣王畿鄉表節東坊，改爲擁旌鄉浴鳳里。[7]

　　[1]秋七月：《輯本舊史》"秋"字原闕，中華書局本亦未補。據正史本紀計時規則補。　祕書監：官名。秘書省長官，掌圖書秘記等。從三品。　吕琦：人名。幽州安次（今河北廊坊市）人。五代後唐、後晉官員。傳見本書卷九二、《新五代史》卷五六。　駕部員外郎：官名。唐代駕部郎中的副職。協助長官掌輿輦、車乘、

傳驛、厩牧等事。從六品上。　侍御史知雜事：官名。唐置，以資深御史充任，總管御史臺庶務。五代沿置。　劉皞：人名。涿州歸義縣（今河北容城縣）人。後晉宰相劉昫之弟。後梁時在劉去非門下，隨劉去非入荆南，後爲後唐至後周官員。傳見本書卷一三一。

　刑部郎中：官名。尚書省刑部頭司刑部司長官。掌司法及審覆大理寺及州府刑獄。從五品上。　司徒詡：人名。清河郡（今河北清河縣）人。五代後唐官員。傳見本書卷一二八。　大理正：官名。大理寺官員，地位在大理寺丞之上。掌參議刑獄，詳正科條。從五品下。　張仁瑑：人名。籍貫不詳。五代後晉至後周官員，曾任後晉大理正，後周左庶子、大理卿。事見本書本卷、卷一一二。　唐明宗：即五代後唐明宗李嗣源。沙陀部人。原名邈佶烈，李克用養子。926年至933年在位。紀見本書卷三五至卷四四、《新五代史》卷六。　編敕：文書名。五代、宋時法制，除沿用唐代律、令、格、式外，又將皇帝因某人、某事而發佈的詔敕彙集成册，即爲“編敕”。

　　[2]御史中丞：官名。御史臺副長官。如不置御史大夫，則爲御史臺長官。掌司法監察。正四品下。　王延：人名。鄭州長豐（今河北文安縣）人。五代大臣，歷事五代各朝。傳見本書卷一三一、《新五代史》卷五七。　尚書右丞：官名。尚書省佐貳官。唐中期以後，與尚書左丞實際主持尚書省日常政務，權任甚重。後梁開平二年（908）改爲右司侍郎，後唐同光元年（923）復舊爲右丞。唐時爲正四品下，後唐長興元年（930）升爲正四品。　盧導：人名。范陽（今河北涿州市）人。唐末進士，五代後梁、後唐、後晉官員。傳見本書卷九二、《新五代史》卷五四。

　　[3]辛酉，製皇帝受命寶，以“受天明命，惟德允昌”爲文：《舊五代史考異》：“案《五代會要》：天福三年六月，中書門下奏：‘准敕，製皇帝受命寶。今按唐貞觀十六年，太宗文皇帝所刻之璽，白玉爲螭首，其文曰“皇帝景命，有德者昌”。’敕：‘宜以“受天明命，惟德允昌”爲文刻之。’”見《會要》卷一三符寶郎條天福

三年（938）六月記事，"所刻之璽"，《會要》作"刻之玄璽"，明本《册府》卷六一《帝王部·立制度門二》天福三年七月作"刻受命玄璽"。　皇帝受命寶：皇帝印璽。八寶之一。帝王受命於天，故制受命寶，修封禪、禮神祇用之。

[4]封禪：祭禮名。出於春秋、戰國時齊魯儒生的設想。封禪爲古代帝王祭祀天地的典禮，在泰山上築壇祭天曰"封"，以報天之功；在泰山之南梁父山上辟場祭地曰"禪"，以報地之功。

[5]虞部郎中：官名。唐、五代工部虞部司的長官。掌京城街道、苑囿、山澤草木及百官外國客人的時蔬薪炭供給、畋獵等事。從五品上。　于遘：人名。籍貫不詳。五代後晉官員。事見本書本卷。

[6]趙瑩：人名。華州華陰（今陝西華陰市）人。五代後晉宰相。傳見本書卷八九、《新五代史》卷五六。　桑維翰：人名。洛陽（今河南洛陽市）人。初爲石敬瑭節度掌書記，石敬瑭稱帝後出任翰林學士、知樞密院事等職。傳見本書卷八九、《新五代史》卷二九。　李崧：人名。深州饒陽（今河北饒陽縣）人。五代大臣。傳見本書卷一〇八、《新五代史》卷五七。

[7]汴州：州名。治所在今河南開封市。　浚儀縣：縣名。治所在今河南開封市。

　　八月戊寅，以左僕射劉昫爲契丹册禮使，左散騎常侍韋勳副之，給事中盧重爲契丹皇太后册禮使。[1]壬午，魏府軍前奏，前澶州刺史馮暉自逆城來歸。[2]癸未，定州奏，境内旱，民多流散。[3]詔曰："朕自臨寰宇，每念生民，務切撫綏，期於富庶，屬干戈之未戢，慮徭役之或煩。惟彼中山，偶經夏旱，因兹疾苦，遂至流移，達我聽聞，深懷憫惻。應定州所差軍前夫役逃户夏秋税並放。"[4]甲申，襄州奏，漢江水漲一丈一尺。[5]己丑，以前澶州刺史馮暉爲檢校太保，充義成軍節度使。[6]詔："河府、同州、絳州等三處災旱，逃移人户下所欠累年殘稅，并今年夏稅差科及麥苗子沿徵諸色錢物等並放。[7]其逃户下秋苗，據見檢到數，不計足元額及出剩頃畝，並放一半。[8]委觀察使散行曉諭，專切招攜，[9]應歸業户人，仍指揮逐縣切加安撫。"丙申，翰林學士、中書舍人竇貞固上言："請令文武百僚，逐司之内，各奏舉一人，述其人有某能，堪爲某官某職，據所薦否臧，定舉主黜陟。"[10]疏奏，嘉之，仍令文武百官於縉紳之内、草澤之中，知灼然有才器者，列名以奏。宴契丹册禮使於廣政殿。戊戌，鄆州奏，陽穀縣界河決。[11]青州王建立奏，高麗國宿衛質子王仁翟乞放歸鄉里，從之。[12]辛丑，鎮、邢、定三州奏，奉詔共差樂官六十七人往契丹。[13]詔："魏府城下，自屯軍已來，墳墓多經劚掘，雖已差人收掩，今更遣太僕卿邢德昭往伸祭奠。"[14]

　　[1]"八月戊寅"至"契丹皇太后册禮使"：《舊五代史考異》："案《歐陽史》：八月戊寅，馮道及左僕射劉昫爲契丹册禮使。《通鑑》：戊寅，以馮道爲太后册禮使，左僕射劉昫爲契丹主册禮使。據《薛史》，則爲太后册禮使者乃盧重，非馮道也。"見《新五代史》卷八《晋高祖紀》、《通鑑》卷二八一，《通鑑》本條《考異》所引《晋高祖實録》與《通鑑》記載相同。又，《宋本册府》卷九八〇《外臣部·通好門》所載與《輯本舊史》同。　劉昫：人名。涿州歸義縣（今河北容城縣）人。五代大臣，曾任宰相、監修國

史，領銜撰進《舊唐書》。傳見本書卷八九、《新五代史》卷五五。
　　契丹：部族、政權名。公元4世紀中葉宇文部爲前燕攻破，始分
離而成單獨的部落，自號契丹。唐貞觀中，置松漠都督府，以其首
領爲都督。唐末强盛，916年迭剌部耶律阿保機建立契丹國（遼）。
先後與五代、北宋並立，保大五年（1125）爲金所滅。參見張正明
《契丹史略》，中華書局1979年版。　　册禮使：官名。爲臨時委任
的差遣。主持册命禮儀。　　韋勳：人名。籍貫不詳。五代後晋至後
周官員，歷任後晋左散騎常侍、工刑户三部侍郎、太子賓客，後周
兵部侍郎、尚書右丞。事見本書本卷至卷八四、卷一一一至卷一一
二。　　給事中：官名。秦始置。隋唐以來，爲門下省屬官。掌讀署
奏抄、駁正違失。正五品上。　　盧重：人名。籍貫不詳。五代後晋
官員，歷任給事中、左散騎常侍、秘書監。事見本書本卷、卷七
八、卷八一。　　契丹皇太后：指耶律阿保機皇后述律氏。時遼太宗
耶律德光在位，尊述律氏爲皇太后。傳見《遼史》卷七一。
　　[2]澶州：州名。唐、五代初，治所在今河南清豐縣。後晋天
福四年（939），移治於今河南濮陽市。　　刺史：官名。漢武帝時始
置。州一級行政長官，總掌考覈官吏、勸課農桑、地方教化等事。
唐中期以後，節度、觀察使轄州而設，刺史爲其屬官，職任漸輕。
從三品至正四品下。　　馮暉：人名。魏州（今河北大名縣）人。五
代後唐至後周將領。傳見本書卷一二五、《新五代史》卷四九。
　　[3]癸未：《輯本舊史》原闕，據《宋本册府》卷四九二《邦
計部·蠲復門四》補。八月乙亥朔，此條前記事，戊申爲四日，壬
午爲八日，癸未爲九日，其後之記事，戊戌爲二十四日，故應補。
中華書局本未補。　　定州：州名。治所在今河北定州市。
　　[4]夏秋税：唐代起推行兩税法，分別於夏、秋兩季征收賦税，
夏秋兩税爲國家正税。中華書局本有校勘記：“‘夏秋税’，《册府》
卷四九二作‘夏税’。”　　放：蠲放、免除之意。
　　[5]襄州：州名。治所在今湖北襄陽市。　　漢江：河流名。長
江支流，即今漢江。源出今陝西西南部，在今湖北武漢市匯入

長江。

[6]檢校太保：中華書局本有校勘記："'檢校'，原作'檢討'，據殿本、劉本、《馮暉墓誌》（拓片刊《五代馮暉墓》）改。"

義成軍：方鎮名。亦稱永平軍。治所在滑州（今河南滑縣）。

[7]河府：府名。當即河中府。治所在今山西永濟市西南蒲州鎮。　同州：州名。治所在今陝西大荔縣。　絳州：州名。治所在今山西新絳縣。　夏稅差科：依照"差科簿"征收兩稅中的夏稅。

麥苗子沿徵諸色錢物：正稅以外，各種雜稅的統稱。

[8]秋苗：即兩稅中的秋稅，又稱秋租。　足：中華書局本作"是"。　元額：原定額度。指兩稅法制定之初規定的納稅額度，亦指與原納稅額度對應的田畝面積。

[9]觀察使：官名。唐代後期出現的地方軍政長官。唐玄宗開元二十一年（733）置十五道採訪使，唐肅宗乾元元年（758）改爲觀察使。無旄節，地位低於節度使。掌一道州縣官的考績及民政。　專切招攜：中華書局本有校勘記："'招'字原闕，據《册府》卷四九二補。"

[10]"丙申"至"定舉主黜陟"："丙申"，中華書局本沿《輯本舊史》闕，據明本《册府》卷六八《帝王部·求賢門》補。丙申爲二十二日。《舊五代史考異》："案：《宋史·竇貞固傳》載此疏，略云：'爲國之要，進賢是先。陛下方樹丕基，宜求多士，乞降詔百僚，令各司議定一人，有何能識，堪何職官，朝廷依奏用之。若能符薦引，果謂當才，所奏之官，望加獎賞。如乖其舉，或涉徇私，所奏之官，宜加黜罰。自然官由德序，位以才升。三人同行，尚聞擇善；十目所視，必不濫知。臣職在論思，敢陳狂狷。'"見《宋史》卷二六二《竇貞固傳》。

[11]鄆州：州名。治所在今山東東平縣。　陽穀縣：縣名。治所在今山東陽穀縣。

[12]青州：州名。治所在今山東青州市。　王建立：《輯本舊史》之影庫本粘籤："王建立，原本作'建位'，今從《通鑑》改

正。”見《通鑑》卷二八〇天福元年（936）十二月庚子條。《宋本册府》卷九九六《外臣部·納質門》天福三年八月記此事與本紀同，亦作“王建立”。　　高麗國：朝鮮半島古國。即王氏高麗。918年，後三國之一的高句麗將領王建自立爲王，改國號爲高麗，935年滅新羅，次年滅後百濟，再次統一朝鮮。參見［朝］鄭麟趾等《高麗史》，西南師範大學出版社 2014 年。　　王仁翟：人名。朝鮮人。五代後晉時入中原爲質子。事見本書本卷。

[13]鎮：州名。治所在今河北正定縣。　　邢：州名。治所在今河北邢臺市。

[14]自屯軍以來：《宋本册府》卷四二《帝王部·仁慈門》天福三年八月敕作“自去歲屯軍以來”。　　太僕卿：官名。漢代始置，太僕寺長官，掌御用車馬及國家畜牧事宜。正三品。　　邢德昭：人名。籍貫不詳。五代後晉官員，歷任太僕卿、衛尉卿等職。事見本書本卷、卷一三八。

　　九月己酉，宮苑使焦繼勳自軍前押范延光牙將馬諤齎歸命請罪表到闕。[1]壬子，延光領部下將士素服於本府門俟命，[2]有詔釋罪。乙卯，詔司空、兼門下侍郎、平章事馮道官一品，給門戟十六枝，中書侍郎平章事桑維翰、李崧給門戟十二枝。[3]己未，宣遣静鞭官劉守威、左金吾仗勘契官王英、司天臺鷄叫學生商暉等，並赴契丹。[4]庚申，契丹使人往洛京般取趙氏公主。[5]襄州奏，漢江水漲三丈，出岸害稼。東都奏，洛陽水漲一丈五尺，壞下浮橋。乙丑，于闐國王楊仁美遣使貢方物，迴鶻可汗遣使貢駝馬。[6]丙寅，趙延壽進馬謝恩，放燕國長公主歸幽州。[7]范延光差節度副使李式到闕，奉表首罪，兼進玉帶一條。[8]遣宣徽南院使劉處讓權知魏府軍府事。[9]己巳，復范延光官爵，其制略曰："頃朕始登大寶，未靜中原，六飛纔及於京師，千里未通於懷抱。楚王求舊，方在遺簪；曾子傳疑，忽成投杼。尋聞悛悔，遽戮奸回，干戈俄至於經時，雷雨因思於作解。果馳賓介，疊貢表章，向丹闕以傾心，瀝衷誠而効順。而況保全黎庶，完整甲兵，納款斯來，其功非細。得不特頒鐵契，重建牙章，封本郡之土茅，移樂郊之旌鉞。至於將吏，咸降絲綸。於戲！上玄之運四時，不忒者信；大道之崇三寶，所重者慈。活萬戶之傷夷，息六師之勞瘁，遂予仁憫，旌爾變通。永貽子孫，長守富貴，敬佩光寵，可不美歟！可復推誠奉義佐運致理功臣、天雄軍節度、管内觀察處置等使、開府儀同三司、守太傅、兼中書令、廣晉尹、上柱國、臨清王，[10]食邑一萬户，食實封一千户，改授鄆州刺史、天平軍節度、鄆齊棣等州觀察處置等使，賜鐵券，[11]改封高平郡王，仍令擇日備禮册命。"以天雄軍節度副使、檢校刑部尚書李式檢校尚書右僕射，充亳州團練使；[12]以貝州刺史孫漢威爲檢校太保、隴州防禦使；[13]以天雄軍三城都巡檢使薛霸爲檢校司空、衛州刺史；[14]以天雄軍馬步軍都指揮使王建爲檢校司空、虢州刺史；[15]以天雄軍内外馬軍都指揮使藥元福爲檢校司空、深州刺史；[16]以天雄軍内外步軍都指揮使安元霸爲檢校司空、隨州刺史；[17]以天雄軍都監、前河陽行軍司馬李彦珣爲檢校司空、坊州刺史。[18]李式，延光之舊僚也，其餘皆延光之將佐也，故有是命。庚午，遣客省使李守貞押器幣賜魏府立功將校。[19]辛未，以魏府招討使楊光遠檢校太師、兼中書令，行廣晉尹，充天雄軍節度使。[20]

[1]宮苑使：官名。唐始置，以宦官充任，五代改用士人。掌京師地區宮苑和宮苑所屬的莊田管理事務。　焦繼勳：人名。許州長社（今河南許昌市）人。五代、宋初將領。傳見《宋史》卷二六一。　范延光：人名。鄴郡臨漳（今河北臨漳縣）人。五代後唐、後晉將領。傳見本書卷九七。　牙將：官名。古代軍隊中的中低級軍官。　馬諤：人名。籍貫不詳。五代後晉藩鎮將領，後周時爲供奉官。事見本書本卷、卷一一三。

[2]壬子，延光領部下將士素服於本府門俟命：中華書局本有校勘記："'兵士'，原作'部士'，據《册府》卷一二六改。劉本作'將士'。"見明本《册府》卷一二六《帝王部·納降門》天福三年（938）九月壬子條。今據劉本改爲"將士"，因更合情理。《舊五代史考異》："案：《歐陽史》作九月己酉，赦范延光，蓋併書于奉表請罪之日也。"事見《新五代史》卷八《晉高祖紀》。

[3]司空：官名。與太尉、司徒並爲三公。唐後期、五代多爲大臣、勳貴加官。正一品。　門下侍郎：官名。門下省副長官。唐後期三省長官漸爲榮銜，中書、門下侍郎却因參議朝政而職位漸重，常常用爲以"同三品"或"同平章事"任宰相者的本官。正三品。　馮道：人名。瀛州景城（今河北滄縣）人。五代時官拜宰相，歷仕後唐、後晉、後漢、後周，亦曾臣事契丹。傳見本書卷一二六、《新五代史》卷五四。　中書侍郎：官名。中書省副長官，唐後期三省長官漸爲榮銜，中書、門下侍郎却因參議朝政而職位漸重，常常以"同三品"或"同平章事"任宰相實職。正三品。

[4]靜鞭官：官名。爲皇帝儀仗隊成員。掌振鞭發聲，使人肅靜。　劉守威：人名。籍貫不詳。五代後晉官員。事見本書本卷。　左金吾仗勘契官：官名。隸金吾衛。爲皇帝儀仗隊成員。掌出入

殿門時，勘驗覈對符契。　王英：人名。《新五代史》卷八作"王殷"。籍貫不詳。五代後晉官員。事見本書本卷。《輯本舊史》之案語："王英，《歐史》作王殷。"　司天臺雞叫學生：官名。隸司天監。掌報昏曉。　商暉：人名。《新五代史》卷八作"殷暉"。籍貫不詳。五代後晉官員。事見本書本卷。《輯本舊史》之案語："商暉，案：'《歐史》作殷暉。'"中華書局本引劉本之案語："宋避'殷'作'商'。"見《新五代史》卷八《晉高祖紀》。

[5]庚申，契丹使人往洛京般取趙氏公主：《舊五代史考異》："案《宋史·趙贊傳》：'德鈞父子降晉，契丹盡錮之北去，贊獨與母公主留西洛。天福三年，晉祖命贊奉母歸薊門。'"見《宋史》卷二五四《趙贊傳》。　趙氏公主：即興平公主、燕國長公主。後唐明宗李嗣源之女，趙延壽之妻。事見本書卷九八。

[6]于闐：西域古國名。治所在今新疆和田地區。參見張廣達、榮新江《于闐史叢考》（增訂本），中國人民大學出版社2008年版。　楊仁美：中華書局本有校勘記："'楊仁美'，《册府》卷九六五、《新五代史》卷八《晉本紀》、卷七四《四夷附錄》及本卷下文皆記于闐國王名'李聖天'。《宋史》卷四九〇《于闐傳》：'晉天福中，其王李聖天自稱唐之宗屬，遣使來貢。'"見《宋本册府》卷九六五《外臣部·封册門三》天福三年十月制、《新五代史》卷八天福三年十月庚子條、卷七四《于闐傳》及本卷十月條。

[7]丙寅，趙延壽進馬謝恩，放燕國長公主歸幽州：《舊五代史考異》："案：《通鑑》不載趙延壽進馬之事。胡三省云：延壽妻，唐明宗女也。延壽在北用事，故來取之。"見《通鑑》卷二八一天福三年九月壬子條。該條載"契丹遣使如洛陽，取趙延壽妻唐燕國長公主以歸"後有胡注："延壽入契丹，其妻留洛，今延壽在北用事，故來取之。"　趙延壽：人名。常山（今河北正定縣）人，本姓劉，爲後唐將領趙德鈞養子。仕至後唐樞密使，遼朝幽州節度使、燕王。傳見本書卷九八。　幽州：州名。治所在今北京市。

[8]節度副使：官名。唐、五代方鎮屬官。位於行軍司馬之下、

判官之上。　李式：人名。籍貫不詳。五代後晉官員。事見本書本卷。

[9]宣徽南院使：官名。唐始置。宣徽南院的長官。初用宦官，五代以後改用士人。與宣徽北院使通掌内諸司及三班内侍之名籍，郊祀、朝會、宴享供帳之儀，檢視内外進奉名物。參見王永平《論唐代宣徽使》，《中國史研究》1995 年第 1 期；王孫盈政《再論唐代的宣徽使》，《中華文史論叢》2018 年第 3 期。　劉處讓：人名。滄州（今河北滄縣舊州鎮）人。五代後唐、後晉將領。傳見本書卷九四、《新五代史》卷四七。　權知魏府軍府事：官名。臨時設置的差遣，暫代天雄軍節度使之職，爲天雄軍實際長官。

[10]天雄軍：方鎮名。治所在魏州（今河北大名縣）。　管内觀察處置等使：官名。唐玄宗以後，採訪、觀察、都統等使加“處置”，賦予處理、決斷權。開元二十二年（734）初置採訪處置使，以御史中丞盧絢等爲之，乾元元年（758）改爲觀察處置使。掌一道州縣官的考績及民政。　開府儀同三司：官名。魏晉始置，隋唐時爲散官之最高官階。多授功勛重臣。從一品。　守太傅：中華書局本有校勘記：“‘守’字原闕，據殿本、本書卷七六《晉高祖紀二》補。”見《輯本舊史》卷七六《晉高祖紀二》天福二年五月壬申條。　太傅：官名。與太師、太保合稱三師，唐後期、五代多爲大臣、勛貴加官。正一品。　上柱國：官名。北周武帝建德四年（575），置上柱國爲高級勛官。隋唐沿置。五代後唐明宗天成三年（928）詔，今後凡加勛，先自武騎尉，經十二轉方授予上柱國。正二品。

[11]天平軍：方鎮名。治所在鄆州（今山東東平縣）。　鄆齊棣等州觀察處置等使：《輯本舊史》之案語：“原本有闕文。”中華書局本作“鄆齊等州觀察處置等使”，並有校勘記：“按天平軍領鄆、齊、棣三州，‘齊’下疑《永樂大典》避明成祖諱闕‘棣’字。”但未補。今據後晉時天平軍之統轄區域補入棣州之“棣”字。天雄軍之範圍可參見《五代十國方鎮年表》。而“棣”字之

闕，當是《永樂大典》避明成祖諱所致，今回改。　齊：州名。治所在今山東濟南市。　棣：州名。治所在今山東惠民縣。　鐵券：帝王頒賜給功臣的鐵契，上刻文字，表示世代可以享受某些特權，如犯罪可以赦免等，以鐵製成，便於久存。

[12]檢校刑部尚書：官名。刑部尚書爲尚書省刑部主官，掌天下刑法及徒隷、勾覆、關禁之政令。加檢校則爲散官或加官，以示恩寵，無實際執掌。　檢校尚書右僕射：官名。唐前期以左、右僕射佐尚書令總理六官，綱紀庶務，唐後期多爲大臣加銜。加檢校則爲散官或加官，以示恩寵，無實際執掌。　亳州：州名。治所在今安徽亳州市。　團練使：官名，唐代中期以後，於不設節度使的地區設團練使，掌本區各州軍事。

[13]以貝州刺史孫漢威爲檢校太保、隴州防禦使：中華書局本有校勘記：“‘爲’字原闕，據殿本、孔本及本卷下文補。”　貝州：州名。治所在今河北清河縣。　孫漢威：人名。籍貫不詳。五代後晉將領。事見本書本卷。　隴州：州名。治所在今陝西隴縣。　防禦使：官名。唐代始置，設有都防禦使、州防禦使兩種。常由刺史或觀察使兼任，實際上爲唐代後期州或方鎮的軍政長官。

[14]都巡檢使：官名。五代始設巡檢於京師、陪都、重要的州及邊防重鎮，設於都城的稱京城巡檢使、都巡檢、都巡檢使。掌地方治安。　薛霸：人名。籍貫不詳。五代後晉將領。事見本書本卷。　檢校司空：官名。爲散官或加官，以示恩寵加此官，無實際執掌。司空，與太尉、司徒並爲三公。　衛州：州名。州名。治所在今河南衛輝市。

[15]馬步軍都指揮使：官名。唐末、五代方鎮統兵主帥。詳見杜文玉《晚唐五代都指揮使考》，《學術界》1995年第1期。　王建：人名。籍貫不詳。五代後晉將領。事見本書本卷。　檢校司空：官名。爲散官或加官，以示恩寵加此官，無實際執掌。司空，與太尉、司徒並爲三公。　虢州：州名。治所在今河南靈寶市。

[16]馬軍都指揮使：官名。唐末、五代方鎮馬軍長官。五代軍

隊編制，五百人爲一指揮，設指揮使、副指揮使；十指揮爲一軍，設都指揮使、副都指揮使。　藥元福：人名。晋陽（今山西太原市）人。五代後唐至宋初將領。傳見《宋史》卷二五四。　深州：州名。治所在今河北深州市。

[17]步軍都指揮使：官名。唐末、五代方鎮步軍長官。　安元霸：人名。籍貫不詳。五代後晋將領。事見本書本卷。　隨州：州名。治所在今湖北隨州市。

[18]都監：官名。唐代中葉命將出征，常以宦官爲監軍、都監。後爲臨時委任的統兵官，稱都監、兵馬都監。掌屯戍、邊防、訓練之政令。　行軍司馬：官名。出征將領及節度使的屬官。掌軍籍符伍、號令印信，是藩鎮重要的軍政官員。掌接待四方奏計及外族使者。李彥珣：人名。邢州（今河北邢臺市）人。五代後唐、後晋官員。傳見本書卷九四。　坊州：州名。治所在今陝西黃陵縣。

[19]客省使：契丹官名。客省，唐代宗時始置，遼太宗會同元年（938）沿置。客省使爲客省長官。　李守貞：人名。河陽（今河南孟州市）人。五代將領。傳見本書卷一〇九、《新五代史》卷五二。

[20]招討使：官名。唐貞元年間始置。戰時任命，兵罷則省。常以大臣、將帥或地方軍政長官兼任。掌招撫討伐等事務。　檢校太師：官名。爲散官或加官，以示恩寵，無實際執掌。太師，與太傅、太保並爲三師。　廣晋尹：官名。五代後晋天福二年（937）改興唐府（魏州、鄴都）置廣晋府，治元城、廣晋二縣（今河北大名縣）。府尹爲最高長官，總其政務。從三品。　天雄軍：《輯本舊史》之影庫本粘籤："'天雄'，原本作'天榮'，今從《通鑑》改正。"見《通鑑》卷二八一天福三年九月辛未條。

　　冬十月乙亥，福建節度使王繼恭遣使貢方物。[1]戊寅，北朝命使以寶册上帝徽號曰英武明義皇帝。[2]是日，左右金吾、六軍儀仗、太常鼓吹等並出城迎引至崇元殿前，陳列如儀。[3]鄆州范延光奏到任内。庚辰，[4]御札曰："爲國之規，在於敏政；建都之法，務要利民。歷考前經，朗然通論，顧惟涼德，獲啓丕基。當數朝戰伐之餘，是兆庶傷殘之後，車徒既廣，帑廩咸虛。經年之輓粟飛芻，繼日而勞民動衆，常煩漕運，不給供須。今汴州水陸要衝，山河形勝，乃萬庾千箱之地，是四通八達之郊。爰自按巡，益觀宜便，俾升都邑，以利兵民。汴州宜升爲東京，置開封府，仍升開封、浚儀兩縣爲赤縣，其餘升爲畿縣。[5]應舊置開封府時所管屬縣，並可仍舊割屬收管，亦升爲畿縣。其洛京改爲西京；其雍京改爲晋昌軍，留守改爲節度觀察使，依舊爲京兆府，列在七府之上；[6]其曹州改爲防禦州。[7]其餘制置，並委中書門下商量施行。"[8]丙戌，以護聖左厢都指揮使、曹州刺史張彦澤爲鎮國軍節度使。[9]以工部尚書裴皞爲尚書右僕射致仕。[10]是日，詔改大寧宮門爲明德門；[11]又改京城諸門名額：南門尉氏以薰風爲名，西二門鄭門、梁門以金義、乾明爲名，北二門酸棗門、封丘門以玄化、宣陽爲名，東二門曹門、宋門以迎春、仁和爲名。戊子，以右金吾大將軍馬從斌爲契丹國信使，考功郎中劉知新副之。[12]以前天平軍節度使、檢校太尉、同平章事安審琦爲晋昌軍節度使、行京兆尹。[13]襄州奏，江水漲害稼。壬辰，以樞密使、中書侍郎平章事、集賢殿大學士桑維翰兼兵部尚書，樞密使、中書侍郎平章事、端明殿學士李崧皆罷樞密使。[14]戊戌，大赦天下，以魏府初平故也。庚子，楊光遠朝覲到闕，對於便殿，錫賚甚厚。于闐國王李聖天册封爲大寶于闐國王。^[15]以杭州嘉興縣爲秀州，從錢元瓘之奏也。^[16]

[1]冬十月乙亥："冬"字，中華書局本沿《輯本舊史》闕，據正史本紀四時記載之規則補。　福建：方鎮名。治所在福州（今福建福州市）。　王繼恭：人名。閩王王昶之子，《通鑑》卷二八一載繼恭係王昶之弟。閩國將領。事見本書卷一三四、《新五代史》卷六八。

[2]戊寅，北朝命使以寶册上帝徽號曰英武明義皇帝："北朝"，中華書局本沿《輯本舊史》作"契丹"，明本《册府》卷一七《帝王部·尊號門二》作"北朝"，據改。又，《舊五代史考異》："案：《歐陽史》作契丹使中書令韓頻來奉册。"見《新五代史》卷八《晋高祖紀》天福三年（938）十月戊寅條。

[3]左右金吾：部隊番號。即唐代十六衛中的左右金吾衛。負責宿衛宮禁，隨從皇帝出行。　六軍：指唐代所置左、右神武，左、右羽林，左、右龍武六軍，亦泛指皇帝的禁衛軍。　太常鼓吹：太常寺鼓吹局之樂班。

[4]庚辰：中華書局本有校勘記："原作'丙辰'，據殿本、《新五代史》卷八《晋紀》改。影庫本粘籤：'丙辰，以《長曆》推之，當作庚辰，今無別本可校，姑仍其舊。'按是月甲戌朔，無丙辰，庚辰爲初七。"此條之前記事爲戊寅（五日），此後爲丙戌（十三日）。

[5]開封：縣名。治所在今河南開封市。

[6]雍京：即京兆府。治所在今陝西西安市。

[7]曹州：州名。治所在今山東曹縣西北。

[8]中書門下：官署名。唐代以來爲宰相處理政務的機構。參見劉後濱《唐代中書門下體制研究——公文形態·政務運行與制度

變遷》，齊魯書社 2004 年版。

[9]護聖左厢都指揮使：官名。所部統兵將領。"護聖"爲部隊番號，分左右厢。中華書局本有校勘記："'左'，《新五代史》卷五二《張彦澤傳》作'右'。" 張彦澤：人名。突厥人，徙居太原。五代後晉將領，投降於契丹。傳見本書卷九八、《新五代史》卷五二。 鎮國軍：方鎮名。治所在華州（今陝西渭南市華州區）。

[10]工部尚書：官名。尚書省工部主官。掌百工、屯田、山澤之政令。正三品。 裴皞：人名。世居河東（今山西太原市），出自中眷裴氏。五代後唐、後晉官員。傳見本書卷九二、《新五代史》卷五七。

[11]是日：此條在"丙戌"條後，蒙上文應仍爲"丙戌"。明本《册府》卷一四《帝王部·都邑門二》作"丁亥"，在丙戌後一日。 詔改大寧宮門爲明德門："明德門"，明本《册府》卷一四同，《會要》卷五《太寧宮》條天福三年十月敕作"太寧宮門樓宜以顯德爲名"。

[12]"戊子"至"考功郎中劉知新副之"：《舊五代史考異》："案：馬從斌使契丹，以報其加尊號也。考《通鑑》則始以命王權，權辭以老疾，乃改命從斌耳。《歐陽史》止書從斌，不載劉知新。《五代春秋》作十月，馮道使於契丹。"見《五代春秋》卷下《晉高祖》條天福三年十月記事、《新五代史》卷八《晉高祖紀》天福三年十月戊子條、《通鑑》卷二八一天福三年十月戊子條。右金吾大將軍：官名。唐置，掌宮禁宿衞。唐代十六衞之一。正三品。 馬從斌：人名。籍貫不詳。五代後晉官員。事見本書本卷。

國信使：官名。古代負責出使外邦的使臣，多因相應事件或節日而派遣。 考功郎中：官名。唐、五代尚書省吏部考功司長官，掌考察内外百官及功臣家傳、碑、頌、誄、謚等事。從五品上。 劉知新：人名。籍貫不詳。五代後晉官員，歷任考功郎中、吏部郎中、右諫議大夫、給事中、右散騎常侍。事見本書本卷、卷八二、卷八四。

　　[13]安審琦：人名。沙陀部人。五代將領。歷仕後唐、後晉、後漢、後周。傳見本書卷一二三。

　　[14]“壬辰”至“皆罷樞密使”：中華書局本沿《輯本舊史》作：“壬辰，以樞密使、中書侍郎平章事、集賢殿大學士桑維翰兼兵部尚書，皆罷樞密使。”既言“皆罷”，必不止桑維翰一人。《輯本舊史》之案語：“以上疑有闕文。據《通鑑考異》引《晋高祖實錄》，維翰與李崧並罷樞密使。”見《通鑑》卷二八一天福三年十月戊子條《考異》引《晋高祖實錄》：“天福三年十月壬辰，維翰、崧罷樞密使。”故本條據輯本《晋高祖本紀》記載補入李崧罷樞密使時之官職。據本書卷七六載，天福二年正月丙寅，“以端明殿學士、户部侍郎李崧爲兵部侍郎、判户部”。同月戊寅，“以兵部侍郎、判户部李崧爲中書侍郎、同中書門下平章事，充樞密使”。本書卷七七載，三年九月乙卯，“中書侍郎平章事桑維翰、李崧給門戟十二枝”。故罷樞密使時，李崧爲端明殿學士、中書侍郎平章事、樞密使。中華書局本未補。　樞密使：官名。唐代宗時始以宦官掌機密，至昭宗借朱温之力盡誅宦官，始改以士人任樞密使。參見李全德《唐宋變革期樞密院研究》，國家圖書館出版社2009年版。　中書侍郎平章事：官名。以中書侍郎的本官任“平章事”之職。唐高宗以後，凡實際任宰相之職者，常在其本官後加同平章事的職銜。後成爲宰相專稱。後晋天福五年（940），升中書門下平章事爲正二品。

　　[15]于闐國王李聖天册封爲大寶于闐國王：中華書局本有校勘記：“‘爲’字原闕，據殿本、《册府》卷九六五、《新五代史》卷八《晋本紀》補。”見明本《册府》卷九六五《外臣部·封册門三》天福三年十月制、《新五代史》卷八《晋高祖紀》天福三年十月庚子條。　李聖天：人名。出身於于闐王族尉遲氏。于闐國王。事見《新五代史》卷八。參見張廣達、榮新江《于闐史叢考》（增訂本），中國人民大學出版社2008年版。

　　[16]杭州：州名。治所在今浙江杭州市。　秀州：州名。原爲杭州嘉興縣。治所在今浙江嘉興市。　錢元瓘：人名。祖籍臨安

（今浙江杭州市臨安區）人。錢鏐之子。五代十國吳越國國主，932
年至941年在位。傳見本書卷一三三、《新五代史》卷六七。

　　十一月甲辰朔，樞密直學士、祠部員外郎吳涓可金
部郎中、知制誥，樞密直學士、庫部員外郎吳承範可祠
部郎中、知制誥。[1]乙巳，鄆州范延光來朝。丙午，封
閩王昶爲閩國王，加食邑一萬五千戶。[2]又以中吳建武
等軍節度使、檢校太師、兼中書令、蘇州誠州刺史錢元
璙爲太傅，以清海軍節度使、廣州刺史錢元璹爲檢校太
尉、兼中書令，仍改名元懿。[3]應有魏府行營將校及六
軍諸道、本城將校等，[4]並與加恩。戊申，以門下侍郎
平章事、監修國史、判户部趙瑩兼吏部尚書。[5]以威武
軍節度、福建管內觀察處置等使王繼恭爲特進、檢校太
傅，仍封臨海郡王。[6]以魏博節度使楊光遠爲守太尉、
洛京留守、兼河陽節度使，判六軍諸衛事。[7]端明殿學
士、尚書禮部侍郎、判度支和凝改尚書户部侍郎充
職。[8]庚戌，鄆州范延光上表乞休退，詔不允。辛亥，
升廣晉府爲鄴都，置留守。升廣晉、元城兩縣爲赤縣，
屬府諸縣升爲畿縣。[9]升相州爲彰德軍，置節度觀察使，
以澶、衛二州爲屬郡，其澶州仍升爲防禦州，移於德勝
口爲治所。[10]升貝州爲永清軍，置節度觀察使，以博、
冀二州爲屬郡。[11]以西京留守高行周爲廣晉尹、鄴都留
守；[12]廣晉府行營中軍使、貝州防禦使王廷胤加檢校太
傅，充相州彰德軍節度使；[13]廣晉府行營步軍都指揮
使、右神武統軍王周爲貝州永清軍節度使。甲寅，以范
延光爲太子太師致仕。[14]丙辰，以祕書監吕琦爲禮部侍

郎，歸德軍節度使趙在禮改天平軍節度使，昭義軍節度使兼侍衛親軍馬步軍都虞候杜重威改忠武軍節度使，[15]忠武軍節度使、侍衛親軍馬步軍都指揮使劉知遠改歸德軍節度使，前河陽節度使兼奉國左右厢都指揮使侯益改昭義軍節度使。[16]癸亥，割濮州濮陽縣隸澶州。[17]詔許天下私鑄錢，以“天福元寶”爲文。[18]丙寅冬至，帝御崇元殿受朝賀，仗衛如式。

[1]十一月甲辰朔：“朔”字原闕，據正史本紀四時記載之規則補。中華書局本未補。　樞密直學士：官名。五代後唐莊宗同光元年（923），改直崇政院置，選有政術、文學者充任。備顧問應對。祠部員外郎：官名。爲祠部郎中的副職，協助負責禮部祠部司的事務。從六品上。　吳涓：人名。籍貫不詳。五代後晋官員，曾任右拾遺、左補闕、樞密直學士、知制誥等職。事見本書本卷、卷七六。　金部郎中：官名。金部爲户部四司之一，由金部郎中主其政，金部員外郎爲副。掌金錢、布帛之庫藏和發放，定度、量、衡之標準。從五品上。　庫部員外郎：官名。爲庫部郎中的副職，協助負責兵部庫部司的事務。從六品上。　吳承範：人名。魏州（今河北大名縣）人。五代後唐、後晋官員。傳見本書卷九二。　祠部郎中：官名。禮部祠部司主官。掌祠祀祭享、天文漏刻、巫術醫藥及僧尼道士等事。從五品上。

[2]閩：國名。即五代十國之閩國。　王昶：人名。原名王繼鵬。五代十國閩國國君。傳見本書卷一三四、《新五代史》卷六八。

[3]中吳：方鎮名。吳越置，治所在蘇州（今江蘇蘇州市）。建武：方鎮名。治所在邕州（今廣西南寧市）。　蘇州：州名。治所在今江蘇蘇州市。　誠州：州名。即邕州。治所在今廣西南寧市。　錢元璙：人名。錢鏐之子。五代後唐、後晋將領。事見本書卷三二、卷三七、卷八〇、卷一三三等。　太傅：官名。與太師、

太保並爲三師。唐後期、五代多爲大臣、勳貴加官。正一品。　清
海軍：方鎮名。治所在廣州（今廣東廣州市）。　廣州：州名。治
所在今廣東廣州市。　錢元璙：人名。又名元懿、傳懿，錢鏐之
子。見《吳越備史》卷一貞明三年（917）三月條。事見本書本
卷、卷一九、卷四四等。

[4]應有魏府行營將校及六軍諸道、本城將校等：中華書局本
有校勘記：“‘有’，原作‘付’，據殿本改。”

[5]監修國史：官名。北齊始置史館，以宰相爲之。唐史館沿
置，爲宰相兼職。　户部：官署名。唐末五代稱鹽鐵、度支、户部
爲三司，掌管統籌國家財政之事。户部掌户口、財賦等事務。　趙
瑩：人名。華州華陰（今陝西華陰市）人。五代後晉宰相。傳見本
書卷八九、《新五代史》卷五六。

[6]威武軍：方鎮名。治所在福州（今福建福州市）。　特進：
官名。西漢末期始置，授給列侯中地位較特殊者。隋唐時期，特進
爲散官，授給有聲望的文武官員。正二品。

[7]魏博：方鎮名。治所在魏州（今河北大名縣）。　判六軍
諸衛事：官名。五代後唐沿唐代舊制，置六軍諸衛，以判六軍諸衛
事爲禁軍六軍與諸衛的最高統帥。

[8]尚書禮部侍郎：官名。尚書省禮部次官。協助禮部尚書掌
禮儀、祭享、貢舉之政。正四品下。　尚書户部侍郎：官名。尚書
省户部次官。協助户部尚書掌天下田户、均輸、錢穀之政令。正四
品下。

[9]廣晋：縣名。治所在今河北大名縣。　元城：縣名。治所
在今河北大名縣。

[10]相州：州名。治所在今河南安陽市。　彰德軍：方鎮名。
治所在相州（今河南安陽市）。　澶：州名。唐武德四年（621）
治澶水縣（今河南濮陽市西），大曆七年（772）治頓丘縣（今河
南清豐縣西南），五代後晉天福四年（939）移治德勝城（今河南
濮陽市東南），後周徙治今濮陽市。　衛：州名。治所在今河南衛

輝市。　德勝口：地名。原爲德勝渡，爲黃河重要渡口之一。李存勗部將李存審築於黃河津要處德勝口，有南北二城。南城在今河南濮陽市東南五里，北城即今河南濮陽市。

[11]貝州：州名。治所在今河北清河縣。　永清軍：方鎮名。後晉天福三年置。治所在貝州（今河北清河縣）。　博：州名。治所在今山東聊城市。　冀：州名。治所在今河北衡水市冀州區。

[12]高行周：人名。幽州（今北京市）人。生於媯州（今河北懷來縣）。五代名將。傳見本書卷一二三、《新五代史》卷四八。

廣晋尹：中華書局本有校勘記："'尹'字原闕，據本書卷八〇《晋高祖紀六》、《通鑑》卷二八一補。"見《輯本舊史》卷八〇《晋高祖紀六》天福六年七月癸亥條、《通鑑》卷二八一天福三年十一月辛亥條。

[13]行營中軍使：官名。五代十國時期設置的行營統兵將領。

王廷胤：人名。即王庭胤。京兆萬年（今陝西西安市長安區）人。王處存之孫。五代軍閥。傳見本書卷八八。參見《王廷胤墓志》，王仁波《隋唐五代墓志彙編·洛陽卷》（第十五冊），天津古籍出版社2009年版。

[14]太子太師：官名。與太子太傅、太子太保統稱太子三師。隋唐以後多作加官或贈官。從一品。

[15]祕書監：官名。秘書省長官。掌圖書秘記等。從三品。呂琦：人名。幽州安次（今河北廊坊市）人。五代後唐、後晋官員。傳見本書卷九二、《新五代史》卷五六。　天平軍：方鎮名。治所在鄆州（今山東東平縣）。　昭義軍：方鎮名。治所在潞州（今山西長治市）。　侍衛親軍馬步軍都虞候：官名。五代、北宋侍衛親軍馬步軍統兵官，僅次於馬步軍都指揮使、副都指揮使。　杜重威：《輯本舊史》之影庫本粘籤："杜重威，原本作'仲威'，考重威至少帝時始避諱改名仲威，不應于《高祖紀》先避'重'字，今改正。"　忠武軍：方鎮名。治所在陳州（今河南淮陽縣）。

[16]劉知遠：人名。沙陀部人，後世居於太原。五代後唐、後

晋將領，後漢高祖。紀見本書卷九九、卷一〇〇，《新五代史》卷一〇。

[17]濮陽縣：縣名。治所在今河南濮陽市。

[18]"癸亥"至"以'天福元寶'爲文"：《舊五代史考異》："案洪遵《泉志》引宋白《續通典》云：天福三年十一月，詔三京、鄴都、諸道州府，無問公私，應有銅者，並許鑄錢，仍以'天福元寶'爲文，左環讀之。委鹽鐵使鑄樣，頒下諸道。""詔許天下私鑄錢"，蒙上文應爲癸亥（二十日），《新五代史》卷八《晋高祖紀》繫此事於壬戌（十九日），相差一日。

　　十二月甲戌朔，以前兵部尚書梁文矩爲太子少師，以鎮州節度副使符蒙爲右諫議大夫，以吏部郎中曹國珍爲左諫議大夫。[1]丙子，以前涇州彰義軍節度使李德玼爲晋州建雄軍節度使，加同平章事。[2]以皇子右金吾衛上將軍重貴爲檢校太傅、開封尹，封鄭王，加食邑三千户。[3]戊寅，大寶于闐國進奉使、檢校太尉馬繼榮可鎮國大將軍，使副黃門將軍、國子少監張再通可試衛尉卿，監使殿頭承旨、通事舍人吳順規可試將作少監。[4]迴鶻使都督李萬金可歸義大將軍，監使雷福德可順化將軍。[5]是日，詔："宜令天下無問公私，應有銅欲鑄錢者，一任取便酌量輕重鑄造。"[6]戊子，以河陽潛龍舊宅爲開晋禪院，邢州潛龍舊宅爲廣法禪院。龍武統軍李從昶卒，輟朝一日，贈太尉。[7]《永樂大典》卷一萬五千六百四十二。[8]

　　[1]兵部尚書：官名。尚書省兵部主官。掌兵衛、武選、車輦、甲械、厩牧之政令。正三品。　梁文矩：人名。鄆州（今山東東平

縣）人。五代後梁至後晋官員。傳見本書卷九二。　太子少師：官名。與太子少傅、太子少保合稱"三少"，唐後期、五代多爲大臣、勳貴加官。從二品。　鎮州：州名。治所在今河北正定縣。　符蒙：人名。籍貫不詳。五代後晋官員，歷任鎮州節度副使、右諫議大夫、給事中。事見本書本卷、卷八一、卷八三、卷一二三。　吏部郎中：官名。尚書省吏部頭司吏部司長官。掌文官階品、朝集、禄賜，給其告身、假使以及選補流外官等事。《新唐書》記正五品上。　曹國珍：人名。幽州固安（今河北固安縣）人。五代後晋官員。傳見本書卷九三。

［2］丙子：百衲本無此二字，今據中華書局本補。　涇州彰義軍：方鎮名。治所在涇州（今甘肅涇川縣）。　李德珫：人名。應州金城（今山西應縣）人。五代後唐、後晋將領。傳見本書卷九〇。　晋州建雄軍：方鎮名。後唐同光元年（923）改建寧軍爲建雄軍。治所在晋州（今山西臨汾市）。

［3］皇子：中華書局本有校勘記："'皇子'，原作'皇太子'，據本書卷七六《晋高祖紀二》、卷七八《晋高祖紀四》改。按《新五代史》卷八《晋本紀》敘其事作'封子重貴爲鄭王'。"《輯本舊史》卷七六《晋高祖紀二》天福二年（937）三月甲寅條、九月甲寅條，卷七八《晋高祖紀四》天福四年三月己未條，卷七九《晋高祖紀五》天福五年正月辛巳條，卷八〇《晋高祖紀六》天福六年八月戊子條、天福七年正月丙寅條均記載重貴爲"皇子"。　右金吾衛上將軍：官名。唐置，掌宮禁宿衛。唐代十六衛之一。從三品。　重貴：人名。即石重貴。沙陀部人。後晋高祖石敬瑭從子，後晋少帝。紀見本書卷八一至卷八五、《新五代史》卷九。　開封尹：官名。五代除後唐外均定都開封，因置開封府尹。執掌京師政務。從三品。

［4］進奉使：蕃國派遣向朝廷進奉的使者。　馬繼榮：人名。于闐使者。事見本書本卷，《新五代史》卷八、卷七四。　鎮國大將軍：官名。作爲授予蕃國君主、官員、使者的榮譽稱號。　黃門將軍：官名。作爲授予蕃國君主、官員、使者的榮譽稱號。　國子

少監：官名。唐、五代無國子少監，此當作爲授予蕃國君主、官員、使者的榮譽稱號。　張再通：人名。于闐使者。事見本書本卷。　衛尉卿：官名。原爲衛尉寺長官，此處作爲授予蕃國君主、官員、使者的榮譽稱號。　監使：官名。監督、陪同使者的官員，爲臨時差遣。　殿頭承旨：官名。爲内侍官稱，當爲殿頭之長。通事舍人：官名。東晋始置。唐代爲中書省屬官，全稱中書通事舍人。掌殿前承宣通奏。從六品上。　吴順規：人名。籍貫不詳。五代後晋官員。事見本書本卷。　將作少監：官名。爲將作監副長官。掌監署中雜作，典工役。從四品下。

[5]都督：官名。唐前期在邊疆地區和戰略要地設置都督府，管理地方軍政。掌管數州兵馬、甲械、城隍、鎮戍、糧廪，總判府事，一般兼任所在州刺史，兼理民政。到唐玄宗以後，都督逐漸爲節度使所取代。大都督爲從二品，中都督爲正三品，下都督爲從三品。　李萬金：人名。回鶻使者。事見本書本卷。　歸義大將軍：官名。作爲授予蕃國君主、官員、使者的榮譽稱號。　雷福德：人名。籍貫不詳。五代後晋官員。事見本書本卷。　順化將軍：官名。作爲授予蕃國君主、官員、使者的榮譽稱號。

[6]“是日”至“一任取便酌量輕重鑄造”：《舊五代史考異》：“案《泉志》云：天福元寶錢，徑七分，重二銖四參。銅質薄小，字文昏昧，蓋以私鑄不精也。”

[7]龍武統軍：官名。唐代龍武軍統兵官。至德二載（757）唐肅宗置禁軍，也稱神武天騎，分爲左、右神武天騎及左、右羽林，左、右龍武等六軍，稱“北衙六軍”。職掌左右厢飛騎儀仗、階陛禁衛、馳道内仗，並負責飛騎番上宿衛。從二品。　李從昶：人名。李茂貞第二子。傳見本書卷一三二。

[8]《大典》卷一五六四二“晋”字韻“五代後晋高祖（一）”事目。

舊五代史　卷七八

晋書四

高祖紀第四

天福四年春正月癸卯朔，帝御崇元殿受朝賀，仗衛如式。[1]丙午，召太子太師致仕范延光宴于便殿，以延光歸命之後，慮懷疑懼，故休假之内，錫以款密。[2]帝謂之曰：“無忿疾以傷厥神，無憂思以勞厥衷，朕方示信於四方，豈食言於汝也。”延光俯伏拜謝，其心遂安。丁未，以西京副留守龍敏爲吏部侍郎。[3]戊申，盜發唐閔帝陵。[4]己酉，朔方軍節度使張希崇卒，贈太師。[5]辛亥，以澶州防禦使張從恩爲樞密副使。[6]甲寅，以侍衛步軍都指揮使、寧江軍節度使景延廣爲義成軍節度使，以義成軍節度使馮暉爲朔方軍節度使。[7]乙卯，左諫議大夫曹國珍上言：[8]“請於内外臣僚之中，選才略之士，聚《唐六典》、前後《會要》、《禮閣新儀》、《大中統類》、律令格式等，精詳纂集，俾無漏落，別爲書一部，目爲《大晋政統》。”從之。其詳議官，宜差太子少師

梁文矩、左散騎常侍張允、大理卿張澄、國子祭酒唐
汭、大理少卿高鴻漸、國子司業田敏、禮部郎中吕咸
休、司勳員外郎劉濤、刑部員外郎李知損、監察御史郭
延升等一十九人充。[9]文矩等咸曰："改前代禮樂刑憲爲
《大晋政統》，則《堯典》、《舜典》當以晋典革名。"列
狀駁之曰："作者之謂聖，述者之謂明，苟非聖明，焉
能述作。若運因革故，則事乃維新，或改正朔而變犧
牲，或易服色而殊徽號。是以五帝殊時，不相沿樂；三
王異世，不相襲禮。至於近代，率由舊章；比及前朝，
是滋條目。[10]多因行事之失，改爲立制之初，或臣奏條
章，君行可否，皆表其年月，紀以姓名，聚類分門，成
文作則。莫不悉稽前典，垂範後昆，述自聖賢，歷於朝
代，得金科玉條之號，設亂言破律之防，守而行之，其
來尚矣。皇帝陛下運齊七政，曆契千年，爰從創業開
基，莫不積功累德。所宜直筆，具載鴻猷，若備録前代
之編年，目作聖朝之政統，此則是名不正也。夫名不正
則言不順，而媚時掠美，非其實矣。若翦截其辭，此則
是文不備也。夫文不備則啟争端，而禮樂刑政，於斯亂
矣。若改舊條而爲新制，則未審何門可以刊削，何事可
以編聯，既當革故從新，又須廢彼行此，則未知國朝能
守而不失乎？[11]臣等同共參詳，未見其可。"疏奏，嘉
之，其事遂寝。辛酉，以前晋昌軍節度使李周爲静難軍
節度使。[12]是日，封皇第十一妹安定郡主爲延慶長公
主，皇第十二妹廣平郡主爲清平長公主。[13]

　　［1］天福：五代後晋高祖石敬瑭年號（936—942）。出帝石重貴沿用至九年（944）。後漢高祖劉知遠繼位後沿用一年，稱天福十二年（947）。　癸卯朔：中華書局本有校勘記："'朔'字原闕，據《册府》卷一〇八補。按是月癸卯朔。"見明本《册府》卷一〇八《帝王部·朝會門二》，即使無《册府》此條，亦可據並應據正史本紀四時記載之規則補。　崇元殿：宫殿名。五代後梁開平元年（907）改汴京正殿爲崇元殿。位於今河南開封市。　受朝賀：即大朝會典禮。大朝會之日，有司排辦盛大的儀仗，在京文武百官以及地方官員在京者、藩國使人，共同向皇帝朝參、致賀、上壽，並以宴會結束典禮。

　　［2］太子太師：官名。與太子太傅、太子太保統稱太子三師。隋唐以後多作加官或贈官。從一品。　致仕：官員告老辭官。　范延光：人名。鄴郡臨漳（今河北臨漳縣）人。五代後唐、後晋將領。傳見本書卷九七。

　　［3］西京：指京兆府（今陝西西安市）。　副留守：官名。古代在都城、陪都或軍事重鎮所設留守，由地方行政長官兼任。副留守爲留守之貳。　龍敏：人名。幽州永清（今河北永清縣）人。五代大臣，歷仕後唐、後晋。傳見本書卷一〇八、《新五代史》卷五六。　吏部侍郎：官名。尚書省吏部次官。協助吏部尚書掌文選、勳封、考課之政。正四品上。

　　［4］唐閔帝：即李從厚。後唐閔帝。明宗李嗣源第三子。紀見本書卷四五、《新五代史》卷七。

　　［5］朔方軍：方鎮名。治所在靈州（今寧夏吳忠市）。　節度使：官名。唐時在重要地區所設掌握一州或數州軍、民、財政的長官。　張希崇：人名。幽州薊縣（今北京市）人。五代後唐將領。傳見本書卷八八、《新五代史》卷四七。《輯本舊史》之影庫本粘籤："希崇，原本作'希宗'，今從《通鑑》改正。"見《通鑑》卷二八二天福四年（939）正月條。　太師：官名。與太傅、太保合稱三師，唐後期、五代多爲大臣、勳貴加官。正一品。

[6]辛亥：《輯本舊史》原闕，中華書局本亦未補，據《新五代史》卷八《晋高祖紀》、《通鑑》卷二八二補。　澶州：州名。唐、五代初，治所在今河南清豐縣。後晋天福四年，移治於今河南濮陽市。　防禦使：官名。唐代始置，設有都防禦使、州防禦使兩種。常由刺史或觀察使兼任，實際上爲唐代後期州或方鎮的軍政長官。《輯本舊史》之影庫本粘籤："原本作'防御'，今從《通鑑》改正。"見《通鑑》卷二八二。　張從恩：人名。太原人。五代後晋外戚、將領。仕至宋初。傳見《宋史》卷二五四。　樞密副使：官名。樞密院副長官。中華書局本有校勘記："'副'字原闕，據殿本、《新五代史》卷八《晋本紀》、《宋史》卷二五四《張從恩傳》、《通鑑》卷二八二及木卷下文補。《舊五代史考異》卷三：'案原本作樞密使，考下文亦作樞密副使，今從《歐陽史》及《宋史・張從恩傳》改正。'"

[7]侍衛步軍都指揮使：官名。五代時皇帝親軍侍衛步軍司之最高長官。　寧江軍：方鎮名。治所在夔州（今重慶奉節縣白帝城）。　景延廣：人名。陝州（今河南三門峽市陝州區）人。五代後晋將領。傳見本書卷八八、《新五代史》卷二九。　義成軍：方鎮名。亦稱永平軍。治所在滑州（今河南滑縣）。　馮暉：人名。魏州（今河北大名縣）人。五代後唐至後周將領。傳見本書卷一二五、《新五代史》卷四九。

[8]左諫議大夫：官名。隸門下省。唐代置左、右諫議大夫各四人，分隸門下省、中書省。掌諫諭得失、侍從贊相。正四品下。　曹國珍：人名。幽州固安（今河北固安縣）人。五代後晋官員。傳見本書卷九三。

[9]太子少師：官名。與太子少傅、太子少保統稱太子三少。隋唐以後多作加官或贈官。從二品。中華書局本有校勘記："'太子少師'，原作'太子少卿'，據本書卷七七《晋高祖紀三》、卷九二《梁文矩傳》，《册府》卷五五九、卷六〇七改。"見《輯本舊史》卷七七天福三年十二月甲戌條、《宋本册府》卷五五九《國史部・

論議門》、明本《册府》卷六〇七《學校部・譔集門》。　梁文矩：人名。鄆州（今山東東平縣）人。五代後梁至後晉官員。傳見本書卷九二。　左散騎常侍：官名。門下省屬官。掌侍奉規諷、備顧問應對。正三品下。　張允：人名。鎮州束鹿（今河北辛集市）人。五代後唐至後漢官員。傳見本書卷一〇八、《新五代史》卷五七。

大理卿：官名。爲大理寺長官。負責大理寺的具體事務，掌邦國折獄詳刑之事。從三品。　張澄：人名。籍貫不詳。五代後晉官員。事見本書本卷、卷七九。　國子祭酒：官名。國子監的主管官。掌教授生徒。從三品。　唐汭：人名。籍貫不詳。五代後唐、後晉官員。事見本書卷四五、卷七六。　大理少卿：官名。爲大理寺的副長官。協助大理卿負責本寺的具體事務。從四品上。　高鴻漸：人名。籍貫不詳。五代後晉官員。事見本書本卷、卷七六。

國子司業：官名。隋始置。國子監次官。佐祭酒掌監事。從四品下。　田敏：人名。淄州鄒平（今山東鄒平縣）人。五代、宋初大臣、學者。傳見《宋史》卷四三一。　禮部郎中：官名。尚書省禮部頭司禮部司長官。掌禮樂、學校、衣冠、符印、表疏、圖書、册命、祥瑞、鋪設，及百官、宫人喪葬贈賻之數。從五品上。　吕咸休：人名。籍貫不詳。五代後晉、後周官員。事見本書卷一一二。

司勳員外郎：官名。尚書省吏部司勳司次官。協助郎中掌官吏勳級。從六品上。　劉濤：人名。徐州彭城（今江蘇徐州市）人。五代後唐進士，歷仕後唐至宋代。傳見《宋史》卷二六二。　刑部員外郎：官名。刑部郎中之副職，協助刑部郎中掌律法、按覆大理及天下奏讞。從六品上。　李知損：人名。大梁（今河南開封市北）人。五代十國官員。傳見本書卷一三一。　監察御史：官名。唐代屬御史臺之察院，爲御史臺各種御史之一。掌監察中央機構、州縣長官及祭祀、庫藏、軍旅等事。唐中期以後，亦作爲外官所帶之銜。正八品下。　郭延升：人名。籍貫不詳。五代後晉官員。事見本書本卷。　一十九人：“九”字疑衍。中華書局本有校勘記：“‘一十九人’，《册府》卷五五九、卷六〇七作‘一十人’。按本卷上文列梁文矩、張允、張澄、唐汭、高鴻漸、田敏、吕咸休、劉濤、李知損、郭延升共十人。”

[10]是滋條目：中華書局本有校勘記：“原作‘日滋條目’，據《册府》卷五五九、六〇七改。影庫本粘籤：‘條目，原本作“真目”，今從《册府元龜》改正。’”

[11]則未知國朝能守而不失乎：中華書局本有校勘記：“‘失’原作‘守’，據《册府》卷五五九、卷六〇七改。”

[12]晋昌軍：方鎮名。治所在京兆府（今陝西西安市）。後晋改永平軍置，後漢改爲永興軍。　李周：人名。原名李敬周。邢州内丘（今河北内丘縣）人。五代後唐、後晋將領。傳見本書卷九一、《新五代史》卷四七。　静難軍：方鎮名。治所在邠州（今陝西彬縣）。

[13]延慶長公主：後晋高祖石敬瑭之第十一妹，原封安定郡主。後晋出帝時，追封爲邠國大長公主。事見本書卷八一。　清平長公主：後晋高祖石敬瑭之第十二妹，原封廣平郡主。事見本書本卷。

　　二月辛卯，改東京玉華殿爲永福殿。[1]中書上言：[2]“太原潛龍莊望建爲慶昌宫，使相鄉望改爲龍飛鄉，都尉里望改爲神光里。”從之。丁酉，宰臣馮道、左散騎常侍韋勳、禮部員外郎楊昭儉自契丹使迴。[3]帝慰勞備至，錫賚豐厚。庚子，以天和節宴羣官於廣政殿，賜物有差。[4]

[1]永福殿：五代宫殿名。位於今河南開封市。

[2]中書：官署名。“中書門下”的簡稱。唐代以來爲宰相處理政務的機構。參見劉後濱《唐代中書門下體制研究——公文形態·政務運行與制度變遷》，齊魯書社 2004 年版。

[3]"丁酉"至"自契丹使迴"：《舊五代史考異》："案：馮道出使之期，當從《五代春秋》作三年九月，至四年二月始得歸也。"見《五代春秋》卷下晋高祖條。　馮道：人名。瀛州景城（今河北滄縣）人。五代時官拜宰相，歷仕後唐、後晋、後漢、後周，亦曾臣事契丹。傳見本書卷一二六、《新五代史》卷五四。韋勳：人名。籍貫不詳。五代後晋至後周官員，歷任後晋左散騎常侍、工刑户三部侍郎、太子賓客，後周兵部侍郎、尚書右丞。事見本書卷七七至卷八四、卷一一一至卷一一二。　禮部員外郎：官名。尚書省禮部之禮部司的次官，禮部郎中的副職。協理本司事務。從六品上。　楊昭儉：人名。京兆長安（今陝西西安市）人。五代後周、宋初大臣。傳見《宋史》卷二六九。　契丹：部族名。源出東胡。唐末強盛，916 年建國號契丹（遼）。傳見《魏書》卷一〇〇、《隋書》卷八四、《北史》卷九四、《舊唐書》卷一九九下、《新唐書》卷二一九。參見孫進己、孫泓《契丹民族史》，廣西師範大學出版社 2010 年版。

[4]天和節：後晋高祖石敬瑭誕節。　廣政殿：殿名。據本書卷七六載，"天福二年八月戊子，改玄德殿爲廣政殿"。位於在今河南開封市。

　　三月癸卯朔，左僕射劉昫、給事中盧重自契丹使迴，頒賜器幣如馮道等。[1]乙巳，迴鶻可汗仁美遣使貢方物，中有玉狻猊，實奇貨也。[2]丙午，涇州節度使張萬進卒，贈太師。[3]己未，皇子開封尹鄭王重貴、歸德軍節度使兼侍衛親軍馬步軍都指揮使劉知遠、忠武軍節度使杜重威，並加同中書門下平章事。[4]天平軍節度使趙在禮封衛國公。[5]庚申，遣內臣趙處玭以版詔徵華山隱者前右拾遺鄭雲叟、玉笋山道士羅隱之。[6]靈州戍將王彥忠據懷遠城作叛，帝遣供奉官齊延祚乘驛而往，彥忠率衆出降，延祚矯制殺之。[7]詔：“齊延祚辜我誓言，擅行屠戮，彰殺降之罪，隳示信之文，宜除名，決重杖一頓配流。王彥忠贈官收葬。”辛酉，封迴鶻可汗仁美爲奉化可汗。[8]癸亥，以左龍武統軍皇甫立爲鎮國軍節度使，鎮國軍節度使張彥澤爲彰義軍節度使。[9]

[1]三月癸卯朔：《輯本舊史》之影庫本粘籤：“原本作‘癸亥’，以前後干支考之，當作‘癸卯’，今改正。”陳垣《二十史朔閏表》亦作“癸卯朔”。　左僕射：官名。秦始置。隋、唐前期，以左、右僕射佐尚書令總理六官、綱紀庶務；如不置尚書令，則總判省事，爲宰相之職。唐後期多爲大臣加銜。從二品。　劉昫：人名。涿州歸義縣（今河北容城縣）人。五代大臣，曾任宰相、監修國史，領銜撰進《舊唐書》。傳見本書卷八九、《新五代史》卷五五。　給事中：官名。秦始置。隋唐以來，爲門下省屬官。掌讀署奏抄、駁正違失。正五品上。　盧重：人名。籍貫不詳。五代後晉官員，歷任給事中、左散騎常侍、秘書監。事見本書本卷、卷七七、卷八一。

[2]迴鶻：部族名、政權名。又作回鶻、回紇。原係突厥鐵勒部的一支。唐天寶三載（744）建立回鶻汗國，8世紀末9世紀初，回鶻與吐蕃爭奪北庭和安西並最終取勝，統治西域。9世紀中葉，回鶻汗國瓦解。參見楊蕤《回鶻時代：10—13世紀陸上絲綢之路貿易研究》，中國社會科學出版社2015年版。　仁美：人名。即藥羅葛仁美。甘州回鶻首任可汗，尊號烏母主可汗，後唐封賜英義可汗。事見《新五代史》卷五。　狻猊：傳說中的猛獸，亦指獅子。

[3]涇州：州名。治所在今甘肅涇川縣。　張萬進：人名。突厥人。五代後唐、後晉將領。傳見本書卷八八。

[4]開封尹：官名。五代除後唐外均定都開封，因置開封府尹。

執掌京師政務。從三品。　　重貴：人名。即石重貴。沙陀部人。後晋高祖石敬瑭從子，後晋少帝。紀見本書卷八一至卷八五、《新五代史》卷九。　　歸德軍：方鎮名。治所在宋州（今河南商丘市睢陽區）。　　侍衛親軍馬步軍都指揮使：官名。五代時侍衛親軍長官。多由皇帝親信擔任。　　劉知遠：人名。沙陀部人，世居於太原。五代後唐、後晋將領，後漢高祖。紀見本書卷九九、卷一〇〇，《新五代史》卷一〇。　　忠武軍：方鎮名。治所在許州（今河南許昌市）。　　杜重威：人名。其先朔州（今山西朔州市朔城區）人，後徙居太原。五代後晋、後漢將領。傳見本書卷一〇九、《新五代史》卷五二。　　同中書門下平章事：官名。簡稱“同平章事”。唐高宗以後，凡實際任宰相之職者，常在其本官後加同平章事的職銜。後成爲宰相專稱。後晋天福五年（940），升中書門下平章事爲正二品。

[5]天平軍：方鎮名。治所在鄆州（今山東東平縣）。　　趙在禮：人名。涿州（今河北涿州市）人。五代後唐、後晋將領。傳見本書卷九〇、《新五代史》卷四六。

[6]趙處玭：人名。籍貫不詳。五代後晋宦官。事見本書本卷。　華山：山名。古稱太華山、西嶽。位於今陝西華陰市。　　右拾遺：官名。唐武則天於垂拱元年（685）置拾遺，分左、右。左拾遺隸門下省，右拾遺隸中書省，與左、右補闕共掌諷諫，大事廷議，小事則上封事。從八品上。中華書局本有校勘記：“‘右’，本書卷九三《鄭雲叟傳》、《册府》卷九八、《新五代史》卷三四《鄭遨傳》作‘左’。本卷下一處同。《舊五代史考異》卷三：‘案《歐陽史》作左拾遺，考《薛史》前後俱作右拾遺，今仍其舊。’”見明本《册府》卷九八《帝王部·徵聘門》。　　鄭雲叟：人名。本名遨，字雲叟。滑州白馬（今河南滑縣）人。唐末五代隱士。傳見本書卷九三。　　玉笥山：山名。位於今江西峽江縣。　　羅隱之：人名。籍貫不詳。五代道士。事見本書卷九三。

[7]靈州：州名。治所在今寧夏吳忠市。　　王彦忠：人名。籍

貫不詳。五代後晉時地方將領。事見本書本卷。　懷遠：縣名。懷遠城即懷遠縣城。治所在今寧夏銀川市。　供奉官：泛指侍奉皇帝左右的臣僚，亦爲東、西頭供奉官通稱。　齊延祚：人名。籍貫不詳。五代後晉官員。事見本書本卷。

[8]辛酉：辛酉爲十三日。《新五代史》卷八《晉高祖紀》記此事於“四月辛巳”。明本《册府》卷九六五《外臣部·封册門三》記於“天福四年三月”，《通鑑》卷二八二記載與本卷同。

[9]左龍武統軍：官名。唐代左龍武軍統兵官。左龍武爲唐代“北衙六軍”之一。職掌左右厢飛騎儀仗、階陛禁衛、馳道内仗，並負責飛騎番上宿衛。從二品。　皇甫立：人名。代北（今山西代縣）人。五代後唐、後晉、後漢將領。傳見本書卷一〇六。《輯本舊史》原作“皇甫遇”，中華書局本有校勘記：“朱玉龍《方鎮表》：‘按舊史高祖、少帝紀，天福元年十二月，皇甫遇自鄧州移鎮定州；四年七月，由定州徙潞州；五年七月，由潞州改晉州；七年七月，自晉州移河陽；八年三月，自河陽罷歸。兩五代史《皇甫遇傳》與之略同，亦無鎮華州之説。考舊史卷八一《少帝紀一》，天福七年十二月乙丑，有“以前華州節度使皇甫立爲左金吾衛上將軍”文，因疑“皇甫遇”或爲“皇甫立”之誤’。”但未改。據《輯本舊史》卷七六《晉高祖紀二》天福二年（937）正月，“以前鎮國軍節度使皇甫立爲神武統軍”；卷八一《晉少帝紀一》天福七年十二月乙丑，“以前華州節度使皇甫立爲左金吾衛上將軍”；卷九五《皇甫遇傳》：“高祖入洛，移領中山，俄聞與鎮州安重榮爲婚家，乃移鎮上黨，又改平陽，咸以愜人執事，政事隳紊。”《新五代史》卷四七《皇甫遇傳》：“晉高祖時，歷義武、昭義、建雄、河陽四鎮，罷爲神武統軍。”據此，改“皇甫遇”爲“皇甫立”。　鎮國軍節度使：鎮國軍，方鎮名。治所在華州（今陝西渭南市華州區）。　張彦澤爲彰義軍節度使：中華書局本有校勘記：“朱玉龍《方鎮表》：‘“張彦澤”上有脱文。舊史卷八九《張彦澤傳》云：“從楊光遠圍范延光于鄴，以功授華州節度使，尋移鎮涇州。”涇州

軍號彰義。’按本書卷七七《晋高祖紀三》：‘（天福三年十月）以護聖左厢都指揮使、曹州刺史張彥澤爲鎮國軍節度使。’華州號鎮國軍，‘張彥澤’上疑脱‘鎮國軍節度使’六字。”但未補，今據補。張彥澤，人名。突厥人，徙居太原。五代後晋將領，後投降契丹。傳見本書卷九八、《新五代史》卷五二。彰義軍，方鎮名。治所在涇州（今甘肅涇川縣）。

夏四月壬申朔，以河中節度副使薛仁謙爲衛尉卿。[1]丙子，以汝州防禦使宋彥筠爲同州節度使；以護聖左右厢都指揮使李懷忠爲侍衛親軍馬軍都指揮使，領壽州忠正軍節度使；以奉國左右厢都指揮使郭謹爲侍衛親軍步軍都指揮使、夔州寧江軍節度使。[2]戊寅，詔廢長春宮使額。[3]己卯，改明德殿爲滋德殿，宮城南門同名故也。[4]以華州節度使劉遂凝爲右龍武統軍，以右龍武統軍張廷蘊爲絳州刺史。[5]庚辰，徵前右拾遺鄭雲叟爲右諫議大夫，玉笥山道士羅隱之賜號希夷先生。甲申，以翰林學士承旨、兵部侍郎崔梲權判太常卿，以端明殿學士、户部侍郎和凝爲翰林學士承旨。[6]樞密院學士、尚書倉部郎中司徒詡，樞密院學士、尚書工部郎中顏衎並落職守本官，樞密副使張從恩改宣徽使，初廢樞密院故也。[7]先是，桑維翰免樞密之務，以劉處讓代之，奏議多不稱旨，及處讓丁母憂，遂以密院印付中書，故密院廢焉。[8]丙戌，以韓昭裔爲兵部尚書致仕，馬裔孫爲太子賓客致仕，房暠爲右驍衛大將軍致仕，皆唐末帝之舊臣也。[9]戊子，升永、岳二州爲團練使額，改湘川縣爲全州，從馬希範之奏也。[10]

[1]河中：府名。治所在今山西永濟市。 節度副使：官名。唐五代方鎮屬官。位於行軍司馬之下、判官之上。 薛仁謙：人名。開封浚儀（今河南開封市）人，祖籍河東。宋初宰相薛居正之父。歷仕五代後唐至後周。傳見本書卷一二八。 衛尉卿：官名。東漢始置。唐代爲衛尉寺長官。掌器械文物，總武庫、武器、守宮三署之官屬。從三品。

[2]汝州：州名。治所在今河南汝州市。 宋彥筠：人名。雍丘（今河南杞縣）人。五代後唐至後周將領。傳見本書卷一二三。同州：州名。治所在今陝西大荔縣。 護聖左右廂都指揮使：官名。所部統兵將領。“護聖”爲後晉禁軍番號，分爲左右廂。“左右廂”，原作“左右軍”，中華書局本有校勘記：“‘左右軍’，本書卷一二四《李懷忠傳》作‘左右廂’。”但未據此改，今從《輯本舊史》卷一二四《李懷忠傳》改。 李懷忠：人名。太原晉陽（今山西太原市）人。五代後唐、後晉將領。傳見本書卷一二四。侍衛親軍馬軍都指揮使：官名。五代始置，爲侍衛親軍之馬軍司的最高長官。 壽州：州名。治所在今安徽壽縣。 忠正軍：方鎮名。治所在壽州（今安徽壽縣）。 奉國左右廂都指揮使：官名。所部統兵將領。奉國爲五代後晉禁軍番號，分左右廂。 郭謹：人名。晉陽（今山西太原市）人。五代後晉、後漢將領。傳見本書卷一○六。 侍衛親軍步軍都指揮使：官名。五代始置，爲侍衛親軍之步軍司的最高長官。 夔州：州名。治所在今重慶奉節縣。 寧江軍：方鎮名。治所在夔州（今重慶奉節縣）。

[3]戊寅，詔廢長春宮使額：《舊五代史考異》：“案：《五代會要》載原敕云：同州長春宮使額宜停，沿宮職務，委州司制置。”見《會要》卷五長春宮條。

[4]滋德殿：宮殿名。位於今河南開封市。

[5]華州：州名。治所在今陝西渭南市華州區。 劉遂凝：人名。密州安丘（今山東安丘市）人。五代將領。歷任華州節度使、右龍武統軍、左驍衛上將軍。傳見本書卷一三一。 右龍武統軍：

官名。唐代右龍武軍統兵官。唐肅宗至德二載（757）置禁軍，分爲左、右神武天騎，左、右羽林軍，左、右龍武軍，稱"北衙六軍"。職掌左右廂飛騎儀仗、階陛禁衛、馳道内仗，並負責飛騎番上宿衛。從二品。　張廷蘊：人名。開封襄邑（今河南睢縣）人。五代後唐、後晉將領。傳見本書卷九四、《新五代史》卷四七。中華書局本有校勘記："原作'張延蘊'，中華書局本據邵本校、本書卷九四《張廷蘊傳》改。"今從。　絳州：州名。治所在今山西新絳縣。《輯本舊史》之影庫本粘籤："原本作'降州'，今從《通鑑》改正。""絳州"多見《通鑑》記載，如卷二七九清泰元年二月條，五代亦無降州。　刺史：官名。漢武帝時始置。州一級行政長官，總掌考覈官吏、勸課農桑、地方教化等事。唐中期以後，節度、觀察使轄州而設，刺史爲其屬官，職任漸輕。從三品至正四品下。

[6]翰林學士承旨：官名。爲翰林學士之首。掌拜免將相、號令征伐等詔令的起草。《舊唐書》卷四三《職官志二》"翰林院"："例置學士六人，内擇年深德重者一人爲承旨，所以獨承密命故也。"　兵部侍郎：官名。兵部副長官，與尚書分掌武官銓選、勳階、考課之政。正四品下。　崔梲（zhuō）：人名。博陵安平（今河北安平縣）人。後梁進士，歷仕後梁、後唐、後晉。傳見本書卷九三、《新五代史》卷五五。　太常卿：官名。太常寺長官。掌祭祀禮儀等事。正三品。　端明殿學士：官名。後唐明宗時始置，以翰林學士充任，負責誦讀四方書奏。　户部侍郎：官名。尚書省户部次官。協助户部尚書掌天下田户、均輸、錢穀之政令。正四品下。　和凝：人名。鄆州須昌（今山東東平縣）人。歷仕後梁至後周，五代官員、詞人。傳見本書卷一二七、《新五代史》卷五六。

[7]樞密院學士：官名。即樞密直學士。五代後唐莊宗同光元年（923）改直崇政院置，選有政術、文學者充任。備顧問應對。

尚書倉部郎中：官名。尚書省户部倉部司長官。掌天下軍儲出納、租税録糧倉廩之事，以木契百合諸司出給之數，以義倉、常平倉備凶年，平穀價。從五品上。　司徒詡：人名。清河郡（今河北清河縣）人。五代後唐官員。傳見本書卷一二八。　尚書工部郎中：官名。尚書省屬官，位在侍郎之下、員外郎之上。主持尚書省工部之工部司事務。從五品上。　顏衎（kàn）：人名。兗州曲阜（今山東曲阜市）人。自言爲顏回後裔。五代後梁至後周官員，仕至權知開封府。宋初卒於家。傳見《宋史》卷二七〇。　樞密副使：官名。樞密院副長官。　宣徽使：官名。唐始置。宣徽南院使、北院使通稱宣徽使。初用宦官，五代以後改用士人。通掌内諸司及三班内侍之名籍，郊祀、朝會、宴享供帳之儀，檢視内外進奉名物。詳見王永平《論唐代宣徽使》，《中國史研究》1995 年第 1 期；王孫盈政《再論唐代的宣徽使》，《中華文史論叢》2018 年第 3 期。　樞密院：官署名。唐代宗曾設樞密使，以宦官充任。五代時，後梁設置崇政院，掌管軍國大政；後唐改稱樞密院，與中書分理朝政。

[8]桑維翰：人名。洛陽（今河南洛陽市）人。五代後唐進士，後晉宰相、樞密使。傳見本書卷八九、《新五代史》卷二九。

劉處讓：人名。滄州（今河北滄縣舊州鎮）人。五代後唐、後晉將領。傳見本書卷九四、《新五代史》卷四七。　丁母憂：明本《册府》卷三三三《宰輔部·罷免門二》天福四年（939）四月條作“丁繼母憂”。

[9]韓昭裔：人名。即“韓昭胤”。籍貫不詳。五代後唐大臣，末帝親信。歷任鳳翔節度判官、樞密使、同平章事，官至尚書右僕射。事見本書本卷、卷四六、卷四七。　兵部尚書：官名。尚書省兵部主官。掌兵衛、武選、車輦、甲械、廄牧之政令。正三品。馬裔孫：人名。《新五代史》作“馬胤孫”。棣州滴河（今山東商河縣）人。後唐進士、宰相。傳見本書卷一二七、《新五代史》卷五五。　太子賓客：官名。爲太子官屬。唐高宗顯慶元年（656）始置。掌侍從規諫、贊相禮儀。正三品。　房暠：人名。京兆長安（今陝西西安）人。五代後唐、後晉大臣。傳見本書卷九六。　右

驍衛大將軍：官名。唐置，掌宮禁宿衛。唐代十六衛之一。正三品。　唐末帝：即後唐末帝李從珂，又謚末帝。鎮州（今河北正定縣）人。本姓王，後唐明宗李嗣源擄其母魏氏，遂養爲己子。應順元年（934）四月，李從珂入洛陽即帝位。清泰三年（936）石敬瑭謀反，攻入洛陽，末帝自焚死。紀見本書卷四六至卷四八、《新五代史》卷七。

　　[10]永：州名。治所在今湖南永州市。　岳：州名。治所在今湖南岳陽市。　團練使：官名，唐代中期以後，於不設節度使的地區設團練使，掌本區各州軍事。　湘川縣：縣名。治所在今廣西全州縣。　全州：州名。治所在今廣西全州縣西。　馬希範：人名。許州鄢陵（今河南鄢陵縣）人，一說扶溝（今河南扶溝縣）人。五代十國南楚國主馬殷之子。南楚國主。後唐明宗長興三年（932）至後晉開運四年（947）在位。傳見本書卷一三三、《新五代史》卷六六。

　　五月壬寅朔，帝御崇元殿受朝，仗衛如式。癸卯，以左僕射劉昫兼太子太保，封譙國公。[1]乙巳，昭順軍節度使姚彥章卒。[2]升靈州方渠鎮爲威州，隸於靈武，改舊威州爲清邊軍。[3]戊申，湖南節度使馬希範加天策上將軍。[4]以前邠州節度使安叔千爲滄州節度使。[5]庚戌，虞部郎中楊昭儉可本官知制誥。[6]辛亥，置靜海軍於溫州，從錢元瓘之請也。[7]壬子，以侍御史盧價爲戶部員外郎、知制誥。[8]戶部尚書崔居儉卒。[9]甲寅，詔止絕朝臣不得外州府求覓表狀，奏薦交親。乙卯，升金州爲節鎮，以懷德軍爲使額。[10]以齊州防禦使潘環爲懷德軍節度使。[11]右諫議大夫致仕鄭雲叟賜號逍遙先生，仍給致仕官俸。丁巳，以刑部尚書姚顗爲戶部尚書，以兵部侍郎、權判太常卿事崔梲爲尚書左丞，以工部侍郎任贊爲兵部侍郎，以禮部尚書李懌爲刑部尚書，以左丞盧詹爲禮部尚書，以左散騎常侍韋勳爲工部侍郎。[12]庚申，廢華清宮爲靈泉觀。[13]辛酉，御史臺奏：[14]“省郎知雜之時，赴臺禮上，軍巡邸吏之輩，咸集公參，赤縣府司，悉呈杖印。[15]今後年深御史判雜上事，欲依前例。”從之。丙寅，以鎮海軍衙内統軍、上直馬步軍都監、檢校太傅、睦州刺史陸仁章爲同平章事，遥領遂州武信軍節度使；以鎮海軍興武左右開道都指揮使、明州刺史仰仁詮爲檢校太傅、同平章事，領宣州寧國軍節度使；從錢元瓘之請也。[16]

[1]太子太保：官名。與太子太師、太子太傅統稱太子三師。隋唐以後多作加官或贈官。從一品。

[2]昭順軍：方鎮名。吳國置，又稱德勝軍。治所在廬州（今安徽合肥市）。　姚彦章：人名。汝南（今河南汝南縣）人。後唐天成二年（927），馬殷建楚國，姚彦章以功拜左丞相。傳見本書附録。

[3]方渠鎮：地名。後晉天福四年（939）置爲威州。位於今甘肅環縣。　靈武：郡名。治所在今寧夏吴忠市。乾元元年（758），改名靈州。此處代指治所在靈州的方鎮朔方軍。　清邊軍：軍府名。後晉天福四年由威州改置。治所在今寧夏同心縣。《會要》卷二四軍條天福四年五月記事作“清遠軍”。

[4]湖南：方鎮名。又稱武安軍。治所在潭州（今湖南長沙市）。　天策上將軍：官名。唐初始置。五代後梁復置，以授楚王馬殷。位在王公之上。

[5]邠州：州名。治所在今陜西彬縣。　安叔千：人名。沙陀

部人。五代後唐至後周將領。傳見本書卷一二三、《新五代史》卷四八。　滄州：州名。治所在今河北滄縣舊州鎮。

[6]虞部郎中：官名。唐、五代工部虞部司的長官，掌京城街道、苑囿、山澤草木及百官外國客人的時蔬薪炭供給、畋獵等事。從五品上。　知制誥：官名。掌起草皇帝的詔、誥之事，原爲中書舍人之職。唐開元末置學士院，翰林學士入院一年，則加知制誥銜，專掌任免宰相、册立太子、宣布征伐等特殊詔令，稱爲内制。而中書舍人所撰擬的詔敕稱爲外制。兩種官員總稱兩制官。

[7]静海軍：方鎮名。治所在温州（今浙江温州市）。《輯本舊史》之影庫本粘籤：“静海，原本作‘清海’。今從《十國春秋》改正。”静海軍多見於《十國春秋》，如卷二七《南唐十三·張彦卿傳》。但《十國春秋》爲清人吴任臣著，如有五代或宋代人著可據，不必以《十國春秋》爲據。《輯本舊史》對静海軍即多有記載，如卷七六《晋高祖紀二》天福二年七月辛亥條，可見至遲在此時南唐已自設静海軍。　温州：州名。治所在今浙江温州市。　錢元瓘：人名。祖籍臨安（今浙江杭州市）。錢鏐之子。五代十國吴越國國王，932年至941年在位。傳見本書卷一三三、《新五代史》卷六七。

[8]侍御史：官名。秦始置。掌糾舉百官，推鞫獄訟。從六品下。　盧價：人名。祖籍范陽（今河北涿州市）人，世居懷州河内（今河南沁陽市）。五代大臣。事見羅火金《五代時期盧價墓誌考》，《中國歷史文物》2009年第2期。　户部員外郎：官名。尚書省户部之户部司的屬官，爲户部郎中的副職。協助郎中掌户部司事務。從六品上。

[9]户部尚書：官名。户部最高長官。掌管全國土地、户籍、賦税、財政收支諸事。正三品。　崔居儉：人名。清河（今河北清河縣）人。五代後梁至後晋官員。傳見本書附録、《新五代史》卷五五。中華書局本作“崔儉”，並有校勘記：“‘崔儉’，本書卷七六《晋高祖紀二》作‘崔居儉’。按《新五代史》卷五五有《崔居儉

傳》。"見《輯本舊史》卷七六《晋高祖紀二》天福二年三月戊寅
條、《新五代史》本傳。

[10]金州：州名。治所在今陝西安康市。　懷德軍：方鎮名。
治所在金州（今陝西安康市）。

[11]齊州：州名。治所在今山東濟南市。　潘環：人名。洛陽
人。五代後梁至後漢將領。傳見本書卷九四。

[12]刑部尚書：官名。尚書省刑部主官。掌天下刑法及徒隸、
勾覆、關禁之政令。正三品。　姚顗：人名。京兆萬年（今陝西西
安市長安區）人。唐末進士，五代後梁、後唐、後晋大臣。傳見本
書卷九二、《新五代史》卷五五。　尚書左丞：官名。尚書省佐貳
官。唐中期以後，與尚書右丞實際主持尚書省日常政務，權任甚
重。正四品上。後梁開平二年（908）改爲左司侍郎，後唐同光元
年（923）復舊爲左丞。正四品。　工部侍郎：官名。尚書省工部
次官。協助尚書掌管百工、山澤、水土之政令，考其功以詔賞罰，
總所同各司之事。正四品下。　任贊：人名。籍貫不詳。五代後唐
官員。事見本書本卷、卷四四。　禮部尚書：官名。尚書省禮部主
官。掌禮儀、祭享、貢舉之政。正三品。　李懌：人名。京兆（今
陝西西安市）人。唐末進士，歷仕五代後梁至後晋，歷太常卿、工
部、禮部、刑部尚書。傳見本書卷九二、《新五代史》卷五五。
盧詹：人名。京兆長安（今陝西西安市）人。唐末、五代官員。傳
見本書卷九三。

[13]華清宮：宮殿名。位於今陝西西安市臨潼區。

[14]御史臺：官署名。爲中央監察機構。

[15]省郎知雜：以尚書省郎中、員外郎的"官"充任侍御史
知雜事之"職"。　軍巡：官名。軍巡院屬員。唐末、五代於京城
置軍巡院。掌京城内争鬥、推鞫、救火等事。　邸吏：藩鎮進奏院
的屬員。唐、五代藩鎮皆置邸於京師，稱爲進奏院，爲駐京城的辦
事機構。　公參：官員因公相見之禮。此指新官上任，屬下各級官
吏對新任長官行參拜之禮。　赤縣府司：《宋本册府》卷五一七

《憲官部·振舉門二》作"府司並兩縣"。　悉呈杖印："杖印"，《會要》卷一七侍御史條作"印狀"，《册府》卷五一七作"印枚"。

[16]鎮海軍：方鎮名。治所在潤州（今江蘇鎮江市）。　上直馬步軍都監：官名。唐代中葉命將出征，常以宦官爲監軍、都監。後爲臨時委任的統兵官，稱都監、兵馬都監。掌屯戍、邊防、訓練之政令。　檢校太傅：官名。爲散官或加官，以示恩寵，無實際執掌。　睦州：州名。治所在今浙江建德市。　陸仁章：人名。睦州（今浙江建德市）人。五代十國之吳越國官員，官至同參相府事。傳見本書附録、《十國春秋》卷八六。　遥領：雖居此官職，然實際上並不赴任。　遂州：州名。治所在今四川遂寧市。　武信軍：方鎮名。治所在遂州（今四川遂寧市）。　興武左右開道都指揮使：官名。所部統兵將領。興武爲部隊番號。　明州：州名。治所在今浙江寧波市。　仰仁詮：人名。湖州（今浙江湖州市）人。五代十國之吳越國官員，官至寧國軍節度使、同參相府事。傳見《十國春秋》卷八六。中華書局本有校勘記："原作'仰仁銓'，據《通鑑》卷二七八、卷八二改。按《姓氏急就篇》卷上：'吳越有寧國節度使仰仁詮。'影庫本粘籤：'"仰仁銓"，原本作"任銓"，今從《十國春秋》改正。'檢《十國春秋》作'仰仁詮'。"見《通鑑》卷二七八長興四年（933）十二月條、卷二八二天福五年二月壬戌條。中華書局本作《通鑑》卷八二，誤。　宣州：州名。治所在今安徽宣城市。　寧國軍：方鎮名。治所在宣州（今安徽宣城市）。

　　六月辛未朔，陳郡民王武穿地得黃金數餅，州牧取而貢之，[1]帝曰："宿藏之物，既非符寶，不合入官。"命付所獲之家。庚辰，西京大風雨，應天福門屋瓦皆飛，鴟吻俱折。[2]辛卯，詔禮部貢舉宜權停一年。[3]

　　[1]陳郡：郡名。秦至隋時設置，隋時改置淮陽郡，唐五代時

置陳州。治所在陳縣（今河南淮陽縣）。　王武：人名。陳郡（今河南淮陽縣）人。五代後晋時人。事見本書本卷。

[2]天福門：殿門名。爲洛陽天福殿之正門。位於西京（今河南洛陽市）。　鴟吻：宮殿屋脊兩端的建築構件。形似一個帶短尾的獸頭，作張口吞脊狀，故名鴟吻。係由鴟尾演化而來。用以鎮壓火災。

[3]禮部：官署名。尚書省六部之一。掌禮儀、祭祀、科舉考試及接待四方賓客之事。　貢舉：地方官府逐級向朝廷舉薦人才。隋唐以後多指科舉考試。

　　秋七月庚子朔，日有蝕之。西京大水，伊、洛、瀍、澗盡溢，壞天津橋。[1]癸卯，以華清宮使李頎爲右領軍衛上將軍。[2]甲辰，以定州節度使皇甫遇爲潞州節度使、檢校太尉，以潞州節度使侯益爲徐州節度使。[3]戊申，御史中丞薛融等上詳定編敕三百六十八道，分爲三十一卷。[4]是日，詔：“先令天下州郡公私鑄錢，近多鉛錫相兼，缺薄小弱，有違條制。今後祇官鑄錢，私鑄錢下禁依舊法。”[5]壬戌，以太子少師梁文矩爲太子太保致仕。[6]

[1]伊：河流名。即伊水，爲洛河支流。位於今河南省境内，流經洛陽。　洛：河流名。又稱洛水，爲黃河支流。位於今河南省境内，流經洛陽。　瀍（chán）：河流名。即瀍水，爲洛河支流。　澗：河流名。即澗水，爲洛河支流。　天津橋：洛陽橋名。位於今河南洛陽市。

[2]華清宮使：官名。爲華清宮的主管官員。　李頎：人名。陳州項城（今河南沈丘縣）人。唐末、五代軍閥李罕之的兒子。五

代後唐、後晉將領。傳見本書卷九一。　右領軍衛上將軍：官名。唐置，掌宮禁宿衛。從三品。

[3]定州：州名。治所在今河北定州市。　皇甫遇：人名。常山（今河北正定縣）人。五代後唐、後晉將領。傳見本書卷九五、《新五代史》卷四七。　潞州：州名。治所在今山西長治市。　檢校太尉：官名。爲散官或加官，以示恩寵，無實際執掌。　侯益：人名。汾州平遥（今山西平遥縣）人。五代、後唐至宋初將領。傳見《宋史》卷二五四。　以潞州節度使侯益爲徐州節度使：《舊五代史考異》：“案《宋史・侯益傳》：天福四年，晉祖追念虎牢之功，遷武寧軍節度、同平章事。《薛史》不載同平章事。《五代會要》所載天福中使相有侯益，與《宋史》同。”見《會要》卷一帝號條晉高祖記事、《宋史》卷二五四。　徐州：州名。治所在今江蘇徐州市。此處代指方鎮武寧軍。

[4]御史中丞：官名。御史臺副長官如不置御史大夫，則爲御史臺長官。掌司法監察。正四品下。　薛融：人名。汾州平遥（今山西平遥縣）人。五代後唐、後晉官員。傳見本書卷九三、《新五代史》卷五六。　三十一卷：《宋本册府》卷六一三《刑法部・定律令門五》作“二十卷”，明本《册府》作“十二卷”，《會要》卷九定格令條與本紀同。

[5]是日：即天福四年七月戊申。　“是日”至“今後祇官鑄錢，私鑄錢下禁依舊法”：《舊五代史考異》：“案《歐陽史》：七月丙辰，復禁鑄錢。《薛史》作七月戊申。”見《新五代史》卷八《晉高祖紀》，《通鑑》卷二八二亦作“丙辰”。戊申爲九日，丙辰爲十七日。

[6]太子少師：中華書局本有校勘記：“‘太子少師’，原作‘太子少保’，據本書卷七七《晉高祖紀三》、卷九二《梁文矩傳》改。”見《輯本舊史》卷七七《晉高祖紀三》天福三年（938）十二月甲戌條。

閏七月庚午朔，百官不入閤，雨霑服故也。[1]壬申，以中書侍郎、平章事、集賢殿大學士桑維翰爲檢校司空、兼侍中、相州彰德軍節度使，以彰德軍節度使王庭胤爲義武軍節度使。[2]尚書戸部奏：[3]“李自倫義居七世，準敕旌表門閭。[4]先有登州義門王仲昭六代同居，其旌表有廳事步欄，前列屏樹烏頭，正門閥閱一丈二尺，二柱相去一丈，柱端安瓦桷，墨染，號爲烏頭，築雙闕一丈，在烏頭之南三丈七尺，夾街十有五步，槐柳成列。[5]今舉此爲例，則令式不該。”詔：“王仲昭正廳烏頭門等事，不載令文，又無敕命，既非故事，難黷大倫，宜從令式，祇表門閭。[6]於李自倫所居之前，量地之宜，高其外門，門安綽楔，門外左右各建一臺，高一丈二尺，廣狹方正，稱臺之形，圬以白泥，四隅染赤。[7]其行列樹植，隨其事力，其同籍課役，一準令文。”壬午，濮州刺史武從諫勒歸私第，受賕十五萬故也。[8]丁酉，故皇子河南尹重乂妻虢國夫人李氏落髮爲尼，賜名悟因，仍錫紫衣、法號及夏臘二十。[9]

[1]入閤：即朔望入閤。“自正衙喚仗，由閤門而入”，故稱。唐時朔望入閤於大明宮紫宸殿舉行。五代後唐時，於洛陽文明殿舉行。

[2]中書侍郎：官名。中書省副長官。唐後期三省長官漸爲榮銜，中書、門下侍郎却因參議朝政而職位漸重，常常用爲以“同三品”或“同平章事”任宰相者的本官。正三品。　集賢殿大學士：官名。唐中葉置，位在學士之上，以宰相兼。掌修書之事。　檢校司空：官名。爲散官或加官，以示恩寵，無實際執掌。　侍中：官

名。秦始置。隋、唐前期爲門下省長官。唐後期多爲大臣加銜，不
參與政務，實際職務由門下侍郎執行。正二品。　　相州：州名。治
所在今河南安陽市。　　彰德軍：方鎮名。治所在相州（今河南安陽
市）。　　王庭胤：人名。即王廷胤。長安（今陝西西安市）人。唐
末五代軍閥王處存之孫。五代後唐至後晋將領。傳見本書卷八八。
參見《王廷胤墓志》，王仁波《隋唐五代墓志彙編・洛陽卷》（第
十五册）。　　義武軍：鎮名。治所在定州（今河北定州市）。

　　[3]尚書户部奏：户部奏旌表日，本卷作閏七月，《會要》卷
一五户部條作閏七月，明本《册府》卷六一《帝王部・立制度門
二》作七月壬申、《宋本册府》卷一四〇《帝王部・旌表門四》
作閏七月丙子；而《新五代史》卷三四《李自倫傳》作九月丙子。

　　[4]李自倫義居七世：《輯本舊史》之影庫本粘籤：“義居七世，
據《歐陽史》云：李自倫高祖訓，訓生粲，粲生則，則生忠，忠生
自倫，自倫生光厚，六世同居。《薛史》作‘七世’，未詳孰是。”
又《舊五代史考異》：“案《歐陽史》作六世。又旌表門間，《歐陽
史》作正月，與《薛史》作閏七月異。”見《新五代史》卷三四
《一行傳》、《會要》卷一五户部條、《宋本册府》卷一四〇與《新
五代史》同，均作“六世”；明本《册府》卷六一與本紀同，作
“七世”。　　旌表：朝廷對忠孝節義之人，以立牌坊、賜匾額等方式
加以表彰。

　　[5]登州：州名。治所在今山東蓬萊市。中華書局本有校勘記：
“‘登州’，原作‘鄧州’，據《册府》卷六一、卷一四〇，《五代會
要》卷一五，《新五代史》卷三四《李自倫傳》改。《舊五代史考
異》卷三：‘案王仲昭，《歐陽史》作登州人。’”　　烏頭之南：
《輯本舊史》之影庫本粘籤：“烏頭之南，原本作‘之内’，今從
《歐陽史》改正。”見《新五代史》卷三四《李自倫傳》。

　　[6]王仲昭正廳烏頭門等事：“事”，原作“制”，據《會要》
卷一五户部條、明本《册府》卷六一、《宋本册府》卷一四〇改。
　　既非故事，難黷大倫：中華書局本引孔本案語：“案《五代會要》

作既非故實，恐紊彝章。"見《會要》卷一五户部條。

[7]門安綽楔：中華書局本作"門外安綽楔"，並有校勘記："'安'字原闕，據殿本、《册府》卷六一、卷一四〇，《五代會要》卷一五，《新五代史》卷三四《李自倫傳》補。"然諸本均無"外"字，故删去。《輯本舊史》之影庫本粘籤："'綽楔'，原本作'掉揳'，今從《歐陽史》改正。"見《新五代史》卷三四《李自倫傳》。　四隅染赤：原作"漆赤"，據《會要》卷一五户部條，《册府》卷六一、卷一四〇改。

[8]濮州：州名。治所在今山東鄄城縣。　武從諫：人名。太原（今山西太原市）人。符存審副將。事見本書本卷、卷一二一。

[9]河南尹：官名。唐開元元年（713）改洛州爲河南府，治所在今河南洛陽市。以河南府尹總其政務。從三品。　重乂：人名。即石重乂。後晋高祖石敬瑭之子。傳見本書卷八七、《新五代史》卷一七。　李氏：即石重乂之妻李氏。事見本書本卷。　夏臘：指僧人出家的時長。僧人以夏臘紀年，並以夏臘之多少定僧侣之長幼。

八月己亥朔，河決博平，甘陵大水。[1]辛丑，以守司空、兼門下侍郎、平章事、弘文館大學士馮道爲守司徒、兼侍中，封魯國公。[2]壬寅，詔曰："皇圖革故，庶政惟新，宜設規程，以諧公共。其中書印祇委上位宰臣一人知當。"[3]戊申，前兵部尚書王權授太子少傅致仕。[4]己酉，以天下兵馬副元帥、鎮海鎮東等軍節度使、檢校太師、行中書令、吴越國王錢元瓘爲天下兵馬元帥。[5]壬子，升亳州爲防禦使額，依舊隸宋州。[6]丙辰，司天監馬重績等進所撰新曆，降詔褒之，詔翰林學士承旨和凝制序，命之曰《調元曆》。[7]

[1]博平：縣名。治所在今山東聊城市荏平縣博平鎮。 甘陵：地名。位於山東臨清市。

[2]弘文館大學士：官名。唐置，位在學士之上，以宰相兼。司徒：官名。與太尉、司空並爲三公。唐後期、五代多爲大臣、勳貴加官。正一品。

[3]中書印：即中書門下之印。

[4]王權：人名。太原（今山西太原市）人。五代官員。傳見本書卷九二、《新五代史》卷五六。 太子少傅：官名。與太子少保、太子少師合稱"三少"，唐後期、五代多爲大臣、勳貴加官。從二品。

[5]天下兵馬副元帥：唐代朝廷有重大軍事行動，則置元帥，統率天下軍隊。副元帥爲元帥之副。 鎮東：方鎮名。治所在越州（今浙江紹興市）。 檢校太師：官名。爲散官或加官，以示恩寵，無實際執掌。太師，與太傅、太保並爲三師。 中書令：官名。漢代始置，隋、唐前期爲中書省長官，屬宰相之職；唐後期多爲授予元勳大臣的虛銜。正二品。 吳越國王：中華書局本沿《輯本舊史》作"吳越王"，並有校勘記："'吳越王'，本書卷八〇《晋高祖紀六》作'吳越國王'。按本書卷七六《晋高祖紀二》：'（天福二年十一月）鎮海鎮東節度使、吳越王錢元瓘加天下兵馬副元帥，封吳越國王。'"但未改，今據《輯本舊史》卷七六及卷八〇《晋高祖紀六》天福六年（941）十月甲寅條改。 天下兵馬元帥：官名。唐代朝廷有重大軍事行動則置，在實際或名義上統帥天下軍隊。

[6]亳州：州名。治所在今安徽亳州市。 宋州：州名。治所在今河南商丘市睢陽區。

[7]丙辰：《新五代史》卷八《晋高祖紀》作"三月丙辰"。司天監：官名。爲司天監之長官。掌天文、曆法以及占候等事。參見趙貞《唐宋天文星占與帝王政治》，北京師範大學出版社2016年版。 馬重績：人名。其先出於北狄，後居于太原。學術數、通曆

法，五代後唐、後晉時爲大理司直、司天監。傳見本書卷九六、《新五代史》卷五七。《輯本舊史》之影庫本粘籤："馬重績，原本作'崇績'，今從《五代會要》改正。"見《會要》卷一〇《曆》條天福四年八月記事。　調元曆：後晉高祖時，司天監馬重績始造新曆，以雨水正月朔爲歲首。晋高祖賜名爲《調元曆》，命翰林學士承旨和凝撰序，於天福四年三月頒行。

九月辛未，以右羽林統軍周密爲鄜州節度使。[1]癸酉，升婺州爲武勝軍額。[2]丁丑，宴羣臣於永福殿。[3]契丹使粘木孤來聘，致牛馬犬臘顏騾十駟。[4]己卯，遥領洮州保順軍節度使鮑君福加檢校太師、兼侍中，判湖州諸軍事。[5]辛巳，相州節度使桑維翰上言："管内所獲賊人，從來籍没財産，請止之。"詔："今後凡有賊人，準格律定罪，不得没納家資，天下諸州準此。"癸未，封唐許王李從益爲郇國公，奉唐之祀，服色旌旗一依舊制。[6]仍以西京至德宮爲廟，牲幣器服悉從官給。[7]丙戌，高麗王王建遣使貢方物。[8]己丑，以中書侍郎、平章事李崧權判集賢殿事。[9]庚寅，詔停寒食、七夕、重陽及十月暖帳内外羣官貢獻。[10]丙申，以威勝軍節度副使羅周岳爲給事中，中書舍人李詳改禮部侍郎，禮部侍郎吕琦改刑部侍郎，刑部侍郎王松改户部侍郎，户部侍郎閻至改兵部侍郎，中書舍人王易簡充史館修撰、判館事。[11]

[1]右羽林統軍：官名。唐代右羽林軍統兵官。至德二載（757）唐肅宗置禁軍，也叫神武天騎，分爲左、右神武天騎，左、

右羽林軍，左、右龍武軍，稱"北衙六軍"。此時復置左右羽林，仍置統軍爲羽林軍統兵官。從二品。　周密：人名。應州神武川（今山西山陰縣）人。五代將領。傳見本書卷一二四。　鄜州：州名。治所在今陝西富縣。

[2]婺州：州名。治所在今浙江金華市婺城區。　武勝軍：方鎮名。治所在婺州（今浙江金華市）。

[3]永福殿：五代宮殿名。位於今河南開封市。

[4]粘木孤：人名。契丹使者。事見本書本卷。中華書局本有校勘記："原作'默納庫'，注云：'舊作"粘木孤"，今改正。'按此係輯録《舊五代史》時所改，今恢復原文。"又，《舊五代史考異》："案《遼史》：會同二年正月戊申，晋遣金吾衛大將軍馬從斌、考功郎中劉知新來貢珍幣。丙辰，晋遣使謝免沿邊四州錢幣。七月戊申，晋遣使進犀帶。閏月乙酉，遣使賜晋良馬。八月己丑，晋遣使貢歲幣，奏輸戌、亥二歲金幣于燕京。"見《遼史》卷四《太宗紀下》。　致牛馬犬腊顛駃十駬：中華書局本有校勘記："'犬腊顛駃十駬'，原作'等物'，據《册府》卷九七二改。殿本、劉本作'犬腊顛駃十四'。"見《宋本册府》卷九七二《外臣部·朝貢門五》。

[5]洮州：州名。治所在今甘肅臨潭縣。　保順軍：方鎮名。治所在洮州（今甘肅臨潭縣）。　鮑君福：人名。籍貫不詳。五代後唐、後晋將領。傳見本書附録。　湖州：州名。治所在今浙江湖州市。

[6]癸未，封唐許王李從益爲郇國公：《舊五代史考異》："案《五代會要》：九月，敕'周受龍圖，立夏、殷之祀；唐膺鳳曆，開鄣、介之封。乃眷前朝，載稽舊典，宜封土宇，俾奉宗祧。宜以郇國三千户封唐許王李從益爲郇國公'云。"見《會要》卷五"二王三恪"條、《宋本册府》卷一七三《帝王部·繼絶門》。　李從益：人名。沙陀部人。後唐明宗李嗣源幼子。契丹蕭翰北歸，以其爲傀儡統治中原地區。傳見本書卷五一。

[7]至德宮：宮殿名。五代後唐天成元年（926）築。位於今河南洛陽市。

[8]高麗：朝鮮半島古國。即王氏高麗。918 年，後三國之一的高句麗將領王建自立爲王，改國號爲高麗，935 年滅新羅，次年滅後百濟，再次統一朝鮮。參見［朝］鄭麟趾等《高麗史》（卷一），西南師範大學出版社 2014 年版。　王建：人名。高麗開國皇帝，廟號太祖。參見［朝］鄭麟趾等《高麗史》（卷一）。

[9]李崧：人名。深州饒陽（今河北饒陽縣）人。五代大臣。傳見本書卷一〇八、《新五代史》卷五七。

[10]寒食：節令名。時間多在清明節前一至三日，農曆三月之中。寒食日禁火寒食，故名。　七夕：節令名。農曆七月七日爲牛郎織女相會之夜，婦女於七夕向織女星乞求智巧。　重陽：節令名。農曆九月九日。古人於重陽節登高、賞菊、飲菊花酒、佩插茱萸、吃重陽糕，以祈避邪去惡，延壽得福。　羣官貢獻：中華書局本有校勘記："'羣'，原作'郡'，據殿本、劉本、邵本校、《册府》卷一六八改。"明本《册府》卷一六八《帝王部・却貢獻門》作"内外羣后"，"后"爲"官"之訛。

[11]威勝軍：方鎮名。治所在鄧州（今河南鄧州市）。　羅周岳：人名。籍貫不詳。五代後唐、後晉官員。事見本書卷八一。李詳：人名。籍貫不詳。五代後唐至後周官員，歷任左補闕、中書舍人、尚書右丞、吏部侍郎。事見本書卷四二、卷七七、卷八四、卷一一一。　禮部侍郎：官名。尚書省禮部次官。協助禮部尚書掌禮儀、祭享、貢舉之政。正四品下。　吕琦：人名。幽州安次（今河北廊坊市）人。五代後唐、後晉官員。傳見本書卷九二、《新五代史》卷五六。　刑部侍郎：官名。尚書省刑部次官。協助刑部尚書掌天下刑法及徒隸、勾覆、關禁之政令。正四品下。　王松：人名。京兆（今陝西西安市）人。唐僖宗宰相王徽之子。五代後唐至後漢官員。傳見本書附錄、《新五代史》卷五七。　户部侍郎：官名。尚書省户部次官。協助户部尚書掌天下田户、均輸、錢穀之政

令。正四品下。　　閻至：人名。籍貫不詳。五代後唐、後晉官員。事見本書卷三八、卷四一。　　王易簡：人名。京兆（今陝西西安市）人。五代後梁進士，五代、宋初大臣。傳見《宋史》卷二六二。　　史館修撰：官名。唐天寶以後，他官兼領史職者，稱史館修撰。判館事，以"史館修撰"之職爲史館的長官，負責史館事務。

冬十月戊戌朔，故昭信軍節度使白奉進贈太尉。[1]丙午，以太常卿程遜没于海，廢朝一日，贈右僕射。[2]庚戌，閩王王昶、威武軍節度使王繼恭遣僚佐林恩、鄭元弼等朝貢，致書於宰執，無人臣之禮。[3]帝怒，詔令不受所貢，應諸州綱運，並令林思、鄭元弼等押歸本道。[4]既而兵部員外郎李知損上疏，請禁錮使人，籍没綱運，可之，收林思等下獄。[5]丙辰，溪州刺史彭士愁，以錦、獎之兵與蠻部萬人掠辰、澧二境，湖南節度使馬希範遣牙兵拒之而退。[6]金州山賊度從讜等寇洵陽，遣兵討平之。[7]

　　[1]昭信軍：方鎮名。治所在均州（今湖北丹江口市）。　　白奉進：人名。雲州清塞軍（今山西陽高縣）人。五代後唐、後晉將領。傳見本書卷九五。　　太尉：官名。與司徒、司空並爲三公，唐後期、五代多爲大臣、勳貴加官。正一品。

　　[2]程遜：人名。壽春（今安徽壽縣）人。後唐、後晉官員。傳見本書卷九六。　　廢朝：又稱輟朝。古代帝王遇親喪或文武大臣病故，停止視朝數日，以示哀悼。　　右僕射：官名。秦始置。隋、唐前期以左、右僕射佐尚書令總理六官，綱紀庶務，如不置尚書令，則總判省事，爲宰相之職。唐後期多爲大臣加銜。從二品。

　　[3]閩：國名。即五代十國之閩國。　　王昶：人名。原名王繼

鵬。五代十國閩國國君。傳見本書卷一三四、《新五代史》卷六八。

威武軍：方鎮名。治所在福州（今福建福州市）。　王繼恭：人名。閩王王昶之子，《通鑑》卷二八一載繼恭係王昶之弟。閩國將領。事見本書卷一三四、《新五代史》卷六八。　林恩：人名。籍貫不詳。五代十國之閩國官員。中華書局本有校勘記：“原作‘林思’，據《册府》卷二二三，《通鑑》卷二八一、卷二八二改。本卷下文同。”事見明本《册府》卷二三三《僭僞部·矜大門》，《通鑑》卷二八一天福三年（938）十一月戊申條、卷二八二天福四年十月條。　鄭元弼：人名。仙游（今福建仙游縣）人。五代十國閩國官員。事見本書本卷、《新五代史》卷六八。　致書於宰執：《輯本舊史》之影庫本粘籤：“致書，原本作‘致聿’，今據文改正。”

[4]綱運：成批運送大宗貨物。每批以若干車或船爲一“綱”，是謂“綱運”。

[5]兵部員外郎：官名。兵部郎中之副職，協理諸項軍務。從六品上。　李知損：人名。大梁（今河南開封市北）人。五代十國官員。傳見本書卷一三一。

[6]溪州：州名。治所在今湖南永順縣。　彭士愁：人名。一作彭士然。又名彦晞。唐末五代溪州刺史彭瑊之子。五代後梁開平四年（910）襲父職，後晋天福四年（939）率溪、獎、錦三州“蠻”攻辰、澧等州。事見本書本卷、《通鑑》卷二八二。　錦：州名。治所在今湖南麻陽縣。　獎：州名。治所在今湖南芷江侗族自治縣。中華書局本有校勘記：“‘獎’原作‘蔣’，據《新五代史》卷六六《馬希範傳》改。按《通鑑》卷二八二前作‘蔣’，後作‘獎’，胡注云：‘“蔣”當作“獎”。唐長安四年。以沅州之夜郎、渭溪二縣置舞州……大曆五年，又更名獎州。’”見《通鑑》卷二八二天福四年八月條。　辰：州名。治所在今湖南沅陵縣。澧：州名。治所在今湖南澧縣。　牙兵：五代時期藩鎮親兵。參見來可泓《五代十國牙兵制度初探》，《學術月刊》1995年第11期。

[7]金州：州名。治所在今陝西安康市。 度從讜：人名。籍貫不詳。五代後晉時人，曾帥山賊爲寇。事見本書本卷。 洵陽：縣名。治所在今陝西旬陽縣。

　　十一月甲戌，以太子賓客李延範爲司農卿。[1]乙亥，詔立唐高祖、太宗及莊宗、明宗、閔帝五廟於洛陽。[2]丁丑，祠部郎中、知制誥吳承範改中書舍人，充翰林學士；翰林學士、中書舍人竇貞固改御史中丞；御史中丞薛融改尚書右丞；尚書右丞王延改吏部侍郎；尚書左丞崔梲改太常卿。[3]戊寅，史館奏：“請令宰臣一人撰録時政記，逐時以備撰述。”[4]從之。己卯，吏部侍郎龍敏改尚書左丞。己丑，以太子賓客楊凝式爲禮部尚書致仕。詔建錢鑪於欒川。[5]丙申，諫議大夫致仕逍遥先生鄭雲叟卒。

　　[1]李延範：人名。籍貫不詳。五代後晉官員。事見本書本卷。 司農卿：官名。司農寺長官。掌管倉廩、籍田、苑囿諸事。從三品上。

　　[2]乙亥，詔立唐高祖、太宗及莊宗、明宗、閔帝五廟於洛陽：《舊五代史考異》：“案：立唐廟於西京，《歐陽史》作十二月，與《薛史》作十一月異。”《新五代史》卷八《晉高祖紀》亦記載於十一月，《考異》誤。 唐高祖：即李淵。唐朝建立者。618年至626年在位。紀見《舊唐書》卷一、《新唐書》卷一。 太宗：即唐代第二位皇帝李世民。隴西成紀（今甘肅秦安縣）人。626年至649年在位。通過“玄武門之變”掌權，開創“貞觀之治”。紀見《舊唐書》卷二至卷三、《新唐書》卷二。 莊宗：即後唐莊宗李存勗。沙陀部人。五代後唐王朝的建立者。紀見本書卷二七至卷三

四、《新五代史》卷五。　明宗：即後唐明宗李嗣源。紀見本書卷三五至卷四四、《新五代史》卷六。

　　[3]祠部郎中：官名。禮部祠部司主官。掌祠祀祭享、天文漏刻、巫術醫藥及僧尼道士等事。從五品上。　吳承範：人名。魏州（今河北大名縣）人。五代後唐、後晉官員。傳見本書卷九二。中書舍人：官名。中書省屬官。掌起草文書、呈遞奏章、傳宣詔命等。正五品上。　翰林學士：官名。由南北朝始設之學士發展而來，唐玄宗改翰林供奉爲翰林學士，備顧問，代王言，掌拜免將相、號令征伐等詔令的起草。　竇貞固：人名。同州白水（今陝西白水縣）人。五代後唐至宋初大臣，後唐進士，後漢宰相。傳見《宋史》卷二六二。　尚書右丞：官名。尚書省佐貳官。唐中期以後，與尚書左丞實際主持尚書省日常政務，權任甚重。後梁開平二年（908）改爲右司侍郎，後唐同光元年（923）復舊爲右丞。唐時爲正四品下，後唐長興元年（930）升爲正四品。中華書局本有校勘記：“‘右’，原作‘左’，據本書卷九三《薛融傳》、《新五代史》卷五六《薛融傳》改。按本卷下文云‘己卯，吏部侍郎龍敏改尚書左丞’，則時薛融非尚書左丞。”　王延：人名。鄭州長豐（今河北文安縣南）人。五代大臣，歷事五代各朝。傳見本書卷一三一、《新五代史》卷五七。

　　[4]史館：官署名。官修史書之機構。北齊始置。唐初隸秘書省著作局。唐貞觀三年（629）移於禁中，隸門下省。修本朝史由史官負責，修前代史多由他官編纂，宰相監修，正式確立史館修史、宰相監修之制。開元二十五年（737），徙史館於中書省。天寶後，他官兼領史職者，謂之史館修撰，初入者爲直館。　“戊寅”至“逐時以備撰述”：《舊五代史考異》：“案《五代會要》：史館奏：‘唐長壽二年，右丞姚璹奏，帝王謨訓，不可闕文，其仗下所言軍國政事，令宰臣一人撰録，號《時政記》。唐明宗朝，又委端明殿學士撰録，逐季送付史館，伏乞遵行者。宜令宰臣一人撰述。’”見《會要》卷一八史館雜録條天福四年（939）十一月

記事。

[5]錢鑪：冶銅鑄錢之鑪。　　樂川：縣名。治所在今河南樂川縣。

　　十二月丁酉朔，百官不入閣，大雪故也。己亥，故皇子重英妻張氏落髮爲尼，賜名悟慎，并夏臘二十。[1]庚戌，禮官奏：“來歲正旦，王公上壽，皇帝舉酒，奏《玄同之樂》；再飲，奏《文同之樂》；三飲，奏同前。”[2]從之，歌辭不錄。丙辰，詔今後城郭村坊，不得創造僧尼院舍。[3]丁巳，帝謂宰臣曰：“大雪害民，五旬未止，京城祠廟，悉令祈禱，了無其驗，豈非凉德不儲，神休未洽者乎？”因令出薪炭米粟給軍士貧民等。壬戌，禮官奏：“正旦上壽，宮懸歌舞未全，且請雜用九部雅樂，歌教坊法曲。”[4]從之。《永樂大典》卷一萬五千六百四十四。[5]

　　[1]重英：人名。即石重英。後晋高祖石敬瑭之子。傳見本書卷八七、《新五代史》卷一七。　　張氏：即石重英之妻張氏。事見本書卷八〇。

　　[2]正旦：即正月初一，元旦。　　上壽：群臣朝見帝王祝壽之禮。爲大朝會禮儀的組成部分。

　　[3]丙辰：明本《册府》卷五二《帝王部·崇釋道門二》同，《通鑑》卷二八二作“丙戌”。丙辰爲二十日，該月無丙戌，《通鑑》誤。

　　[4]宮懸：宮殿内懸掛鐘磬等樂器於架上，排在四面，故稱宮懸。　　九部雅樂：宮廷中用於祭祀、禮儀慶典的音樂。　　教坊法曲：教坊爲管理宮廷音樂表演人員的機構，此處當指宮廷燕樂之教

坊樂。法曲爲宮廷燕樂曲種之一，因產生於唐玄宗時的梨園法部而得名。

[5]《大典》卷一五六四四"晋"字韻"五代後晋高祖（二）"事目。

舊五代史　卷七九

晉書五

高祖紀第五

　　天福五年春正月丁卯朔，帝御崇元殿受朝賀，仗衛如式。[1]降德音：[2]"應天福三年終已前，[3]公私債欠，一切除放。"壬申，蜀人寇西鄙，羣盜張達、任康等劫清水德鐵之城以應之。[4]癸酉，湖南奏，閩人殺王昶，夷其族，王延羲因民之欲而定之。[5]甲戌，遣宣徽使楊彥詢使於契丹。[6]辛巳，皇子開封尹、鄭王重貴加檢校太尉。[7]己丑，迴鶻可汗仁美遣使貢良馬、白玉，謝册命也。[8]庚寅，以二王後、前右贊善大夫、襲鄶國公楊延壽爲太子左諭德，三恪後、汝州襄城縣令、襲介國公宇文頡加食邑三千户。[9]辛卯，升絳州爲防禦州。[10]癸巳，以左神武統軍陸思鐸爲右羽林統軍，以隴州防禦使何福進爲右神武統軍。[11]甲午，太常少卿裴羽奏：[12]"請追諡唐莊宗皇后劉氏爲神閔敬皇后，明宗皇后曹氏請追諡爲和武顯皇后，閔帝魯國夫人孔氏請追諡爲閔哀皇后。"[13]從之。丙申，河中節度使安審信奏：[14] "軍校康從受、李崇、孫大裕、張崇、于千等以所部兵爲亂，尋平之，死者五百人。"[15]

[1]天福：五代後晉高祖石敬瑭年號（936—942）。出帝石重貴沿用至九年（944）。後漢高祖劉知遠繼位後沿用一年，稱天福十二年（947）。　崇元殿：五代後梁開平元年（907）改汴京正殿爲崇元殿。位於今河南開封市。　受朝賀：即大朝會典禮。大朝會之日，有司排辦盛大的儀仗，在京文武百官以及地方官員在京者、藩國使人，共同向皇帝朝參、致賀、上壽，並以宴會結束典禮。

[2]德音：詔書的一種。唐宋時期皇帝發布德政時所用，如大赦囚徒、賑救灾荒等。

[3]應天福三年終已前：中華書局本沿《輯本舊史》無"已前"二字，《宋本冊府》卷四九二《邦計部・蠲復門四》有"已前"二字。而誤"三年"爲"元年"，但《冊府》所録天福三年（938）八月詔已放此前之債欠，故可據之補"已前"二字。

[4]蜀：即後蜀。五代十國政權之一。後唐清泰元年（934），蜀王孟知祥稱帝於成都（今四川成都市），國號蜀，史稱後蜀。轄境相當今四川和陝西南部、甘肅東南部、湖北西南部地區。事見本書卷一三六《僭僞列傳三》、《新五代史》卷六四《後蜀世家》。張達：人名。籍貫不詳。五代後晉時爲"盜"。事見本書本卷。任康：人名。籍貫不詳。五代後晉時爲"盜"。事見本書本卷。清水：縣名。治所在今甘肅清水縣。　德鐵之城：《輯本舊史》之影庫本粘籤："德鐵之城，原本作'得鐵'，考《通鑑》注云：德鐵在清水砦，今改正。"查《通鑑》胡注未見此記載，存疑。

[5]湖南：方鎮名。又稱武安軍節度。治所在潭州（今湖南長沙市）。　閩：國名。即五代十國之閩國。　王昶：人名。原名王繼鵬。五代十國閩國康宗。傳見本書卷一三四《僭僞列傳一》、

《新五代史》卷六八《閩世家》。　王延羲：人名。五代十國閩國景宗，性嗜酒殘暴，後爲部將連重遇、朱文進所殺。傳見本書卷一三四《僭僞列傳一》、《新五代史》卷六八《閩世家》。

[6]宣徽使：官名。唐後期置。宣徽院的長官，初用宦官，五代以後改用士人。掌内諸司及三班内侍之名籍，郊祀、朝會、宴享供帳之儀，應内外進奉，悉檢視名物，用其印。　楊彦詢：人名。河中寳鼎（今山西萬榮縣西南）人。五代後唐、後晋將領。傳見本書卷九〇、《新五代史》卷四七。　契丹：部族、政權名。公元4世紀中葉宇文部爲前燕所攻破，始分離而成單獨的部落，自號契丹。唐貞觀中，置松漠都督府，以其首領爲都督。唐末强盛，916年迭剌部耶律阿保機建立契丹國（遼）。先後與五代、北宋並立，保大五年（1125）爲金所滅。參見張正明《契丹史略》，中華書局1979年版。

[7]開封尹：官名。五代除後唐外均定都開封，因置開封府尹。執掌京師政務。從三品。　重貴：人名。即石重貴。沙陀部人。後晋高祖石敬瑭從子，後晋少帝。紀見本書卷八一至卷八五、《新五代史》卷九。　檢校太尉：官名。爲散官或加官，以示恩寵加此官，無實際執掌。太尉，與司徒、司空並爲三公。

[8]迴鶻：部族名、政權名。又作回鶻、回紇。原係突厥鐵勒部的一支。唐天寶三載（744）建立回鶻汗國，8世紀末9世紀初，回鶻與吐蕃爭奪北庭和安西並最終取勝，統治西域。9世紀中葉，回鶻汗國瓦解。參見楊蕤《回鶻時代：10—13世紀陸上絲綢之路貿易研究》，中國社會科學出版社2015年版。　仁美：人名。即藥羅葛仁美。甘州回鶻首任可汗，尊號烏母主可汗，後唐封賜英義可汗。事見《新五代史》卷五。

[9]二王後：中國古代新王朝建立後封前朝的皇室後裔，給以爵位，以示敬重。參見謝元魯《隋唐五代的特殊貴族——二王三恪》，《中國史研究》1994年第2期。　右贊善大夫：官名。即太子右贊善大夫。掌規諫太子過失、贊相禮儀等事。正五品上。　鄭

國公：五代二王三恪制度下，隋朝楊氏後裔受封的爵名。　楊延壽：人名。五代後晉時襲封鄪國公，後被除名流配。事見本書本卷、卷八四。　太子左諭德：官名。唐高宗時始置。掌諭太子以道德、隨事諷贊。正四品下。　三恪後：中國古代新王朝建立後封前朝的皇室後裔，給以爵位，以示敬重。參見謝元魯《隋唐五代的特殊貴族——二王三恪》，《中國史研究》1994年第2期。"三恪後"，中華書局本沿《輯本舊史》缺"後"字，據《宋本冊府》卷一七三《帝王部·繼絕門》補，亦可參見本條前之"二王後"楊延壽。

汝州：州名。治所在今河南汝州市。　襄城：縣名。治所在今河南襄城縣。　縣令：官名。爲縣的行政長官，掌治本縣。唐代之縣，分赤（京）、次赤、畿、次畿、望、緊、上、中、中下、下十等。縣令分六等，正五品上至從七品下。　介國公：五代二王三恪制度下，北周宇文氏後裔受封的爵名。　宇文頡：人名。五代後晉時襲封介國公。事見本書本卷、卷四八。　食邑：即封地、封邑。食邑之名，蓋取受封者不之國，僅食其租稅之意。

［10］絳州：州名。治所在今山西新絳縣。　防禦州：設置防禦使的州。地位次於設置節度使的州，高於團練州、刺史州。

［11］左神武統軍：官名。左神武軍的統兵官。左神武爲唐代"北衙六軍"之一。從二品。　陸思鐸：人名。澶州臨黄（今河南範縣）人。五代後梁至後晉將領。傳見本書卷九〇、《新五代史》卷四五。　右羽林統軍：官名。右羽林軍的統兵官。右羽林爲唐代"北衙六軍"之一。從二品。　隴州：州名。治所在今陝西隴縣。

防禦使：官名。唐代始置，設有都防禦使、州防禦使兩種。常由刺史或觀察使兼任，實際上爲唐代後期州或方鎮的軍政長官。　何福進：人名。太原（今山西太原市）人。五代後唐至後周將領。傳見本書卷一二四。　右神武統軍：官名。右神武軍的統兵官。右神武爲唐代"北衙六軍"之一。從二品。

［12］太常少卿：官名。太常寺次官。佐太常卿掌宗廟祭祀禮樂及教育等。正四品上。　裴羽：人名。河東聞喜（今山西聞喜縣）

人。唐僖宗朝宰相裴贄之子。唐末出仕，歷仕五代後梁至後周，官至左散騎常侍。傳見本書卷一二八、《新五代史》卷五七。

[13]唐莊宗：即李存勗，小字亞子，沙陀部人，太原（今山西太原市）人。晋王李克用之子，後唐開國皇帝。紀見本書卷二七至卷三四、《新五代史》卷四至卷五。　劉氏：指後唐莊宗劉皇后。魏州成安（今河北成安縣）人。傳見本書卷四九、《新五代史》卷一四。　明宗：即李嗣源。沙陀部人，應州金城（今山西應縣）人。李克用養子，逼宮李存勗後自立爲後唐皇帝。紀見本書卷三五至卷四四、《新五代史》卷六。　曹氏：指後唐明宗曹皇后。籍貫不詳。閔帝時封皇太后。後唐亡，與廢帝一同自焚而死。傳見本書卷四九、《新五代史》卷一五。　和武顯皇后：中華書局本沿《輯本舊史》作“和武憲皇后”，並有校勘記：“‘憲’，本書卷四九《后妃傳》、《五代會要》卷一作‘顯’。”但未改。《會要》卷一皇后條載晋天福五年（940）正月二十八日（甲午）“追册曰和武顯皇后”。《輯本舊史》卷四九《后妃傳》中之《和武顯皇后曹氏傳》爲僅存一條之殘傳，但亦稱爲和武顯皇后，録自《大典》卷一三三五二“謚”字韻“歷代皇后謚”事目，今據改。　閔帝：即後唐閔帝李從厚。明宗李嗣源第三子。紀見本書卷四五、《新五代史》卷七。　孔氏：指後唐閔帝孔皇后。籍貫不詳。傳見《新五代史》卷一五。

[14]河中：府名。治所在今山西永濟市蒲州鎮。　節度使：官名。唐時在重要地區所設掌握一州或數州軍、民、財政的長官。安審信：人名。沙陀部人。五代將領安審琦從兄。五代後唐至後周將領。傳見本書卷一二三。

[15]康從受、李崇、孫大裕、張崇、于千：皆爲後晋時河中作亂兵校。籍貫均不詳。事見本書本卷。

二月丁酉朔，沙州歸義軍節度使曹議金卒，贈太師，以其子元德襲其位。[1]乙巳，御史中丞竇貞固奏:[2]“國忌日，宰臣跪爐焚香，文武百僚列坐。[3]竊惟禮例，有所未安。今欲請宰臣仍舊跪爐，百僚依班序立。”詔可之，仍令行香之後，[4]飯僧百人，永爲定制。庚戌，北京留守安彦威來朝，帝慰接甚厚，賜上樽酒。[5]壬子，升中書門下平章事爲正二品。[6]丁巳，青州節度使、東平王王建立來朝。[7]己未，以中書門下侍郎爲清望正三品，諫議大夫、御史中丞爲清望正四品。[8]

[1]沙州:州名。治所在今甘肅敦煌市。　歸義軍:唐晚期至北宋前期以沙州爲中心的漢人地方政權。唐廷封張議潮爲歸義軍節度使。子孫相繼傳至張承奉，自稱“白衣天子”，建號“西漢金山國。至五代後梁乾化三年（914），張承奉死，歸義軍政權轉入長史曹議金之手。曹氏子孫相承，傳至曹賢順，至宋仁宗景祐三年（1036），爲西夏元昊所滅。河西遂被西夏占領，直至蒙古滅夏（1227），元朝統一。　曹議金:人名。祖籍亳州（今安徽亳州市），世居敦煌（今甘肅敦煌市）。五代時期歸義軍節度使。事見本書本卷、卷一三八，《新五代史》卷七四。參見榮新江《歸義軍史研究——唐宋時代敦煌歷史考索》，上海古籍出版社2015年版。“議金”，《輯本舊史》作“義金”，引影庫本粘籤:“‘義金’，原本作‘議金’，今從《歐陽史》改正。”見《新五代史》卷五《唐莊宗紀下》。然據現存敦煌文書及明本《册府》卷四三六《將帥部·繼襲門》，均作“議金”，故舊史不誤，今改回。　太師:官名。與太傅、太保合稱三師，唐後期、五代多爲大臣、勳貴加官。正一品。　元德:人名。即曹元德。沙州（今甘肅敦煌市西）人。歸義軍節度使曹議金長子。五代時期歸義軍節度使。改變歸義軍政權對甘州回鶻政權的依附地位，由“父子之國”而爲“兄弟之邦”。事

見本書本卷、卷一三八，《新五代史》卷七四、敦煌文書 P. 3556、P. 4291、P. 2992、P. 2033。

[2]御史中丞：官名。如不置御史大夫，則爲御史臺長官。掌司法監察。正四品下。　竇貞固：人名。同州白水（今陝西白水縣）人。五代後唐至宋初大臣，後唐進士，後漢宰相。傳見《宋史》卷二六二。

[3]國忌日，宰臣跪爐焚香，文武百僚列坐：國忌指帝、后的忌日。中華書局本引孔本案語："案：《五代會要》作宰臣跪爐，僧人表讚，文武百官，儼然列坐。"見《會要》卷四忌日條。

[4]仍令行香之後：中華書局本有校勘記："'令'字原無，據《册府》卷三一、《五代會要》卷四補。"見《會要》卷四《忌日》條、明本《册府》卷三一《帝王部·奉先門四》、《宋本册府》卷五九四《掌禮部·奏議門二二》。

[5]北京：指五代後唐的北都太原。　留守：官名。古代皇帝出巡或親征時指定親王或大臣留守京城，綜理國家軍事、行政、民事、財政等事務，稱京城留守。在陪都或軍事重鎮也常設留守，以地方長官兼任。　安彦威：人名。崞縣（今山西原平市）人。五代後唐、後晋將領。傳見本書卷九一、《新五代史》卷四七。

[6]中書門下平章事：官名。即"同中書門下平章事"。唐高宗以後，凡實際任宰相之職者，常在其本官後加同平章事的職銜。後成爲宰相專稱。後晋天福五年（940），升中書門下平章事爲正二品。

[7]青州：州名。治所在今山東青州市。　王建立：人名。遼州榆社（今山西榆社縣）人。五代後唐、後晋大臣。傳見本書卷九一、《新五代史》卷四六。

[8]中書門下侍郎：中書侍郎、門下侍郎的合稱。　諫議大夫：官名。秦始置，掌朝政議論。隋唐仍置，有左、右諫議大夫四人，分屬門下、中書二省。掌諫諭得失，侍從贊相。唐後期、五代多以本官領他職。唐初爲正五品上，會昌二年（842）升爲正四品下。

後晉天福五年（940）爲正四品，後周顯德五年（958）復改爲正五品上。

　　三月丁卯朔，左散騎常侍張允改禮部侍郎。[1]辛未，宋州歸德軍節度使、侍衛親軍馬步軍都指揮使劉知遠加特進，改鄴都留守、廣晉尹，典軍如故。[2]以兗州節度使李從溫爲徐州節度使，[3]以北京留守安彥威爲宋州節度使。壬申，詔朝臣覲省父母，依天成例頒賜茶藥。[4]癸酉，以青州節度使王建立爲昭義軍節度使，進封韓王，仍割遼、沁二州爲昭義屬郡，以建立本遼州人，用成其衣錦之美也。[5]以晉州節度使李德珫爲北京留守，以潞州節度使皇甫遇爲晉州節度使。[6]是日，容州節度使馬存卒。[7]甲戌，以給事中李光廷爲左散騎常侍，亳州團練使李式爲給事中。[8]乙亥，相州節度使桑維翰加檢校司徒，改兗州節度使。[9]許州節度使杜重威改鄆州節度使，河中節度使安審信改許州節度使。[10]丁丑，長安公主出降駙馬都尉楊承祚。[11]戊寅，詔：“中書門下五品已上官於兩省上事，宰臣押角之禮；[12]及第舉人與主司選勝筵宴，及中書舍人靸鞋接見舉人；[13]兼兵部、禮部引人過堂之日幕次酒食會客，悉宜廢之。”[14]己卯，以前樞密使劉處讓爲相州節度使。[15]辛巳，湖南遣牙將劉勍領兵大破溪峒羣蠻，收溪、錦、獎三州。[16]丁亥，以秦州節度使康福爲河中節度使，以徐州節度使侯益爲秦州節度使。[17]庚寅，御明德樓，餞送昭義軍節度使王建立，賜玉斧、蜀馬。[18]甲午，詔吏部三銓聽四時選，擬官旋奏，不在團甲之限。[19]

[1]左散騎常侍：官名。門下省屬官。掌侍奉規諷，備顧問應對。正三品下。中華書局本有校勘記："'左'原作'右'，據本書卷七七《晋高祖紀三》、卷七八《晋高祖紀四》、卷一〇八《張允傳》，《新五代史》卷五七《張允傳》改。"見《輯本舊史》卷七七《晋高祖紀三》天福三年（938）二月庚辰條、卷七八《晋高祖紀四》天福四年正月乙卯條，《新五代史》卷五七《張允傳》。　張允：人名。鎮州束鹿（今河北辛集市）人。五代後唐至後漢官員。傳見本書卷一〇八、《新五代史》卷五七。　禮部侍郎：官名。尚書省禮部次官。協助禮部尚書掌禮儀、祭享、貢舉之政。正四品下。

[2]宋州：州名。治所在今河南商丘市睢陽區。　歸德軍：方鎮名。治所在宋州（今河南商丘市睢陽區）。本後梁宣武軍，後唐改名歸德軍。　侍衛親軍馬步軍都指揮使：官名。五代時侍衛親軍的最高長官。多由皇帝親信擔任。　劉知遠：人名。西突厥沙陀部人，後世居於太原。五代後唐、後晋將領，後漢高祖。紀見本書卷九九至卷一〇〇、《新五代史》卷一〇。　特進：官名。西漢末期始置，授給列侯中地位較特殊者。隋唐時期，特進爲文散官，授給有聲望的官員。正二品。　鄴都：地名。後晋陪都。治所在今河北大名縣。　廣晋尹：官名。五代後晋天福二年改興唐府（魏州、鄴都）置廣晋府，治元城、廣晋二縣（今河北大名縣）。府尹爲最高長官，總其政務。從三品。

[3]兗州：州名。治所在今山東濟寧市兗州區。　李從溫：人名。代州崞縣（今山西原平市）人，後唐明宗李嗣源之侄，後養爲己子。其從妹爲石敬瑭的皇后，後爲忠武軍節度使、河陽三城節度使。傳見本書卷八八。　徐州：州名。治所在今江蘇徐州市。

[4]天成：後唐明宗李嗣源年號（926—930）。

[5]昭義軍：方鎮名。治所在潞州（今山西長治市）。　遼：州名。治所在今山西左權縣。　沁：州名。治所在今山西沁源縣。

[6]晋州：州名。治所在今山西臨汾市。　李德珫：人名。應

州金城（今山西應縣）人。五代後唐、後晉將領。傳見本書卷
九〇。　潞州：州名。治所在今山西長治市。　皇甫遇：人名。常
山（今河北正定縣）人。五代後唐、後晉將領。傳見本書卷九五、
《新五代史》卷四七。

　　[7]容州：州名。治所在今廣西北流市。　馬存：人名。籍貫
不詳。五代後唐將領。事見本書本卷、卷三二、卷四七。

　　[8]給事中：官名。秦始置。隋唐以來，爲門下省屬官。掌讀
署奏抄、駁正違失。正五品上。　李光廷：人名。籍貫不詳。五代
後晉官員，後出任秘書監。事見本書本卷、卷八〇。　亳州：州
名。治所在今安徽亳州市。　團練使：官名。唐代中期以後，於不
設節度使的地區設團練使，掌本區各州軍事。　李式：人名。籍貫
不詳。五代後晉官員。事見本書卷七七。

　　[9]相州：州名。治所在今河南安陽市。　桑維翰：人名。洛
陽（今河南洛陽市）人。五代後唐進士，後晉宰相、樞密使。傳見
本書卷八九、《新五代史》卷二九。　檢校司徒：官名。爲散官或
加官，以示恩寵，無實際執掌。司徒，與太尉、司空並爲三公。

　　[10]許州：五代方鎮忠武軍（匡國軍）治所，在今河南許昌
市。　杜重威：人名。其先朔州（今山西朔州市朔城區）人，後徙
居太原。五代後晉、後漢將領。傳見本書卷一〇九、《新五代史》
卷五二。　鄆州：州名。治所在今山東東平縣。

　　[11]長安公主：即後晉高祖石敬瑭之女，後晉將領楊承祚之
妻。事見本書本卷、卷七六。　駙馬都尉：官名。漢武帝時始置，
魏晉以後，公主夫婿多加此稱號。從五品下。　楊承祚：人名。籍
貫不詳。五代後晉官員，後晉高祖石敬瑭女婿。事見本書本卷、卷
八二、卷八六。

　　[12]宰臣押角之禮：《輯本舊史》之影庫本粘籤：“押角，《舊
唐書·裴坦傳》作‘壓角’，《文昌雜錄》引宋次道云：舍人上事，
必設紫褥於庭，面北拜廳閣，立褥之東北隅，謂之‘壓角’。疑原
本‘押’字有誤，據《五代會要》仍作‘押角’。又《文昌雜錄》

引李涪《刊誤》云：兩省官上事日，宰臣臨焉，上事者設牀几，面南而坐，判三道案。宰相別施一牀，連上事官坐於四隅，謂之'押角'。則'壓''押'二字，可以通用，今仍其舊。"見《會要》卷一三中書門下條、《文昌雜錄·補遺》。《舊唐書》無《裴坦傳》，《裴坦傳》見《新唐書》卷一八二。

[13]中書舍人：官名。中書省屬官。掌起草文書、呈遞奏章、傳宣詔命等。正五品上。

[14]兵部：官署名。爲尚書省六部之一，統兵部、職方、駕部、庫部四司，掌管全國武官選用和兵籍、武器、軍令等政。　禮部：官署名。爲尚書省六部之一，統禮部、祠部、膳部、主客四司。掌國之禮樂、祭祀、朝會、宴饗、學校、貢舉之政令。

[15]樞密使：官名。樞密院長官。五代時以士人爲之，備顧問，參謀議，出納詔奏，權侔宰相。參見李全德《唐宋變革期樞密院研究》，國家圖書館出版社 2009 年版。　劉處讓：人名。滄州（今河北滄縣舊州鎮）人。五代後唐、後晉將領。傳見本書卷九四、《新五代史》卷四七。

[16]牙將：官名。古代軍隊中的中低級軍官。　劉勍：人名。籍貫不詳。五代十國之南楚的將領。事見本書本卷。　溪：州名。治所在今湖南永順縣。　錦：州名。治所在今湖南麻陽縣。　獎：州名。治所在今湖南芷江侗族自治縣。中華書局本有校勘記："'獎'原作'蔣'，據《通鑑》卷二八二改。"見《通鑑》卷二八二天福五年正月乙未條。

[17]秦州：州名。治所在今甘肅天水市。　康福：人名。蔚（今河北蔚縣）人。後唐、後晉將領。傳見本書卷九一、《新五代史》卷四六。　侯益：人名。汾州平遥（今山西平遥縣）人。五代、後唐至宋初將領。傳見《宋史》卷二五四。

[18]明德樓：城樓名。位於今河南開封市。

[19]吏部三銓：唐代文官的選任，由吏部尚書一人、侍郎二人分掌其事。《新唐書·選舉志下》記載，"凡選有文武，文選吏部

主之，武選兵部主之，皆爲三銓，尚書、侍郎分主之”。　團甲：唐銓選之制，在吏、兵二部唱名注官完畢，須將所擬之官以類相從，編爲甲曆，稱爲“團甲”，送呈尚書都省審覆。

　　夏四月丙申朔，宴羣臣於永福殿。[1]戊戌。曹州防禦使石暉卒，帝之從弟也。[2]禮官奏：“天子爲五服之内親本服周者，三哭而止。”[3]從之。己亥，罷洛陽、京兆進苑囿瓜菓，憫勞人也。[4]壬寅，右僕射致仕裴皥卒，贈太子太保。[5]丙午，詔曰：“承旨者，承時君之旨，非近侍重臣無以禀朕旨，宣予言，是以大朝會宰臣承旨，草制詔學士承旨，若無區別，何表等威。除翰林承旨外，殿前承旨宜改爲殿直，密院承旨宜改爲承宣，御史臺、三司、閤門、客省所有承旨，並令別定其名。”[6]庚戌，以滄州節度使馬全節爲安州節度使。[7]禮部侍郎張允奏，請廢明經、童子科，從之。[8]因詔宏詞、拔萃、明算、道舉、百篇等科並停之。[9]

[1]永福殿：五代宮殿名。位於今河南開封市。

[2]曹州：州名。治所在今山東曹縣西北。　石暉：人名。籍貫不詳。五代後晉官員。事見本書本卷。

[3]五服：五等喪服制度。指斬衰、齊衰、大功、小功、緦麻五服。其中，齊衰的服期是一年，稱爲“服周”。

[4]京兆：府名。治所在今陝西西安市。

[5]右僕射：官名。秦始置。隋、唐前期以左、右僕射佐尚書令總理六官，綱紀庶務，如不置尚書令，則總判省事，爲宰相之職。唐後期多爲大臣加銜。從二品。　致仕：官員告老辭官。　裴皥：人名。世居河東（今山西太原市），出自中眷裴氏。五代後唐、

後晉官員。傳見本書卷九二、《新五代史》卷五七。　太子太保：官名。與太子太師、太子太傅統稱太子三師。隋唐以後多作加官或贈官。從一品。

　　[6]翰林承旨：官名。即翰林學士承旨。爲翰林學士之首。掌拜免將相、號令征伐等詔令的起草。《舊唐書‧職官志二‧翰林院》：“例置學士六人，内擇年深德重者一人爲承旨，所以獨承密命故也。”　殿前承旨：官名。即“殿直”。爲皇帝的侍從之官。密院承旨：官名。五代設樞密院承旨、副承旨，主管樞密院承旨司之事。後改爲“承宣”。　御史臺：官署名。爲中央監察機構。三司：官署名。五代後唐明宗天成元年（926）合鹽鐵、度支、户部爲一職，始稱三司，爲中央最高之理財機構。　閤門：唐代大明宫之正殿（宣政殿）、内殿（紫宸殿）以東、西上閤門相連，閤門遂爲外朝、内朝之分界。因設閤門使，掌内外通報、宣旨。五代、宋朝相沿設置閤門、閤門使。　客省：官署名。掌接待四方奏計及外族使者。

　　[7]滄州：州名。治所在今河北滄縣舊州鎮。　馬全節：人名。魏郡元城（今河北大名縣）人。五代後唐、後晉將領。傳見本書卷九〇、《新五代史》卷四七。　安州：州名。治所在今湖北安陸市。

　　[8]明經：科舉考試科目之一。主要考察士人對經文的熟悉程度，也考時務策。　童子科：科舉考試科目之一。唐制，十歲以下能通經者皆可應童子科試。《輯本舊史》之影庫本粘籤：“童子科，原本闕‘科’字，今據《五代會要》增入。”見《會要》卷二三童子條。

　　[9]宏詞、拔萃、明算、道舉、百篇：皆爲科舉考試的科目。“宏詞”即博學宏詞科，“拔萃”即書判拔萃。

　　五月癸酉，宋州貢瑞麥兩歧。甲申，以前徐州節度使萇從簡爲右金吾衛上將軍。[1]丙戌，安州節度使李金全叛，詔新授安州節度使馬全節以洛、汴、汝、鄭、鄆、宋、陳、蔡、曹、濮十州之兵討之，以前鄜州節度使安審暉爲副，以內客省使李守貞爲都監，仍遣供奉官劉彥瑤奉詔以諭。[2]金全命麾下齊謙以詔送於淮夷，雲夢人齊峴斬謙，歸其詔於闕。[3]辛卯，昭義節度使韓王王建立薨，輟朝二日，冊贈尚書令。[4]

[1]葨從簡：人名。陳州（今河南淮陽縣）人。五代後唐、後晉將領。傳見本書卷九四、《新五代史》卷四七。　右金吾衛上將軍：官名。唐置，掌宮禁宿衛。唐代置十六衛，即左右衛、左右驍衛、左右武衛、左右威衛、左右領軍衛、左右金吾衛、左右監門衛、左右千牛衛，各置上將軍，從二品；大將軍，正三品；將軍，從三品。中華書局本有校勘記："'右'，本書卷八〇《晉高祖紀六》同，本書卷九四《葨從簡傳》、《冊府》卷四四八、《新五代史》卷四七《葨從簡傳》作'左'。"見《輯本舊史》卷八〇《晉高祖紀六》天福六年（941）十二月癸卯條、明本《冊府》卷四四八《將帥部·殘酷門》。

[2]"丙戌"至"十州之兵討之"：《舊五代史考異》："案《五代春秋》：五月，李金全叛附于吳，馬全節帥師討安州，吳人救安州，全節敗吳師，克安州，金全奔吳。六月，放吳俘還。《歐陽史》作五月，李金全叛。六月，克安州。馬令《南唐書》作六月，安州節度使李金全來降，遣鄂州屯營使李承裕帥師迎之。紀月互異。"見《五代春秋》卷下晉高祖條、《新五代史》卷八《晉高祖紀》、《南唐書》卷一《先主》。　李金全：人名。吐谷渾族。早年爲後唐明宗李嗣源奴僕，驍勇善戰，因功升遷。後晉時封安遠軍節度使，後投奔南唐。傳見本書卷九七、《新五代史》卷四八。　洛：州名。即洛陽。治所在今河南洛陽市。　汴：州名。治所在今河南開封市。　汝：州名。治所在今河南汝州市。　鄭：州名。治所在

今河南鄭州市。　鄆：州名。治所在今山東東平縣。原作“單”，據明本《册府》卷一二三《帝王部·征討門三》、《宋本册府》卷一六六《帝王部·招懷門四》改。　陳：州名。治所在今河南淮陽縣。　蔡：州名。治所在今河南汝南縣。　曹：州名。治所在今山東曹縣。　濮：州名。治所在今山東鄄城縣。　鄜州：州名。治所在今陝西富縣。此處指保大軍。　安審暉：人名。沙陀部人。安審琦之兄。五代十國時期高級將領。傳見本書卷一二三。　內客省使：官名。中書省所屬內客省長官。唐始置，五代沿置。　李守貞：人名。河陽（今河南孟州市）人。五代將領。傳見本書卷一〇九、《新五代史》卷五二。　都監：官名。唐代中葉命將出征，常以宦官爲監軍、都監。後爲臨時委任的統兵官，稱都監、兵馬都監。掌屯戍、邊防、訓練之政令。　供奉官：泛指侍奉皇帝左右的臣僚，亦爲東、西頭供奉官通稱。　劉彥瑤：人名。籍貫不詳。五代後晉官員。事見本書本卷。

[3]齊謙：人名。籍貫不詳。五代後晉時的藩鎮將領。事見本書本卷。　淮夷：指五代十國之南唐。　雲夢：縣名。治所在今湖北雲夢縣。　齊峴：人名。雲夢（今湖北雲夢縣）人。五代後晉時人。事見本書本卷。

[4]輟朝：又稱廢朝。古代帝王遇親喪或文武大臣病故，停止視朝數日，以示哀悼。　尚書令：官名。秦始置。隋、唐前期爲尚書省長官，與中書令、侍中並爲宰相。因以李世民爲之，後皆不授，唐高宗廢其職。唐後期以李適、郭子儀有功而特授此職，爲大臣榮銜，不參與政務。五代因之。唐時爲正二品，後梁開平三年（909）升爲正一品。

六月壬寅，少府監致仕尹玉羽卒。[1]癸卯，淮南使李承裕代李金全，金全南走，承裕以淮兵二千守其城。[2]甲辰，馬全節自應山縣進軍於大化鎮。[3]戊申，與鄂州賊軍陣於安陸之南，三戰而後克之，斬首三千級，生擒千餘人。[4]供奉官安友謙登鋒力戰，奮不顧身，全節賞其忠勇，使馳獻捷書，喝死於路。[5]是日，削奪李金全官爵。丁巳，淮夷僞校李承裕率衆掠城中資貨而遁，馬全節入城撫其遺民，遣安審暉率兵以逐承裕，擒而斬之。執其僞都監杜光鄴及淮南軍五百餘人，露布獻於闕下。[6]帝曰：“此輩何罪。”皆厚給放還。癸亥，道士崇真大師張薦明賜號通玄先生。[7]是時，帝好《道德經》，嘗召薦明講説其義，帝悦，故有是命。尋令薦明以《道德》二經雕上印板，命學士和凝別撰新序，冠于卷首，俾頒行天下。[8]

[1]六月壬寅：“六月”二字原闕，《舊五代史考異》：“案：壬寅上疑脱‘六月’兩字。”但未言其根據。天福五年（940）五月丙寅朔，有記事之癸酉爲初八，甲申爲十九，丙戌爲二一，辛卯爲二六，該月無壬寅。六月乙未朔，壬寅爲初八。以下之記事，癸卯爲初九，戊申爲十四，故據補“六月”兩字。中華書局本未補。少府監：官名。少府監長官，隋初置，唐初廢，太宗時復置。掌百工技巧之事。從三品。　尹玉羽：人名。京兆長安（今陝西西安市）人。五代後梁、後唐、後晉官員。傳見本書卷九三。

[2]李承裕：人名。籍貫不詳。五代十國時期南唐將領。事見本書本卷、《通鑑》卷二八二。

[3]應山縣：縣名。治所在今湖北廣水市。　大化鎮：地名。屬應山縣。位於今湖北廣水市南。參見《通鑑》卷二八二。

[4]鄂州：州名。治所在今湖北武漢市武昌區。　安陸：地名。位於今湖北安陸市。

[5]安友謙：人名。籍貫不詳。五代後晉將領。事見本書本卷。

　　[6]僞都監：《舊五代史考異》：“案：馬令《南唐書》作監軍
通事舍人。”　　杜光鄴：人名。籍貫不詳。五代十國之南唐將領。
事見本書本卷。《輯本舊史》之影庫本粘籤：“杜光鄴，《通鑑》作
‘光業’，《十國春秋》仍作‘鄴’，今從其舊。”見《通鑑》卷二
八二天福五年六月丁未條、馬令《南唐書》卷一《先主》、《十國
春秋》卷一五《南唐一》。《新五代史》卷六二《南唐世家·李昪
傳》亦作“鄴”。　　露布：指勝利報捷的文書。

　　[7]張薦明：人名。燕（今北京、天津、河北北部一帶）人。
五代後晋時的著名道士。傳見《新五代史》卷三四。

　　[8]學士：官名。即翰林學士。由南北朝始設之學士發展而來，
唐玄宗時改翰林供奉爲翰林學士，備顧問、代王言。掌拜免將相、
號令征伐等詔令的起草。　　和凝：人名。鄆州須昌（今山東東平
縣）人。歷仕後梁至後周，五代官員、詞人。傳見本書卷一二七、
《新五代史》卷五六。

　　秋七月甲子朔，降安州爲防禦使額，以申州隸許
州。[1]丙寅，安州節度使馬全節加檢校太尉，改昭義軍
節度使。前鄜州節度使安審暉加檢校太傅，爲威勝軍節
度使。[2]丁卯，湖南奏：遣天策府步騎將張少敵領兵五
萬，樓船百艘，次於岳陽，將進討淮夷也。[3]甲戌，宣
徽使楊彦詢加檢校太傅，充安國軍節度使。[4]乙亥，户
部尚書致仕鄭韜光卒，贈右僕射。[5]戊寅，福州王延羲
遣商人間路貢表自述。[6]戊子，宿州奏，[7]淮東鎮移牒
云：本國奏書於上國皇帝，曰：“久增景慕，莫會光塵，
但循戰國之規，敢預睦鄰之道。一昨安州有故，脱難相
歸，邊校貪功，乘便據壘，[8]矧機宜之孰在，顧茫昧以
難申。否臧皆凶，乃大易之明義；進取不止，亦聖人之

厚顏。適屬暑雨稍頻，江波甚漲，指揮未到，事實已違。今者猥沐睿咨，曲形宸旨，歸其俘獲，示以英仁。其如軍法朝章，彼此不可；揚名建德，曲直相懸。雖認好生，匪敢聞命。其杜光鄴等五百七人，已令却過淮北。"帝復書曰："昨者災生安陸，釁接漢陽，當三伏之炎蒸，動兩朝之師旅。[9]豈期邊帥，不稟上謀，泊復城池，備知本末。尋已捨諸俘執，還彼鄉閭，不唯念效命之人，兼亦敦善鄰之道。今承來旨，將正朝章，希循宥罪之文，用廣崇仁之美。其杜光鄴等再令歸復。"尋遣使押光鄴等於桐墟渡淮，淮中有棹船，甲士拒之，南去不果。[10]詔光鄴等歸京師，授以職秩，其戎士五百人，立爲顯義都。[11]

[1]申州：州名。治所在今河南信陽市。

[2]檢校太傅：官名。爲散官或加官，以示恩寵，無實際執掌。威勝軍：方鎮名。治所在鄧州（今河南鄧州市）。

[3]天策府：官署名。五代十國之南楚所置，掌南楚軍事征伐。步騎將：官名。五代十國之南楚所置統兵官。張少敵：人名。籍貫不詳。五代十國之南楚將領。事見本書本卷、《新五代史》卷六六。岳陽：縣名。治所在今湖南岳陽市。

[4]安國軍：方鎮名。唐同光元年（923）改保義軍置，治所在邢州（今河北邢臺市）。

[5]户部尚書：官名。户部最高長官。掌管全國土地、户籍、賦稅、財政收支諸事。正三品。鄭韜光：人名。河清（今河南孟州市）人。滎陽（今河南滎陽市）子弟，唐憲宗朝宰相鄭絪之曾孫，唐宣宗外甥。自唐末至後晋，歷仕諸朝。傳見本書卷九二。

[6]福州：州名。治所在今福建福州市。

[7]宿州：州名。治所在今安徽宿州市。

[8]乘便據壘：《輯本舊史》之影庫本粘籤：“據壘，原本作‘居壘’，今從《通鑑》改正。”見《通鑑》卷二八二天福五年（940）六月條。

[9]漢陽：縣名。治所在今湖北武漢市漢陽區。

[10]桐墟：《舊五代史考異》：“案：原本作‘桐廬’。據《通鑑》注引《九域志》云：宿州蘄縣有桐墟鎮，自桐墟而南，至渦口則濟淮矣。今改正。”見《通鑑》卷二八二天福五年六月條胡注。

[11]顯義都：《輯本舊史》之影庫本粘籤：“顯義都，原本脱‘義’字，今考《通鑑》云：帝悉授唐諸將官，以其士卒爲顯義都，命舊將劉康領之。今增入。”見《通鑑》卷二八二天福五年六月條，“唐諸官”，《通鑑》作“唐諸將官”。

八月丁酉，帝觀稼於西郊。[1]己亥，詳定院以先奉詔詳定冬、正朝會禮節、樂章、二舞行列等事上之，事具《樂志》。[2]庚子，以前金州防禦使田武爲金州懷德軍節度使。[3]辛丑，升復、郢二郡爲防禦使額。[4]戊午，左龍武統軍相里金卒，廢朝一日，贈太師。[5]己未，太子太師致仕范延光卒於河陽，廢朝二日，贈太師。[6]

[1]觀稼：又作“閲稼”。查看農作物生長情況，以表現朝廷重農的態度。

[2]詳定院：官署名。臨時設置的禮樂詳定機構。　二舞：指文、武二舞。西周樂制，後代帝王亦多沿用。五代後晉時復用二舞。

[3]金州：州名。治所在今陝西安康市。　田武：人名。元城（今河北大名縣）人。五代後唐、後晉將領。傳見本書卷九〇。

懷德軍：方鎮名。治所在金州（今陝西安康市）。

[4]復：州名。治所在今湖北天門市。　郢：州名。治所在今湖北鍾祥市。

[5]左龍武統軍：官名。左龍武軍統兵官。左龍武爲唐代“北衙六軍”之一。掌宿衛宮禁。從二品。　相里金：人名。并州（今山西太原市）人。五代後晉將領。傳見本書卷九〇、《新五代史》卷四七。　太師：中華書局本有校勘記：“‘太師’，《相里金神道碑》（拓片刊《北京圖書館藏中國歷代石刻拓本匯編》第三十六册）作‘太子太師’。”

[6]己未，太子太師致仕范延光卒於河陽，廢朝二日：《舊五代史考異》：“案：《歐陽史》作西京留守楊光遠殺太子太師范延光。考本傳，延光本爲楊光遠推墮溺水死，爲之輟朝，諱之也。”見《輯本舊史》卷九七《范延光傳》、《新五代史》卷八《晉高祖紀》。

范延光：人名。鄴郡臨漳（今河北臨漳縣）人。五代後唐、後晉將領。傳見本書卷九七、《新五代史》卷五一。　河陽：方鎮名。全稱“河陽三城”。治所在孟州（今河南孟州市）。

　　九月丁卯，宰臣李崧加集賢殿大學士，以翰林學士承旨、戶部侍郎和凝爲中書侍郎、平章事。[1]丙子，廢翰林學士院，其公事並歸中書舍人。[2]丁丑，以翰林學士、中書舍人李慎儀爲右散騎常侍，以翰林學士、左右補闕李澣爲吏部員外郎，以右散騎常侍趙光輔爲太子賓客，以太子賓客韓惲爲兵部尚書，以右諫議大夫段希堯爲萊州刺史。[3]甲申，西京留守楊光遠加守太尉、兼中書令，充平盧軍節度使，封東平王。[4]戊子，改東京上源驛爲都亭驛。[5]

[1]九月丁卯：中華書局本沿《輯本舊史》，"九月"二字原闕。《舊五代史考異》："案：《歐陽史》作九月丁卯，原本疑有脱字。"未補。見《新五代史》卷八《晋高祖紀》。天福五年（940）九月癸亥朔，丁卯爲初五，以下諸條記事，丙子爲十四，丁丑十五，甲申二二，戊子二六，故補"九月"二字。　李崧：人名。深州饒陽（今河北饒陽縣）人。五代大臣。傳見本書卷一〇八、《新五代史》卷五七。　集賢殿大學士：官名。唐中葉置，位在學士之上，以宰相兼。掌修書之事。　户部侍郎：官名。尚書省户部次官。協助户部尚書掌天下田户、均輸、錢穀之政令。正四品下。中書侍郎：官名。中書省副長官。唐後期三省長官漸爲榮銜，中書、門下侍郎却因參議朝政而職位漸重，常常用爲以"同三品"或"同平章事"任宰相者的本官。正三品。

[2]翰林學士院：官署名。開元二十六年（738）唐玄宗改翰林供奉爲翰林學士，於翰林院之外，另置學士院，令翰林學士入直其中，直屬皇帝。掌起草任免將相等的機密詔令，並備皇帝咨詢。

[3]李慎儀：人名。籍貫不詳。五代後唐、後晋官員。事見本書本卷、卷八四。　右散騎常侍：官名。中書省屬官。掌侍奉規諷，備顧問應對。正三品下。　左右補闕：唐五代置有左補闕、右補闕。左補闕隸於門下省，右補闕隸於中書省。掌規諫諷諭，大事可以廷議，小事則上封奏。從七品上。此處疑有衍字。　李澣：人名。京兆萬年（今陝西西安市長安區）人。歷仕後唐、後晋，後與徐台符被契丹挾而北行，在遼任宣政殿學士、禮部尚書等。傳見《遼史》卷一〇三、《宋史》卷二六二。　吏部員外郎：官名。尚書省吏部頭司次官。佐吏部郎中掌文官階品、朝集、録賜，給其告身、假使以及選補流外官等事。從六品上。　趙光輔：人名。籍貫不詳。五代後晋官員。事見本書卷四七、卷八一。中華書局本有校勘記："'趙光輔'，原作'趙元輔'，據本書卷四七《唐末帝紀中》改。本書各處同。按《五代會要》卷七有太子賓客、判太常寺事趙光輔，即其人。"見《輯本舊史》卷四七《唐末帝紀中》清泰二年

（935）三月丙午條、《會要》卷七廟樂條晋高祖記事。　太子賓客：官名。爲太子官屬。唐高宗顯慶元年（656）始置。掌侍從規諫、贊相禮儀。正三品。　韓惲：人名。太原晋陽（今山西太原市）人。五代後唐、後晋官員。傳見本書卷九二。　兵部尚書：官名。尚書省兵部主官。掌兵衛、武選、車輦、甲械、廄牧之政令。正三品。　右諫議大夫：官名。隸中書省。唐代置左、右諫議大夫各四人，分隸門下省、中書省。掌諫諭得失、侍從贊相。正四品下。　段希堯：人名。河内（今河南沁陽市）人。五代大臣。傳見本書卷一二八、《新五代史》卷五七。　萊州：州名。治所在今山東萊州市。　刺史：官名。漢武帝時始置。州一級行政長官，總掌考覈官吏、勸課農桑、地方教化等事。唐中期以後，節度、觀察使轄州而設，刺史爲其屬官，職任漸輕。從三品至正四品下。

[4]西京：指京兆府（今陝西西安市）。　楊光遠：人名。沙陀部人。五代後唐、後晋將領。傳見本書卷九七、《新五代史》卷五一。　太尉：官名。與司徒、司空並爲三公，唐後期、五代多爲大臣、勳貴加官。正一品。　中書令：官名。漢代始置，隋、唐前期爲中書省長官，屬宰相之職；唐後期多爲授予元勳大臣的虛銜。正二品。　平盧軍：方鎮名。治所在青州（今山東青州市）。

[5]東京：後晋天福三年（938）升汴州爲開封府（今河南開封市），建爲東京。後漢、後周及北宋皆都於此，俗稱汴京。　上源驛：地名。位於今河南開封市内。

冬十月丁酉，制：天下兵馬元帥、鎮海鎮東浙江東西等道節度使、中書令、吳越國王錢元瓘加守尚書令，充天下兵馬都元帥。[1]戊戌，户部尚書姚顗卒，廢朝一日，贈右僕射。[2]癸卯，湖南上言，福建王延義與弟延政互起干戈，内相侵伐。[3]甲辰，升萊州爲防禦使額，以汝州防禦使楊承貴領之。[4]以新授萊州刺史段希堯爲懷州刺史。[5]丁未，契丹使舍利來聘，致馬百疋及玉鞍、狐裘等。[6]己酉，宴羣臣於永福殿，賜帛有差。癸丑，詔："今後竊盜贓滿五匹者處死，三匹已上者決杖配流，以盜論者准律文處分。"[7]又詔："過格選人等，可赴吏部南曹召保，委正身者降一資注官。"[8]

[1]鎮海：方鎮名。治所在潤州（今江蘇鎮江市）。　鎮東：方鎮名。治所在越州（今浙江紹興市）。　浙江東西：即浙東、浙西，又稱"兩浙"。轄境爲今浙江全省及江蘇南部。　吳越國王：中華書局本沿《輯本舊史》作"吳越王"，並有校勘記："'吳越王'，本書卷八〇《晋高祖紀六》作'吳越國王'。按本書卷七六《晋高祖紀二》：'（天福二年十一月）鎮海鎮東節度使、吳越王錢元瓘加天下兵馬副元帥，封吳越國王。'"但未改。錢元瓘已於天福二年（937）十一月封吳越國王，《輯本舊史》卷八〇《晋高祖紀六》天福六年十一月甲寅條又載遣聶延祚等持節册天下兵馬都元帥、守尚書令、吳越國王錢元瓘，故據改。　錢元瓘：人名。祖籍臨安（今浙江杭州市臨安區）。錢鏐之子。五代十國吳越國國主，932年至941年在位。傳見本書卷一三三、《新五代史》卷六七。天下兵馬都元帥：官名。名義上天下兵馬的最高統帥。爲榮譽職銜，無實職。

[2]姚顗：人名。京兆萬年（今陝西西安市長安區）人。唐末進士，五代後梁、後唐、後晋大臣。傳見本書卷九二、《新五代史》卷五五。　右僕射：中華書局本有校勘記："'右'，本書卷九二《姚顗傳》作'左'。"

[3]延政：人名。即王延政。王審知之子，五代十國閩國末代君主。傳見本書卷一三四、《新五代史》卷六八。

[4]楊承貴：人名。籍貫不詳。五代後晋官員。事見本書本卷。

[5]懷州：州名。治所在今河南沁陽市。

[6]舍利：人名。契丹使者。舍利原爲官稱，即“郎君”。隸著帳郎君院，屬北面官。管理宫中雜役等。此以官稱（或專名）代人名。事見本書本卷。中華書局本有校勘記：“原作‘錫里’，注云：‘舊作“舍利”，今改正。’按此係輯録《舊五代史》時所改，今恢復原文。”又，《舊五代史考異》：“案《遼史》：會同三年三月戊辰，遣使使晋，乙未，晋遣使來覲。四月壬寅，遣人使晋，丙午，晋遣宣徽使楊端、王眺等來問起居，丙辰，晋遣使進茶藥，癸亥，晋遣使賀端午。五月庚辰，晋遣使進弓矢，甲申，遣皇子天德及檢校司徒邸用和使晋。六月庚子，晋遣使來見。九月丙戌，晋遣使貢名馬。十月庚申，晋遣使貢布。十二月丙申，遣使使晋。”見《遼史》卷四《太宗紀下》。就《舊五代史考異》所引之“十月庚申”，中華書局本有校勘記：“‘十月’二字原闕，據《遼史》卷四《太宗紀下》補。”

[7]今後竊盜贓滿五匹者處死：中華書局本有校勘記：“‘五匹’二字原闕，據《册府》卷六一三、《五代會要》卷九補。”見《會要》卷九《定贓》條、《宋本册府》卷六一三《刑法部·定律令門五》。

[8]可赴吏部南曹召保：《宋本册府》卷六三三《銓選部·條制門五》作“可赴吏部南曹準格召保”。

十一月壬戌，遥領遂州武信軍節度使、鎮海軍衙内統軍、檢校太傅、同平章事陸仁章卒，贈太子太傅。[1]甲子，滑州節度使景延廣加檢校太傅，改陝州保義軍節度使。[2]以鄭州防禦使、駙馬都尉史匡翰爲義成軍節度使。[3]戊辰，曹州防禦使石贇加檢校太保，充河陽三城節度使。[4]庚午，以翰林學士、户部侍郎張昭遠爲兵部侍郎。[5]丙子，冬至，帝御崇元殿受朝賀，始用二舞。

帝舉觴，奏《玄同之樂》；登歌，奏《文同之樂》；舉
食，文舞歌《昭德之舞》，武舞歌《成功之舞》。典禮
久廢，至是復興，觀者悦之。[6]丁丑，吳越國進奉使陳
元亮進《冬日觀仗詩》一首，帝覽之稱善，賜服馬器
幣。[7]癸未，移德州長河縣，大水故也。[8]甲申，制授閩
國王延羲檢校太師、兼中書令、福州威武軍節度使，封
閩國王。[9]以兩浙西南面安撫使錢元懿爲檢校太尉、兼
中書令，遥領廣州清海軍節度使。[10]又以恩州團練使錢
鐸爲檢校太尉、同平章事，遥領楚州順化軍節度使。[11]
丁亥，割衛州黎陽縣隸滑州。[12]

　　[1]遥領：雖居此官職，然實際上並不赴任。　遂州：州名。
治所在今四川遂寧市。　武信軍：方鎮名。治所在遂州（今四川遂
寧市）。　鎮海軍：方鎮名。治所在潤州（今江蘇鎮江市）。　衙
内統軍：官名。所部統兵將領。“衙内”爲節度使的近衛部隊。
陸仁章：人名。睦州（今浙江建德市）人。五代十國之吳越國官
員，官至同參相府事。傳見本書附録、《十國春秋》卷八六。中華
書局本沿《輯本舊史》作“陸仁璋”，並有校勘記：“本書卷七八
《晋高祖紀四》，《通鑑》卷二六七、卷二七七，《吳越備史》卷二
作‘陸仁章’。”但未改。見《輯本舊史》卷七八《晋高祖紀四》
天福四年（939）五月丙寅條，《通鑑》卷二六七開平三年四月條、
卷二七七長興三年三月條。今據改。　太子太傅：官名。與太子太
師、太子太保統稱太子三師。隋唐以後多作加官或贈官。從一品。
　　[2]滑州：州名。治所在今河南滑縣。　景延廣：人名。陝州
（今河南三門峽市陝州區）人。五代後晋將領。傳見本書卷八八、
《新五代史》卷二九。　陝州：州名。治所在今河南三門峽市陝州
區。　保義軍：方鎮名。治所在陝州（今河南三門峽市陝州區）。

[3]史匡翰：人名。雁門（今山西代縣）人。史建瑭之子。後晉高祖石敬瑭的妹婿。五代後唐、後晉將領。傳見本書卷八八、《金石萃編》卷一二〇《義成軍節度使贈太保史匡翰碑》。 義成軍：方鎮名。亦稱永平軍。治所在滑州（今河南滑縣）。

[4]石贇：人名。籍貫不詳。五代後晉將領。事見本書卷八〇、卷八二。 檢校太保：官名。爲散官或加官，以示恩寵，無實際執掌。 河陽三城：方鎮名。簡稱“河陽”。治所在孟州（今河南孟州市）。

[5]以翰林學士、户部侍郎張昭遠爲兵部侍郎：中華書局本有校勘記：“本書卷八〇《晋高祖紀六》復記‘（天福六年十一月）户部侍郎張昭遠爲兵部侍郎’，兩者疑有一誤，本卷下文天福六年二月仍記張昭遠爲户部侍郎。”見《輯本舊史》卷八〇《晋高祖紀六》天福六年十一月甲子條。要解釋兩者之矛盾，需據《宋史》卷二六三《張昭（即張昭遠，入後漢後因避高祖劉知遠名諱去“遠”字，入宋後亦未回改）傳》：後唐清泰三年遷禮部侍郎，晋天福二年改户部侍郎，因父直卒，歸西洛。五年，服闋，召爲户部侍郎。後詔昭兼判史院事，改兵部侍郎。 張昭遠：人名。即“張昭”。濮州范縣（今河南范縣）人。五代後唐至宋初官員。傳見《宋史》卷二六三。 兵部侍郎：官名。尚書省兵部次官。協助兵部尚書掌武官銓選、勳階、考課之政。正四品下。

[6]典禮久廢：《輯本舊史》之影庫本粘籤：“原本脱‘典禮’二字，今據《歐陽史》增入。”《新五代史》未見記載。

[7]進奉使：藩屬國派遣向朝廷進奉的使者。 陳元亮：人名。永春（今福建永春縣）人。五代十國之吳越國官員。傳見《十國春秋》卷三一。

[8]德州：州名。治所在今山東德州市陵城區。 長河縣：縣名。治所在今山東德州市。

[9]檢校太師：官名。爲散官或加官，以示恩寵，無實際執掌。 威武軍：方鎮名。治所在福州（今福建福州市）。

[10]錢元懿：人名。五代十國之吳越國王錢鏐的第五子。受封金華郡王。傳見《十國春秋》卷八三。　廣州：州名。治所在今廣東廣州市。　清海軍：方鎮名。治所在廣州（今廣東廣州市）。

[11]恩州：州名。治所在今廣東陽江市。　團練使：官名。唐代中期以後，於不設節度使的地區設團練使，掌本區各州軍事。錢鏵：人名。籍貫不詳。五代十國之吳越國官員。事見本書卷八四。中華書局本有校勘記："原作'錢驛'，據劉本、邵本校、本書卷八四《晋少帝紀四》改。"見《輯本舊史》卷八四《晋少帝紀四》開運二年（945）十一月戊申條。　楚州：州名。治所在今江蘇淮安市。　順化軍：方鎮名。治所在楚州（今江蘇淮安市）。

[12]衛州：州名。治所在今河南衛輝市。　黎陽縣：縣名。治所在今河南浚縣。

十二月壬辰朔，遥領洮州保順軍節度使、檢校太尉、兼侍中、判湖州軍州事鮑君福卒，贈太傅。[1]丙申，詔：故静海軍兼東南面安撫制置使、檢校太傅、温州刺史錢弘僎贈太子太傅，故吳越兩軍節度副使、檢校太尉錢弘傅贈太子太師。[2]

[1]洮州：州名。治所在今甘肅臨潭縣。　保順軍：方鎮名。治所在洮州（今甘肅臨潭縣）。　侍中：官名。秦始置。隋、唐前期爲門下省長官。唐後期多爲大臣加衡，不參與政務，實際職務由門下侍郎執行。正二品。　湖州：州名。治所在今浙江湖州市。鮑君福：人名。籍貫不詳。五代後唐、後晋將領。傳見本書附録。　太傅：官名。與太師、太保並爲三師。唐後期、五代多爲大臣、勳貴加官。正一品。

[2]静海軍：方鎮名。治所在温州（今浙江温州市）。　安撫制置使：官名。臨時差遣，用兵時爲控制地方秩序而設。　温州：

州名。治所在今浙江温州市。　錢弘僎：人名。五代十國之吳越國王錢元瓘長子。受封瓊山侯。傳見《十國春秋》卷八三。中華書局本有校勘紀："原作'錢弘巽'，據彭校、《吳越備史》卷二、《全唐文》卷八五九《吳越文穆王錢元瓘碑銘》改。"見《吳越備史》卷二庚子（天福）五年（940）春二月甲辰條。錢鏐孫輩名下一字均爲單人旁，本條下文錢弘傳亦可證，故應改正。　節度副使：官名。唐、五代方鎮屬官。位於行軍司馬之下、判官之上。　錢弘傳：人名。五代十國之吳越國王錢元瓘之子。被立爲世子，早卒。傳見《十國春秋》卷八三。　太子太師：官名。與太子太傅、太子太保統稱太子三師。隋唐以後多作加官或贈官。從一品。

天福六年春正月辛酉朔，帝御崇元殿受朝賀，仗衛如式。刑部員外郎李象上《二舞賦》，帝覽而嘉之，命編諸史册。[1]甲子，同州指揮使成殷謀亂事洩，伏誅。[2]時節度使宋彥筠御下無恩，既貪且鄙，故殷與子彥璋陰構部下爲亂，會有告者，遂滅其黨。[3]乙丑，青州奏，海凍百餘里。丙寅，遣供奉官張澄等領兵二千，發并、鎮、忻、代四州山谷吐渾，令還舊地。[4]先是，吐渾苦契丹之虐，受鎮州安重榮誘召，叛而南遷，入常山、太原二境，帝以契丹歡好之國，故遣歸之。[5]戊辰，詔："應諸州無屬州錢處，今後冬至、寒食、端午、天和節及諸色謝賀，不得進貢。"[6]壬申，以左司郎中趙上交爲諫議大夫。[7]戊寅，封唐叔虞爲興安王，臺駘爲昌寧公，差給事中張琭、户部郎中張守素就行册禮。[8]又詔："嶽鎮海瀆等廟宇，並令崇飾，仍禁樵採。"[9]丙戌，故皇第二叔檢校司徒萬友贈太師，皇第三叔檢校司空萬銓贈太尉，皇兄故檢校左僕射敬儒贈太傅。[10]

[1]刑部員外郎：官名。刑部郎中之副職，協助刑部郎中掌律法、按覆大理及天下奏讞。從六品上。　李象：人名。籍貫不詳。五代後晉官員。事見本書本卷、卷一四七。

[2]同州：州名。治所在今陝西大荔縣。　指揮使：官名。唐末五代軍隊多置都指揮使、指揮使，爲統兵將領。　成殷：人名。籍貫不詳。五代後晉的地方將領。事見本書本卷。

[3]宋彦筠：人名。雍丘（今河南杞縣）人。五代後唐至後周將領。傳見本書卷一二三。　彦璋：人名。即宋彦璋。雍丘（今河南杞縣）人。五代後晉將領，作亂被殺。事見本書本卷。

[4]“丙寅”至“令還舊地”：《輯本舊史》之影庫本粘籤：“并、鎮，原本作‘并真’，今從《通鑑》改正。”見《通鑑》卷二八二。《舊五代史考異》：“案：晉逐吐谷渾在天福六年，《通鑑》與《薛史》同。考天福六年即遼會同四年也。《遼史》作會同三年，晉以并、鎮、忻、代之吐谷渾來歸，與《薛史》異。”見《通鑑》卷二八二、《遼史》卷四《太宗紀下》。　張澄：人名。籍貫不詳。五代後晉官員。事見本書本卷。　并：州名。治所在今山西太原市。　鎮：州名。治所在今河北正定縣。　忻：州名。治所在今山西忻州市。　代：州名。治所在今山西代縣。　吐渾：部族名。吐谷渾的省稱。源出鮮卑，後游牧於今甘肅、青海一帶。參見周偉洲《吐谷渾資料輯録》（增訂本），商務印書館 2017 年版。

[5]安重榮：人名。朔州（今山西朔州市朔城區）人。五代後唐、後晉將領。傳見本書卷九八、《新五代史》卷五一。　常山：即鎮州，治所在今河北正定縣。

[6]天和節：後晉高祖石敬瑭誕節。

[7]左司郎中：官名。爲尚書左丞副貳，協掌尚書都省事務，監管吏、戶、禮部諸司政務。位在諸司郎中上。從五品上。　趙上

交：人名。涿州范陽（今河北涿州市）人。本名遠，字上交，避後漢高祖劉知遠諱，遂以字爲名。五代、宋初官員。傳見《宋史》卷二六二。 諫議大夫：官名。秦始置，掌朝政議論。隋唐仍置，有左、右諫議大夫四人，分屬門下、中書二省。掌諫諭得失，侍從贊相。唐後期、五代多以本官領他職。唐初爲正五品上，會昌二年（842）升爲正四品下。後晋天福五年（940）爲正四品，後周顯德五年（958）復改爲正五品上。

[8]唐叔虞：人名。姓姬名虞。西周成王之弟。受封於唐，故稱唐叔虞。後代改國號曰晋。爲周代晋國的始祖。傳見《史記》卷三九。 臺駘：上古神話、傳說人物。《左傳·昭公元年》："昔金天氏有裔子曰昧，爲玄冥師，生允格、臺駘。臺駘能業其官，宣汾、洮，障大澤，以處大原。帝用嘉之，封諸汾川，沈、姒、蓐、黃，實其守祀。"中華書局本有校勘記："'臺駘'下原有'神'字，據《册府》卷三四、《新五代史》卷八《晋本紀》刪。案臺駘，少皞之後。"見明本《册府》卷三四《帝王部·崇祭祀門二》。

張璪：人名。籍貫不詳。五代後晋官員，後出任給事中、三白渠制置使。事見本書卷七六。 戶部郎中：官名。即尚書省戶部頭司戶部司長官。掌戶口、土田、賦役、貢獻、優復、婚姻、繼嗣等事。從五品上。 張守素：人名。籍貫不詳。五代後晋官員。事見本書本卷、《新五代史》卷二七。

[9]並令崇飾：中華書局本引孔本案語："案：《五代會要》作宜各令修葺。"見《會要》卷三《嶽瀆》條。

[10]檢校司徒：官名。爲散官或加官，以示恩寵加此官，無實際執掌。司徒，與太尉、司空並爲三公。 萬友：人名。即石萬友。沙陀部人。後晋高祖石敬瑭的叔父。傳見《新五代史》卷一七。 檢校司空：官名。爲散官或加官，以示恩寵加此官，無實際執掌。司空，與太尉、司徒並爲三公。 萬銓：人名。即石萬銓。沙陀部人。後晋高祖石敬瑭的叔父。傳見《新五代史》卷一七。中華書局本有校勘記："'萬銓'，《册府》卷二七七同，本書卷八七

《廣王敬威傳》、《新五代史》卷一七《晋家人傳》作‘萬詮’。”
見明本《册府》卷二七七《宗室部·褒寵門三》，《宋本册府》卷
二七三《宗室部·智識門》亦同。　檢校左僕射：官名。左僕射爲
隋唐宰相名號。檢校左僕射爲散官或加官，以示恩寵，無實際執
掌。　敬儒：人名。即石敬儒。沙陀部人。後晋高祖石敬瑭之兄，
出帝石重貴之父。傳見《新五代史》卷一七。

　　二月辛卯朔，[1]詔：“天下郡縣，不得以天和節禁屠
宰，輒滯刑獄。”壬辰，置浮橋於德勝口。[2]甲午，詔：
“諸衛上將軍月俸舊三十千，令增至五十千。”戊戌，以
三恪後、汝州襄城縣令、襲介國公宇文頡爲太子率更
令。[3]己亥，詔兵部侍郎張昭遠、起居郎賈緯、秘書少
監趙熙、吏部郎中鄭受益、左司員外郎李爲光等同修唐
史，仍以宰臣趙瑩監修。[4]壬寅，以三白渠制置使張璨
爲給事中。[5]戊申，詔侯伯來朝、君臣相見賞宴貢奉，
今後宜停。起居郎賈緯以所撰《唐年補遺録》六十五卷
上之，帝覽之嘉歎，賜以器幣，仍付史館。[6]癸丑，長
安公主薨，帝之長女也，笄年降於駙馬楊承祚，帝悼惜
之甚，輟視朝二日，追贈秦國公主。

　　[1]二月辛卯朔：“朔”字原闕，據《二十史朔閏表》及正史
本紀四時記載之規則補。
　　[2]德勝口：地名。原爲德勝渡，爲黄河重要渡口之一。位於
今河南濮陽市。
　　[3]三恪後：中華書局本沿《輯本舊史》闕“後”字，今據
《宋本册府》卷一七三《帝王部·繼絕門》補。　太子率更令：官
名。秦始置。唐代爲率更寺之長官。掌宗族次序、禮樂、刑罰及漏

刻之政。從四品上。“率更”，《輯本舊史》之影庫本粘籤：“原本作‘率吏’，今從《唐書·百官志》改正。”見《新唐書》卷四九上《百官志上·率更寺》條。

[4]兵部侍郎：中華書局本沿《輯本舊史》誤“兵部侍郎”爲“户部侍郎”，今改。詳見本卷上文天福五年（940）十一月庚午條校勘記。　起居郎：官名。唐代始置，屬門下省。與中書省起居舍人同掌起居注，記皇帝言行。從六品上。　賈緯：人名。鎮州獲鹿（今河北石家莊市鹿泉區）人。五代後唐至後周官員。傳見本書卷一三一、《新五代史》卷五七。　秘書少監：官名。唐承隋制，置秘書省，設秘書少監二人協助秘書監工作。從四品上。　趙熙：人名。京兆奉天（今陝西乾縣）人。唐宰相趙光逢侄。於晋州爲契丹搜刮錢財嚴急，爲百姓所殺。傳見本書卷九三。　鄭受益：人名。鄭州榮陽（今河南榮陽市）人。唐朝宰相鄭餘慶之曾孫。五代後梁至後晋官員。傳見本書卷九六。　左司員外郎：官名。隸尚書都省，與左司郎中同爲尚書左丞副貳。協掌尚書都省事務，監管吏、户、禮部諸司政務。從六品上。　李爲光：人名。籍貫不詳。五代後晋官員，參與編修《舊唐書》。事見本書本卷。　趙瑩：人名。華州華陰（今陝西華陰市）人。五代後晋宰相。傳見本書卷八九、《新五代史》卷五六。

[5]三白渠：唐代關中平原太白、中白、南白三渠的合稱。制置使：官名。唐後期置，爲臨時軍事長官。

[6]起居郎賈緯以所撰唐年補遺録六十五卷上之：《舊五代史考異》：“案《五代會要》：起居郎賈緯奏曰：‘伏以唐高祖至代宗已有紀傳，德宗亦存實録，武宗至濟陰廢帝凡六代，惟有《武宗實録》一卷，餘皆闕略。臣今搜訪遺聞及耆舊傳説，編成六十五卷，目爲《唐朝補遺録》，以備將來史館修述。’”見《會要》卷一八《前代史》條。又，《舊五代史考異》作“唐年補録”，《會要》卷一八本作“唐朝補遺録”，《宋本册府》卷五五七《國史部·採撰門》亦作“唐年補遺録”，據補“遺”字。　史館：官署名。負責

官方修史的機構。北齊始置。唐初隸秘書省著作局。唐貞觀三年（629）移於禁中，隸門下省。修本朝史由史官負責，修前代史多由他官編纂，宰相監修，正式確立史館修史、宰相監修之制。開元二十五年（737），徙史館於中書省。天寶後，他官兼領史職者，謂之史館修撰，初入者爲直館。

三月甲子，河中節度使康福進封許國公。乙丑，左驍衛上將軍李承約卒。[1]癸酉，詔天福四年終已前，百姓所欠夏秋租稅，一切除放。[2]

[1]左驍衛上將軍：中華書局本有校勘記："'左'，原作'右'，據殿本，孔本，本書卷七六《晋高祖紀二》、卷九〇《李承約傳》，《新五代史》卷四七《李承約傳》改。"見《輯本舊史》卷七六《晋高祖紀二》天福二年（937）六月丙戌條、《新五代史》卷四七《李承約傳》。

[2]"癸酉"至"一切除放"：《宋本册府》卷四九二《邦計部·蠲復門四》作："天福二年至四年夏秋租稅，一切除放。"

夏四月庚寅朔，湖南奏，溪州刺史彭士愁、五溪酋長等乞降，已立銅柱於溪州，鑄誓狀於其上，以《五溪銅柱圖》上之。[1]丙申，詔顯義指揮使劉康部下兵五百人放還淮海，即安州所俘也。[2]己亥，虞部郎中、知制誥楊昭儉遷中書舍人，户部侍郎王松改御史中丞，禮部郎中馮玉改司門郎中、知制誥。[3]辛丑，宰臣監修國史趙瑩奏：[4]"奉詔差張昭遠等五人同修唐史，内起居郎賈緯丁憂去官，請以刑部侍郎吕琦、侍御史尹拙同與編修。"[5]又奏："史館所闕唐朝實錄，請下敕購求。"並從之。[6]壬寅，以户部員外郎、知制誥盧價爲虞部郎中、知制誥，以昭義節度副使陳玄爲光禄卿致仕。[7]乙巳，齊魯民饑，詔兖、鄆、青三州發廩賑貸。[8]

　　[1]彭士愁：人名。一作彭士然。又名彦晞。唐末五代溪州刺史彭瑊之子。五代後梁開平四年（910）襲父職，後晋天福四年（939）率溪、獎、錦三州“蠻”攻辰、澧等州。事見本書本卷、《通鑑》卷二八二。　　五溪：廣義的五溪爲今沅水中上游地區。狹義的五溪指五條沅水支流，即巫水（雄溪）、渠水（滿溪）、酉水（酉溪）、潕水（潕溪）、辰水（辰溪），古稱“武陵五溪”。位於今湖南懷化市。

　　[2]顯義指揮使：官名。所部統兵將領。顯義爲部隊番號。劉康：人名。籍貫不詳。五代後晋將領。事見本書本卷。　　五百人：《宋本册府》卷四二《帝王部·仁慈門》作“百人”。

　　[3]虞部郎中：官名。唐、五代工部虞部司的長官，掌京城街道、苑囿、山澤草木及百官外國客人的時蔬薪炭供給、畋獵等事。從五品上。　　知制誥：官名。掌起草皇帝的詔、誥之事，原爲中書舍人之職。唐開元末置學士院，翰林學士入院一年，則加知制誥銜，專掌任免宰相、册立太子、宣布征伐等特殊詔令，稱爲内制。而中書舍人所撰擬的詔敕稱爲外制。兩種官員總稱兩制官。　　楊昭儉：人名。京兆長安（今陝西西安市）人。五代後周、宋初大臣。傳見《宋史》卷二六九。　　王松：人名。京兆（今陝西西安市）人。唐僖宗宰相王徽之子。五代後唐至後漢官員。傳見本書附録、《新五代史》卷五七。　　禮部郎中：官名。尚書省禮部頭司禮部司長官。掌禮樂、學校、衣冠、符印、表疏、圖書、册命、祥瑞、鋪設，及百官、宫人喪葬贈賻之數。從五品上。　　馮玉：人名。定州（今河北定州市）人。五代後晋外戚、宰相。傳見本書卷八九、《新五代史》卷五六。　　司門郎中：官名。爲尚書省刑部司門司長

官。掌門關、橋樑、道路之禁令，稽察官吏、軍民、商販出入違法者。從五品上。

[4]監修國史：官名。北齊始置史館，以宰相爲之。唐史館沿置，爲宰相兼職。

[5]刑部侍郎：官名。尚書省刑部次官。協助刑部尚書掌天下刑法及徒隸、勾覆、關禁之政令。正四品下。　呂琦：人名。幽州安次（今河北廊坊市）人。五代後唐、後晉官員。傳見本書卷九二、《新五代史》卷五六。　侍御史：官名。秦始置。掌糾舉百官、推鞫獄訟。從六品下。　尹拙：人名。潁州汝陰（今安徽阜陽市）人。歷仕後梁、後唐、後晉、後漢、後周五代。傳見《宋史》卷四三一。

[6]“辛丑”至“並從之”：中華書局本有校勘記：“‘並’字原闕，據殿本、《舊五代史考異》卷三引文補。”又，《舊五代史考異》：“案《五代會要》云：監修國史趙瑩奏：‘自李朝喪亂，迨五十年，四海沸騰，兩都淪覆，今之書府，百無二三。臣等近奉綸言，俾令撰述，褒貶或從於新意，纂修須案于舊章，既闕簡編，先虞漏略。今據史館所闕唐書、實錄，請下敕命購求。況咸通中宰臣韋保衡與蔣伸、皇甫煥撰武宗、宣宗兩朝實錄，又光化初，宰臣裴贄撰僖宗、懿宗兩朝實錄，皆遇多事，或值播遷，雖聞撰述，未見流傳。其韋保衡、裴贄合有子孫見居職任，或門生故吏曾記纂修，聞此討論，諒多欣愜。請下三京、諸道及內外臣僚，凡有將此數朝實錄詣闕進納，量其文武才能，不拘資地，除授一官。如卷帙不足，據數進納，亦請不次獎酬，以勸來者。自會昌至天祐垂六十年，其初李德裕平上黨，著武宗伐叛之書；其後康承訓定徐方，有武寧本末之傳。如此事類，記述頗多。請下中外臣僚及名儒宿學，有于此六十年內撰述得傳記及中書、銀臺、史館日曆、制敕、册書等，不限年月多少，並許詣闕進納。如年月稍多，記錄詳備，請特行簡拔，不限資序。臣與張昭遠等所撰《唐史》，敘《本紀》以綱帝業，《列傳》以述功臣，十《志》以書刑政。所陳條例，請下所

司.'從之。"見《會要》卷一八前代史條。然《舊五代史考異》在"武宗、宣宗兩朝實録"後闕"又光化初宰臣裴贊撰僖宗懿宗兩朝實録"十七字。

[7]户部員外郎：官名。尚書省户部之户部司的屬官，爲户部郎中的副職。協助郎中掌户部司事務。從六品上。　盧價：人名。祖籍范陽（今河北涿州市），世居懷州河内（今河南沁陽市）。五代大臣。事見羅火金《五代時期盧價墓志考》，《中國歷史文物》2009年第2期。　陳玄：人名。京兆（今陝西西安市）人。五代後唐、後晉官員、醫學家。傳見本書卷九六。　光禄卿：官名。光禄寺長官。掌祭祀、朝會、宴郷酒醴膳羞之事，修其儲謹其出納之政。從三品。

[8]發廪賑貸：明本《册府》卷一〇六《帝王部·惠民門二》作"發管内倉糧"。賑貸爲灾荒時的賑濟措施之一，由各級政府貸借給受灾民户糧食、種子、耕牛、農具、現錢等，以幫助農民維持生活、恢復生産。參見黄曉巍《宋代賑貸初探》，《中國經濟史研究》2014年第3期。

五月庚申朔，以前邢州節度使丁審琪爲延州節度使，延州節度使劉景巖爲邠州節度使。[1]故皇子杲册贈太尉，進封陳王。[2]庚午，涇州奏，雨雹，川水大溢，壞州郡鎮戍二十四城。[3]甲戌，北京遣牙將劉從以吐渾大首領白承福、念龐里、赫連功德來朝。[4]邢州上言，吐渾移族帳於鎮州封部。

[1]邢州：州名。治所在今河北邢臺市。　丁審琪：人名。籍貫不詳。五代後晉將領。事見本書本卷、卷八一、卷八四。　延州：州名。治所在今陝西延安市。　劉景巖：人名。延州（今陝西延安市）人。高允權妻之祖父，家富於財，爲高允權誣殺。傳見

《新五代史》卷四七。　　邠州：州名。治所在今陝西彬縣。

[2]杲：人名。即石重杲。後晉高祖石敬瑭之子。《新五代史》卷一七《晉家人傳》云：“陳王重杲，高祖幼子也。小字馮六，未名而卒，贈太傅，追封陳王，賜名重杲。出帝天福八年五月，加贈太師。”

[3]涇州：州名。治所在今甘肅涇川縣。此處指代彰義軍。

[4]甲戌，北京遣牙將劉從以吐渾大首領白承福、念龐里、赫連功德來朝：《舊五代史考異》：“案《通鑑》：四月辛巳，北京留守李德珫遣牙校以吐谷渾酋長白承福入朝。《薛史》作五月甲戌，與《通鑑》異。《歐陽史》從《薛史》。”見《新五代史》卷八《晉高祖紀》天福六年（941）五月條、《通鑑》卷二八二。　　劉從：人名。籍貫不詳。五代後晉時藩鎮將領。事見本書本卷。　　白承福：人名。五代時代北吐谷渾首領。吐谷渾族。後唐同光元年（923），被莊宗任爲寧朔、奉化兩府都督，賜姓名爲李紹魯。事見《新五代史》卷七四《四夷附録・吐渾》。　　念龐里：人名。代北吐谷渾首領。事見本書本卷。　　赫連功德：人名。代北吐谷渾首領。事見本書本卷。

六月丙申，以前衛尉卿趙延乂爲司天監。[1]丁酉，詔：“今後藩侯郡守，凡有善政，委倅貳官條件聞奏，百姓官吏等不得遠詣京闕。”[2]壬寅，右領軍衛上將軍李頲卒，贈太師。[3]甲辰，迦葉彌陁國僧喹哩以佛牙泛海而至。[4]丙午，高麗國王王建加開府儀同三司、檢校太師，食邑一萬户。[5]戊午，鎮州節度使安重榮執契丹使拽剌，遣輕騎掠幽州南境之民，處於博野，[6]仍貢表及馳書天下，述契丹援天子父事之禮，貪傲無厭，困耗中國，已繕治甲兵，將與決戰。帝發所諭而止之，重榮跋扈愈甚，由是與襄州節度使安從進潛相搆謀爲不軌。[7]

《永樂大典》卷一萬五千六百四十四。[8]

[1]衛尉卿：名。原爲衛尉寺長官，此處作爲授予蕃國君主、官員、使者的榮譽稱號。　趙延乂：人名。一作“趙延義”。秦州（今甘肅天水市）人。五代十國時前蜀大臣趙溫珪之子。通術數。傳見本書卷一三一、《新五代史》卷五七。　司天監：官名。爲司天監之長官。掌天文、曆法以及占候等事。參見趙貞《唐宋天文星占與帝王政治》，北京師範大學出版社 2016 年版。

[2]倅貳官：即佐貳官。主官的副職或輔佐官。

[3]右領軍衛上將軍：官名。唐置，掌宮禁宿衛。唐代十六衛之一。從二品。“右領軍衛”，中華書局本沿《輯本舊史》缺“軍”字，今據《輯本舊史》卷七八《晋高祖紀四》天福四年（939）七月癸卯條、卷九一《李頖傳》補。然《輯本舊史》卷九一《李頖傳》作“左領軍衛”。　李頖：人名。一作“李頏”。陳州項城（今河南沈丘縣）人。李罕之之子。傳見本書卷九一。

[4]迦葉彌陁國：即迦濕彌邏國。《漢書》作罽賓，《唐書》稱個失蜜、迦濕彌羅。位於犍陀羅東北方，喜馬拉雅山麓，即今之喀什米爾地區。　喹哩：僧人名。此事另見《册府》卷五二《帝王部·崇釋氏第二》。　佛牙：佛牙舍利。自北魏至宋，屢有西域僧人或使者獻佛牙舍利記載。五代後唐明宗受後蜀孟知祥獻佛牙舍利，《册府》卷五二《帝王部·崇釋氏門二》記，後唐末帝清泰三年（936），“西京左右街僧録可肇等齎佛牙到闕”。

[5]高麗：古國名。又稱高句麗。故地在今朝鮮半島北部。公元 4 世紀後强大，與新羅、百濟鼎足争雄。總章元年（668），爲唐所滅。公元 918 年，後三國（即朝鮮新羅、後百濟、泰封）之一泰封國武將王建推翻其統治者弓裔，稱王，改國號高麗，都開京（今朝鮮開城），史稱“王氏高麗”。漸合并新羅、後百濟，重新統一

朝鮮半島。參見［朝］鄭麟趾等著《高麗史》（卷一），西南師範大學出版社 2014 年版；楊軍《高句麗民族與國家的形成和演變》，中國社會科學出版社 2006 年版。　　王建：人名。朝鮮王氏高麗開國國王，廟號太祖。參見［朝］鄭麟趾等《高麗史》（卷一），西南師範大學出版社 2014 年。　　開府儀同三司：官名。魏晉始置，隋唐時爲散官之最高官階。多授功勳重臣。從一品。

　　［6］鎮州節度使安重榮執契丹使拽剌：中華書局本有校勘記："原作'伊嗽'，注云：'舊作"拽剌"，今改正。'按此係輯録《舊五代史》時所改，今恢復原文。"又，《舊五代史考異》："案：《遼史》作二月，晉安重榮執使者拽剌。《薛史》作六月，先後互異。"《遼史》卷四《太宗紀下》會同四年（941）二月條云："是月，晉鎮州安重榮執遼使者拽剌。"對《舊五代史考異》所引之"安重榮"，中華書局本有校勘記："原作'安從榮'，據孔本、《遼史》卷四《太宗紀下》改。"　　拽剌：初爲官吏名，後爲職役名。契丹語音譯，意爲壯士、勇士，或作"曳剌"。遼有拽剌軍，直隸於朝廷。亦用作官名，有旗鼓拽剌，掌護衛皇帝儀仗旗鼓；軍中拽剌，司邊防偵候，傳報軍情；祗候郎君拽剌，屬祗候郎君班詳穩司，掌御前祗應之事。　　幽州：州名。治所在今北京市。　　博野：縣名。治所在今河北蠡縣。

　　［7］襄州：州名。治所在今湖北襄陽市。　　安從進：人名。索葛部人。五代後唐、後晉將領。傳見本書卷九八、《新五代史》卷五一。

　　［8］《大典》卷一五六四四"晉"字韻"五代後晉高祖（二）"事目。

舊五代史　卷八〇

晉書六

高祖紀第六

天福六年秋七月己未朔，帝御崇元殿視朝。^[1]庚申，升陳州爲防禦使額。^[2]辛酉，以前鄧州節度使馬萬爲貝州節度使。^[3]壬戌，涇州奏，西凉府留後李文謙今年二月四日閉宅門自焚，遣元入西凉府譯語官與來人齎三部族蕃書進之。^[4]以三司使劉審交爲陳州防禦使。^[5]癸亥，以前鄆州節度使趙在禮爲許州節度使，以前鄴都留守、廣晉尹高行周爲河南尹、西都留守。^[6]詔改拱辰、威和、內直等軍並爲興順。^[7]甲子，以宣徽使、權西京留守張從恩判三司。^[8]己巳，以鄴都留守兼侍衞親軍馬步軍都指揮使、廣晉尹劉知遠爲太原尹，充北京留守、河東節度使，仍割遼、沁二州却隸河東。^[9]以北京留守李德珫爲廣晉尹，充鄴都留守；以昭義節度使馬全節爲邢州節度使，加同平章事。^[10]甲戌，詔："今後諸道行軍副使，不得奏薦骨肉爲殿直、供奉官。"^[11]己卯，以前陝州節度使李從敏爲昭義軍節度使，以陝州節度使景延廣爲河陽三城節度使兼侍衛親軍馬步軍都虞候，以河陽節度使石贇爲陝州節度使。[12]壬午，突厥遣使朝貢。[13]以遥領壽州忠正軍節度使兼侍衛馬軍都指揮使李懷忠爲同州節度使，以宣徽北院使李守貞遥領忠正軍節度使、侍衛馬軍都指揮使。[14]甲申，降御札，取八月五日暫幸鄴都，沿路供頓，並委所司以官物排比，州縣不得科率人户。[15]丙戌，以右諫議大夫趙遠爲中書舍人，吏部郎中鄭受益爲右諫議大夫，刑部郎中殷鵬爲水部郎中、知制誥。[16]

[1]天福：五代後晋高祖石敬瑭年號（936—942）。出帝石重貴沿用至九年（944）。後漢高祖劉知遠繼位後沿用一年，稱天福十二年（947）。　崇元殿：宫殿名。五代後梁開平元年（907）改汴京正殿爲崇元殿。位於今河南開封市。《輯本舊史》之影庫本粘籤："崇元殿，原本作‘崇班’，考《薛史》前後俱作‘崇元’，今改正。"梁太祖即位，即命正殿爲崇元殿，以後唐、晋、漢、周各朝相沿，見《宋本册府》卷一九六《閏位部·建都門》及《輯本舊史》各帝本紀。

[2]陳州：州名。治所在今河南淮陽縣。　防禦使：官名。唐代始置，設有都防禦使、州防禦使兩種。常由刺史或觀察使兼任，實際上爲唐代後期州或方鎮的軍政長官。

[3]鄧州：州名。治所在今河南鄧州市。　節度使：官名。唐時在重要地區所設掌握一州或數州軍、民、財政的長官。　馬萬：人名。澶州（今河南濮陽縣）人。五代後唐、後晋、後漢將領。傳見本書卷一〇六。《輯本舊史》原作"焦方"，中華書局本沿之並有校勘記："按焦方，新、舊《五代史》僅此一見，本書卷一〇六

《馬萬傳》：'萬鎮鄧州，未幾罷鎮，授上將軍。'又本書卷八一《晉少帝紀一》：'（天福七年十二月）以前貝州節度使馬萬爲右驍衛上將軍。'疑'焦方'係'馬萬'之訛。"但未改。《輯本舊史》卷七六《晉高祖紀二》天福二年（937）七月甲寅條載："奉國都指揮使馬萬奏，滑州節度使符彥饒作亂，……尋以所部兵擒到彥饒。……是日，以馬萬爲滑州節度使。""以滑州節度使馬萬充魏府行營馬軍都指揮使。"《新五代史》卷八《晉高祖紀》天福二年七月壬子條載："義成軍亂。"甲寅條載："成將奉國都指揮使馬萬執符彥饒歸于京師，命殺之于赤岡。"《通鑑》卷二八一天福二年七月乙卯條載："帝以滑州奏事皆馬萬爲首，擢萬爲義成節度使。"今據上述諸書改"焦方"爲"馬萬"。　貝州：州名。治所在今河北清河縣。

[4]涇州：州名。治所在今甘肅涇川縣。此處指代彰義軍。西涼府：府名。五代以涼州爲西涼府。治所在今甘肅武威市。時西涼府爲吐蕃部落所占據。　留後：官名。唐、五代節度使多以子弟或親信爲留後，以代行節度使職務，亦有軍士、叛將自立爲留後者。掌一州或數州軍政。　李文謙：人名。籍貫不詳。五代後唐、後晉時西涼府留後。事見本書本卷、卷一三八。　遣元入西涼府譯語官與來人齎三部族蕃書進之：中華書局本有校勘記："'譯語官'下《冊府》卷九八〇有'楊行實'三字。"見《宋本冊府》卷九八〇《外臣部・通好門》。

[5]三司使：官名。後唐明宗天成元年（926）將晚唐以來的户部、度支、鹽鐵三部合爲一職，設三司使統之。主管國家財政。

劉審交：人名。幽州文安（今河北文安縣）人。唐末爲幽州將領、官員，後爲五代後唐至後晉官員。傳見本書卷一〇六、《新五代史》卷四八。

[6]鄆州：州名。治所在今山東東平縣。　趙在禮：人名。涿州（今河北涿州市）人。五代後唐、後晉將領。傳見本書卷九〇、《新五代史》卷四六。　許州：州名。治所在今河南許昌市。　鄴都：地名。治所在今河北大名縣。五代後唐同光元年（923），改魏

州爲興唐府，建號東京，三年改東京爲鄴都。　留守：官名。古代皇帝出巡或親征時指定親王或大臣留守京城，綜理國家軍事、行政、民事、財政等事務，稱京城留守。在陪都或軍事重鎮也常設留守，以地方長官兼任。　廣晉尹：官名。五代後晉天福二年改興唐府（魏州、鄴都）置廣晉府，治元城、廣晉二縣（今河北大名縣）。府尹爲最高長官，總其政務。從三品。　高行周：人名。幽州（今北京市）人，生於嬀州（今河北懷來縣）。五代名將。傳見本書卷一二三、《新五代史》卷四八。　河南尹：官名。唐開元元年（713）改洛州爲河南府，治所在今河南洛陽市，河南府尹總其政務。從三品。　西都：地名。五代梁開平元年建都開封府，號東都，改唐東都河南府洛陽爲西都。

[7]興順：五代後晉禁軍番號。由拱辰、威和、内直等軍改置。

[8]宣徽使：官名。唐始置。宣徽南院使、北院使通稱宣徽使。初用宦官，五代以後改用士人。通掌内諸司及三班内侍之名籍，郊祀、朝會、宴享供帳之儀，檢視内外進奉名物。參見王永平《論唐代宣徽使》，《中國史研究》1995 年第 1 期；王孫盈政《再論唐代的宣徽使》，《中華文史論叢》2018 年第 3 期。　張從恩：人名。太原人。五代後晉外戚、將領。仕至宋初。傳見《宋史》卷二五四。　三司：官署名。五代後唐明宗天成元年合鹽鐵、度支、户部爲一職，始稱三司，爲中央最高之理財機構。

[9]侍衛親軍馬步軍都指揮使：官名。五代時侍衛親軍長官。多爲皇帝親信。　劉知遠：人名。沙陀部人，後世居於太原。五代後唐、後晉將領，後漢高祖。紀見本書卷九九至卷一〇〇、《新五代史》卷一〇。　太原尹：官名。唐開元十一年（723）改并州爲太原府，治所在今山西太原市。太原尹總其政務。從三品。　北京：指五代後唐的北都太原。《新五代史》卷五《莊宗紀》載，同光元年"十一月乙巳，復北都爲鎮州，太原爲北都"。　河東：方鎮名。治所在太原府（今山西太原市）。　遼：州名。治所在今山西左權縣。　沁：州名。治所在今山西沁源縣。

　　[10]李德珫：人名。應州金城（今山西應縣）人。五代後唐、後晉將領。傳見本書卷九〇。　昭義：方鎮名。又稱澤潞。至德元載（756）置澤潞沁節度使，治所在潞州（今山西長治市）。廣德元年（763）又置相、衛六州節度使，治所在相州（今河南安陽市）。　馬全節：人名。魏郡元城（今河北大名縣）人。五代後唐、後晉將領。傳見本書卷九〇、《新五代史》卷四七。　邢州：州名。治所在今河北邢臺市。　同平章事：官名。“同中書門下平章事”之簡稱。唐高宗以後，凡實際任宰相之職者，常在其本官後加同平章事的職銜。後成爲宰相專稱。後晉天福五年（940），升中書門下平章事爲正二品。

　　[11]行軍副使：官名。當爲執掌部隊調度、作戰之軍事副官。　殿直：官名。五代後唐始置，爲皇帝侍從之官。後晉高祖天福五年（940）又改殿前承旨爲殿直。　供奉官：泛指侍奉皇帝左右的臣僚，亦爲東、西頭供奉官通稱。

　　[12]陝州：州名。治所在今河南三門峽市陝州區。　李從敏：人名。後唐明宗之侄。傳見本書卷一二三、《新五代史》卷一五。　景延廣：人名。陝州（今河南三門峽市陝州區）人。五代後晉將領。傳見本書卷八八、《新五代史》卷二九。　河陽三城：方鎮名。治所在孟州（今河南孟州市）。　侍衛親軍馬步軍都虞候：官名。五代、北宋侍衛親軍馬步軍統兵官，僅次於馬步軍都指揮使、副都指揮使。　石贇：人名。籍貫不詳。五代後晉將領。事見本書卷七九、卷八二。

　　[13]突厥：部族名。6世紀至8世紀活躍於北亞和中亞，稱雄於漠北、西域。隋文帝開皇二年（582），突厥汗國分裂爲東、西突厥。唐中期以後西突厥、東突厥均已衰落。

　　[14]遥領：雖居此官職，然實際上並不赴任。　壽州：州名。治所在今安徽壽縣。　忠正軍：方鎮名。治所在壽州（今安徽壽縣）。　侍衛馬軍都指揮使：官名。五代時皇帝親軍侍衛馬軍司長官。中華書局本有校勘記：“‘都’字原闕，據本書卷八一《晉少帝

紀一》及本卷下文補。"本卷天福七年三月丁丑條實作"侍衛馬步軍指揮使"。《輯本舊史》卷八一《晋少帝紀一》天福七年七月辛丑作"滑州義成軍節度使兼侍衛馬軍都指揮使李守貞"。　李懷忠：人名。太原晋陽（今山西太原市）人。五代後唐至後周將領。傳見本書卷一二四。　同州：州名。治所在今陝西大荔縣。　宣徽北院使：官名。唐始置。宣徽北院的長官。初用宦官，五代以後改用士人。與宣徽南院使通掌内諸司及三班内侍之名籍，郊祀、朝會、宴享供帳之儀，檢視内外進奉名物。參見王永平《論唐代宣徽使》，《中國史研究》1995 年第 1 期；王孫盈政《再論唐代的宣徽使》，《中華文史論叢》2018 年第 3 期。　李守貞：人名。河陽（今河南孟州市）人。五代後晋、後漢將領。傳見本書卷一○九、《新五代史》卷五二。

[15]御札："札"同"剳"。皇帝親自書寫的手札。爲天子詔令的一種。　取八月五日暫幸鄴都："八月五日"，明本《册府》卷一一四《帝王部·巡幸門三》七月甲申條載御札作"今月五日"，然甲申已爲二十六日，明本《册府》誤。

[16]右諫議大夫：官名。隸中書省。唐代置左、右諫議大夫各四人，分隸門下省、中書省。掌諫諭得失、侍從贊相。正四品下。　趙遠：人名。籍貫不詳。五代後晋官員，後出任户部侍郎、御史中丞。事見本書卷八四。　中書舍人：官名。中書省屬官，掌起草文書、呈遞奏章、傳宣詔命等。正五品上。　吏部郎中：官名。尚書省吏部頭司吏部司長官。掌文官階品、朝集、禄賜，給其告身、假使以及選補流外官等事。《新唐書》記正五品上。　鄭受益：人名。鄭州滎陽（今河南滎陽市）人。唐朝宰相鄭餘慶之曾孫。五代後梁至後晋官員。傳見本書卷九六。　刑部郎中：官名。尚書省刑部頭司刑部司長官。掌司法及審覆大理寺及州府刑獄。從五品上。　殷鵬：人名。魏州大名（今河北大名縣）人。五代後晋官員。傳見本書卷八九。《輯本舊史》之影庫本粘籤："殷鵬，原本作'殷鵾'，今從《歐陽史》改正。"見《新五代史》卷五六《馮玉傳》，

更可見《輯本舊史》卷八九《殷鵬傳》。　水部郎中：官名。唐、五代工部水部司的主官。掌修水利、治河渠及舟船賦税等水事。從五品上。　知制誥：官名。掌起草皇帝的詔、誥之事，原爲中書舍人之職。唐開元末置學士院，翰林學士入院一年，則加知制誥銜，專掌任免宰相、册立太子、宣布征伐等特殊詔令，稱爲内制。而中書舍人所撰擬的詔敕稱爲外制。兩種官員總稱“兩制”。

八月戊子朔，以皇子開封尹、鄭王重貴爲東京留守，以天平軍節度使兼侍衛親軍馬步軍副都指揮使杜重威爲侍衛親軍馬步軍都指揮使，以宣徽南院使張從恩爲東京内外兵馬都監。[1]改奉德馬軍爲護聖。[2]放文武百官朝參，取便先赴鄴都。壬辰，車駕發東京。己亥，至鄴，左右金吾、六軍儀仗排列如儀，迎引入内。[3]改舊澶州爲德清軍。[4]以内客省使劉遂清爲宣徽北院使，判三司。[5]壬寅，制：“應天福六年八月十五日昧爽已前，諸色罪犯，常赦所不原者，咸赦除之；其持仗行劫及殺人賊，並免罪移鄉，配逐處軍都收管；[6]犯枉法贓者，雖免罪不得再任用；諸徒流人並放還；貶降官等未量移者與量移，已量移者約資敍進用。[7]天福五年終已前殘税並放。應河東起義之初及收復鄴都、氾水立功將校，並與加恩；[8]亡殁者與追贈。自東京至鄴都緣路，昨因行幸，有損踐田苗處，據頃畝與放今年租税。鄴都管内，有潛龍時在職者，並與加恩。耆年八十已上者，版授上佐官。天下農器，並許百姓自鑄造。亡命山澤者，招唤歸業；百日不出者，復罪如初。唐梁國公狄仁傑宜追贈官秩。[9]應天福三年終已前，敗闕場院官無家業者，並與除放，其人免罪，永不任使。[10]私下債負徵利及一倍者並放，主持者不在此限。"丁未，以客省使、將作監丁知浚爲内客省使，引進使、鴻臚卿王景崇爲客省使，殿中監、判四方館事劉政恩爲引進使。[11]壬子，改鄴都皇城南門應天門爲乾明門，大明館爲都亭驛。[12]甲寅，遣光禄卿張澄、國子博士謝攀使高麗行册禮。[13]

[1]開封尹：官名。五代除後唐外均定都開封，因置開封府尹。執掌京師政務。從三品。　重貴：人名。即石重貴。沙陀部人。後晉高祖石敬瑭從子，後晉少帝。紀見本書卷八一至卷八五、《新五代史》卷九。　東京：指後晉都城開封府（今河南開封市）。　天平軍：方鎮名。治所在鄆州（今山東東平縣）。　侍衛親軍馬步軍副都指揮使：官名。侍衛親軍司的副長官。　杜重威：人名。後晉將領。朔州（今山西朔州市朔城區）人。五代將領、石敬瑭妹婿。傳見本書卷一〇九、《新五代史》卷五二。　宣徽南院使：官名。唐始置。宣徽南院的長官。初用宦官，五代以後改用士人。與宣徽北院使通掌内諸司及三班内侍之名籍，郊祀、朝會、宴享供帳之儀，檢視内外進奉名物。參見王永平《論唐代宣徽使》，《中國史研究》1995年第1期；王孫盈政《再論唐代的宣徽使》，《中華文史論叢》2018年第3期。　兵馬都監：官名。唐代中葉命將出征，常以宦官爲監軍、都監。後爲臨時委任的統兵官，稱都監、兵馬都監。掌屯戍、邊防、訓練之政令。

[2]改奉德馬軍爲護聖：《會要》卷一二京城諸軍條作："改奉德兩軍爲護聖左右軍。"奉德、護聖皆爲部隊番號。

[3]左右金吾：部隊番號。即左、右金吾衛。掌宮禁宿衛、儀仗陳列。　六軍：左、右神武天騎，左、右羽林，左、右龍武六軍。

[4]澶州：州名。唐、五代初，治所在今河南清豐縣。後晉天

福四年（939）移治於今河南濮陽市。《會要》卷二四軍條“澶州”
下有“頓丘鎮”三字。　　德清軍：軍府名。治所在今河南清豐縣。

　　[5]内客省使：官名。中書省所屬内客省長官。唐始置，五代
沿置。　劉遂清：人名。青州北海（今山東濰坊市）人。五代後
梁、後唐官員。傳見本書卷九六。

　　[6]其持仗行劫及殺人賊：中華書局本有校勘記：“‘劫’原作
‘劍’，據殿本、劉本、邵本校、《册府》卷九四改。”明本《册府》
卷九四《帝王部·赦宥門一三》載此制甚詳。　收管：收容管理。

　　[7]貶降官等未量移者與量移：中華書局本有校勘記：“‘者’
字原闕，據《册府》卷九四補。”今從。量移，指官員因罪貶謫到
邊遠地方任職，可酌情移至近地任官。　已量移者約資敍進用：中
華書局本有校勘記：“‘已量移’三字原闕，據《册府》卷九四
補。”今從。“進”字《輯本舊史》原亦闕，中華書局本未校出，
今據《册府》卷九四補。

　　[8]汜水：縣名。治所在今河南滎陽市汜水鎮。

　　[9]狄仁傑：人名。并州太原（今山西太原市）人。唐代、武
周官員。傳見《舊唐書》卷八九、《新唐書》卷一一五。

　　[10]應天福三年終已前：中華書局本有校勘記：“‘終’字原
闕，據《册府》卷九四、卷四九二補。”見《册府》卷九四及《宋
本册府》卷四九二《邦計部·蠲復門四》。　場院官：指監臨諸
場、院、庫、務、局、監等各種税收、庫藏、雜作、專賣事務的
官員。

　　[11]客省使：官名。唐代宗時始置，五代沿置。客省長官。掌
接待四方奏計及外族使者。　將作監：官名。秦代設將作少府，唐
代改將作監，其長官即爲將作監。掌宫廷器物置辦及宫室修建事
宜。從三品。　丁知浚：人名。籍貫不詳。五代後晉至後周官員。
事見本書卷一一三。《輯本舊史》之影庫本粘籤：“丁知浚，原本作
‘知浚’，今從《册府元龜》改正。”《册府》無有關丁知浚之記載，
但《輯本舊史》卷一一三《周太祖紀四》廣順三年（953）十月甲

寅條有載"以前光禄卿丁知浚復爲光禄卿"。　引進使：官名。五代後梁始置，爲引進司的主官，五代諸司使之一。掌臣僚及外國與少數民族進奉禮物諸事。　鴻臚卿：官名。秦稱典客，漢初改大行令，漢武帝時改大鴻臚，北齊置鴻臚寺，以鴻臚寺卿爲主官，後代沿置。掌四夷朝貢、宴飲賞賜、送迎外使等禮儀活動。從三品。王景崇：人名。邢州（今河北邢臺市）人。後漢時升任鳳翔節度使。傳見本書附録、《新五代史》卷五三。　殿中監：官名。殿中省長官。掌宮廷供奉之事。從三品。　判四方館事：官名。隋始置四方館，以通事謁者爲主官。唐、五代沿置，以通事舍人或判四方館事爲主官。掌四方往來及互市事務。　劉政恩：人名。籍貫不詳。五代後唐、後晉官員。事見本書卷四三。

[12]大明館爲都亭驛："大明館"，中華書局本有校勘記："《册府》卷一四作'大名館'。"見明本《册府》卷一四《帝王部·都邑門二》。

[13]光禄卿：官名。光禄寺長官。掌祭祀、朝會、宴饗酒醴膳羞之事，修其儲謹其出納之政。從三品。　張澄：人名。籍貫不詳。五代後晉官員。事見本書卷七九。　國子博士：官名。即國子監博士。掌教三品以上及國公子孫、從二品以上曾孫爲生者。正五品上。　謝攀：人名。籍貫不詳。五代後晉官員。事見本書本卷。高麗：政權名。公元918年，後三國（即朝鮮新羅、後百濟、泰封）之一泰封國武將王建推翻其統治者弓裔，稱王，改國號高麗，都開京（今朝鮮開城），史稱"王氏高麗"。漸合并新羅、後百濟，重新統一朝鮮半島。參見［朝］鄭麟趾等著《高麗史》（卷一），西南師範大學出版社2014年版。　册禮：凡皇帝上尊號、追謚，帝與皇后發訃告，立後妃，封親王、皇子、大長公主，拜三師、三公、三省長官等用册，並舉行册禮。　甲寅，遣光禄卿張澄、國子博士謝攀使高麗行册禮：《會要》卷三〇《高麗》條載：晉天福"六年八月，其國王王建爲開府儀同三司、檢校太師、使持節玄菟州都督，充大義軍使、高麗國王。命國子博士謝攀持節就册之。"

明本《册府》卷九六五《外臣部·封册門三》略同。《新五代史》卷八《晋高祖紀》天福六年八月甲寅條作："光禄卿張澄使於契丹。"

　　九月己未，以兵部侍郎閻至爲吏部侍郎。[1]辛酉，滑州河决，一概東流，鄉村户民攜老幼登丘冢，爲水所隔，餓死者甚衆。[2]壬申，中吳建武等軍節度使、守太傅、兼中書令、行蘇州睦州刺史錢元璙進封彭城郡王，遥領廣州清海軍節度使、判婺州軍州事錢元懿爲檢校太師。[3]乙亥，遣前邢州節度使楊彦詢使于契丹，錫賚甚厚。[4]丁丑，吐渾遣使朝貢。[5]壬午夜，有彗星出於西方，長二丈餘，在房一度，尾跡穿天市垣東行，踰月而滅。[6]丙戌，兖州上言，水自西來，漂没秋稼。[7]

　　[1]兵部侍郎：官名。尚書省兵部次官。協助兵部尚書掌武官銓選、勳階、考課之政。正四品下。　閻至：人名。籍貫不詳。五代後唐、後晋官員。事見本書卷三八、卷四一。　吏部侍郎：官名。尚書省吏部次官。協助吏部尚書掌文選、勳封、考課之政。正四品上。

　　[2]滑州：州名。治所在今河南滑縣。　一概東流："概"，《輯本舊史》原作"溉"，有影庫本粘籤："原本疑有誤字。考《薛史·五行志》亦作一溉東流，今姑存其舊。"誤。《輯本舊史》卷一四一《五行志·水淹風雨》作"一概東流"，據改。中華書局本未改。

　　[3]中吳：方鎮名。吳越置，治所在蘇州（今江蘇蘇州市）。中華書局本有校勘記："'中吳'，原作'忠武'，據本書卷七七《晋高祖紀三》、卷八一《晋少帝紀一》改。按《吳越備史》卷一：

'（同光二年十一月）升蘇州爲中吳軍.'"忠武軍治所先後在同州（梁）及許州（唐），均不在吳越轄境內，故據《輯本舊史》卷七七《晋高祖紀三》天福三年（938）十一月丙午條、卷八一《晋少帝紀一》天福七年十二月辛未條、《吳越備史》卷三改。《吳越備史》繫於天福七年三月乙丑，此爲元璙卒時；《輯本舊史》卷八一《晋少帝紀一》繫於追封廣陵郡王之時。元璙即傳璙。　建武：方鎮名。治所在邕州（今廣西南寧市）。　太傅：官名。與太師、太保並爲三師。唐後期、五代多爲大臣、勳貴加官。正一品。　中書令：官名。漢始置，隋、唐前期爲中書省長官，屬宰相之職；唐後期多爲授予元勳大臣的虛銜。正二品。　蘇州：州名。治所在今江蘇蘇州市。　睦州：州名。治所在今浙江建德市。　刺史：官名。漢武帝時始置。州一級行政長官，總掌考覈官吏、勸課農桑、地方教化等事。唐中期以後，節度使、觀察使轄州而設，刺史爲其屬官，職任漸輕。從三品至正四品下。　錢元璙：人名。錢鏐之子。五代後唐、後晋將領。事見本書本卷、卷三二、卷三七、卷一三三。　廣州：州名。治所在今廣東廣州市。　清海軍：方鎮名。治所在廣州（今廣東廣州市）。　婺州：州名。治所在今浙江金華市婺城區。　錢元懿：人名。又名傳懿、元璹。五代十國之吳越國王錢鏐的第五子。受封金華郡王。傳見《十國春秋》卷八三。　檢校太師：官名。爲散官或加官，以示恩寵，無實際執掌。太師，與太傅、太保並爲三師。

　　[4]乙亥，遣前邢州節度使楊彥詢使于契丹，錫賚甚厚：《舊五代史考異》："案：《歐陽史》《通鑑》俱從《薛史》作九月。《遼史》作二月己未，晋遣楊彥詢來貢，且言鎮州安重榮跋扈狀，遂留不遣，與《薛史》異。"見《遼史》卷四《太宗紀下》會同四年（即晋天福六年，941）二月己未條載："晋遣楊彥詢來貢，且言鎮州安重榮跋扈狀，遂留不遣。"又，《輯本舊史》之影庫本粘籤："《通鑑》云：帝以安重榮殺其使者，恐其犯塞，故遣彥詢使於契丹。今附識於此。"對粘籤所引之"故遣彥詢使於契丹"，中華書

局本有校勘記："'契丹'原作'蜀'，據《通鑑》卷二八二改。"
又，《輯本舊史》卷九〇《楊彥詢傳》言："會車駕幸鄴，表求入
覲，高祖慮契丹怒安重榮之殺行人也，移兵犯境，復命彥詢使焉。"
高祖幸鄴在天福六年八月己亥，《遼史》作二月己未，誤。　楊彥
詢：人名。河中寶鼎（今山西萬榮縣西南）人。五代後唐、後晉將
領。傳見本書卷九〇、《新五代史》卷四七。　契丹：部族、政權
名。公元 4 世紀中葉宇文部爲前燕所攻破，始分離而成單獨的部
落，自號契丹。唐貞觀中，置松漠都督府，以其首領爲都督。唐末
彊盛，916 年迭剌部耶律阿保機建立契丹國（遼）。先後與五代、
北宋並立，保大五年（1125）爲金所滅。參見張正明《契丹史
略》，中華書局 1979 年版。

[5]吐渾：部族名。吐谷渾的省稱。源出鮮卑，後游牧於今甘
肅、青海一帶。參見周偉洲《吐谷渾資料輯録》（增訂本），商務
印書館 2017 年版。

[6]彗星：星名。又稱掃把星。古代以爲妖星之屬，是兵興、
大水的徵兆。　房：星宿名。據《晋書·天文志》，房四星，亦曰
天駟，爲天馬，主車駕。房星明，則王者明。　天市垣：星宿名。
共二十三星，在房、心兩宿東北。

[7]兗州：州名。治所在今山東濟寧市兗州區。

冬十月丁亥朔，遣鴻臚少卿魏批等四人，分往滑、
濮、鄆、澶視水害苗稼。[1]己丑，詔以胡梁渡月城爲大
通軍，浮橋爲大通橋。[2]壬寅，詔唐梁國公狄仁傑可贈
太師。[3]丁未，鄭王夫人張氏薨。[4]福州王延羲遣使貢方
物。[5]甲寅，遣太子賓客聶延祚、吏部郎中盧撰持節册
天下兵馬都元帥、守尚書令、吳越國王錢元瓘。[6]

[1]鴻臚少卿：官名。鴻臚寺副長官。佐鴻臚卿掌四夷朝貢、

宴飲賞賜、送迎外使等禮儀活動。從四品上。 魏玭：人名。籍貫不詳。五代後晉官員。事見本書卷一四一。 濮：州名。治所在今山東鄄城縣。

[2]胡梁渡：地名。一作"胡良渡"。位於今河南滑縣。中華書局本有校勘記："原作'胡梁度'，據《通鑑》卷二八一胡注引《薛史》、《五代會要》卷二四改。"見《會要》卷二四《軍》條、《通鑑》卷二八一天福二年（937）六月辛丑條及所附胡注引《薛史》。《會要》繫此事於九月。 大通軍：軍府名。治所在今河南滑縣。

[3]太師：官名。與太傅、太保合稱三師，唐後期、五代多爲大臣、勳貴加官。正一品。

[4]丁未：《輯本舊史》原載丁未條於十一月。中華書局本沿之。然據《二十史朔閏表》載十一月丁巳朔，無丁未，丁未爲十月二十一日。據改。 張氏：指後晉高祖石敬瑭之子石重英之妻張氏。事見本書卷七八。

[5]福州：州名。治所在今福建福州市。 王延羲：人名。五代十國閩國景宗，性嗜酒殘暴，後爲部將連重遇、朱文進所殺。傳見本書卷一三四《僭僞列傳一》、《新五代史》卷六八《閩世家》。

[6]甲寅：《輯本舊史》原載甲寅條於十一月。中華書局本沿之。十一月丁巳朔，無甲寅，甲寅爲十月二十八日。據改。《吳越備史》卷二繫於三月丙寅。 太子賓客：官名。爲太子官屬。唐高宗顯慶元年（656）始置。掌侍從規諫、贊相禮儀。正三品。 聶延祚：人名。籍貫不詳。五代後唐、後晉官員。事見本書本卷、卷四二、卷四八、卷八二。 盧撰：人名。籍貫不詳。五代後晉、後漢官員。事見本書本卷、卷八五、卷一〇二。 天下兵馬都元帥：官名。名義上天下兵馬的最高統帥。爲榮譽職銜，無實職。中華書局本有校勘記："'都'字原闕，據本書卷七九《晉高祖紀五》、《通鑑》卷二八二及本卷下文補。"見《輯本舊史》卷七九《晉高祖紀五》天福五年十月丁酉條、本卷天福六年十二月乙巳條。 尚

書令：官名。秦始置。隋、唐前期爲尚書省長官，與中書令、侍中並爲宰相。因以李世民爲之，後皆不授，唐高宗廢其職。唐後期以李適、郭子儀有功而特授此職，爲大臣榮銜，不參與政務。五代因之。唐時爲正二品，後梁開平三年（909）升爲正一品。　吳越：五代十國之吳越國。後梁開平元年（907），封鎮海節度使錢鏐爲吳越王，領有今浙江之地、江蘇南部及福建北部。北宋太平興國三年（978），錢弘俶向北宋納土，吳越亡。　錢元瓘：人名。祖籍臨安（今浙江杭州市臨安區）。錢鏐之子。五代十國吳越國國主，932年至941年在位。傳見本書卷一三三、《新五代史》卷六七。

　　十一月甲子，以御史中丞王松爲尚書右丞，中書舍人、史館修撰判館事王易簡爲御史中丞，户部侍郎張昭遠爲兵部侍郎，國子祭酒田敏以本官兼户部侍郎。[1]辛未，太妃、皇后至自東京。[2]壬申，遣給事中李式、考功郎中張鑄持節册閩國王王延羲。[3]甲戌，太子少傅致仕王權卒，贈左僕射。[4]丁丑，襄州安從進舉兵叛，以西京留守高行周爲南面行營都部署，率兵討之，以前同州節度使宋彦筠爲副，以宣徽南院使張從恩監護焉。[5]

　　[1]御史中丞：官名。御史臺副長官。如不置御史大夫，則爲御史臺長官。掌司法監察。正四品下。　王松：人名。京兆（今陝西西安市）人。唐僖宗宰相王徽之子。五代後唐至後漢官員。傳見本書附録、《新五代史》卷五七。　尚書右丞：官名。尚書省佐貳官。唐中期以後，與尚書左丞實際主持尚書省日常政務，權任甚重。後梁開平二年（908）改爲右司侍郎，後唐同光元年（923）復舊爲右丞。唐時爲正四品下，後唐長興元年（930）升爲正四品。　中書舍人：官名。中書省屬官。掌起草文書、呈遞奏章、傳宣詔

命等。正五品上。　史館修撰判館事：官名。以“史館修撰”之職爲史館的長官，負責史館事務。　王易簡：人名。京兆（今陝西西安市）人。五代後梁進士，五代、宋初大臣。傳見《宋史》卷二六二。　户部侍郎：官名。尚書省户部次官。協助户部尚書掌天下田户、均輸、錢穀之政令。正四品下。　張昭遠：人名。即“張昭”。濮州范縣（今河南范縣）人。五代後唐至宋初官員。傳見《宋史》卷二六三。　兵部侍郎：官名。尚書省兵部次官。協助兵部尚書掌武官銓選、勳階、考課之政。正四品下。　國子祭酒：官名。國子監的主管官。掌教授生徒。從三品。　田敏：人名。鄒平（今山東鄒平縣）人。五代、宋初學者，歷仕梁、唐、晉、漢、周，官至工部尚書。以太子少保致仕，與太常卿劉岳撰《刪定書儀》。傳見《宋史》卷四三一。

[2]太妃：指後晉高祖石敬瑭生母劉氏。後尊爲皇太后。事見《新五代史》卷一七。　皇后：指後唐明宗李嗣源之女、後晉高祖石敬瑭之妻李皇后。代北沙陀部人。傳見本書卷八六、《新五代史》卷一七。

[3]給事中：官名。秦始置。隋唐以來，爲門下省屬官。掌讀署奏抄、駁正違失。正五品上。　李式：人名。籍貫不詳。五代後晉官員。事見本書卷七七。　考功郎中：官名。唐、五代尚書省吏部考功司長官，掌考察内外百官及功臣家傳、碑、頌、誄、謚等事。從五品上。　張鑄：人名。河南洛陽（今河南洛陽市）人。五代後梁進士，歷仕五代至宋初。傳見《宋史》卷二六二。　閩：國名。即五代十國之閩國。

[4]太子少傅：官名。與太子少保、太子少師合稱“三少”，唐後期、五代多爲大臣、勳貴加官。從二品。　致仕：官員告老辭官。　王權：人名。太原（今山西太原市）人。五代官員。傳見本書卷九二、《新五代史》卷五六。中華書局本有校勘記：“原作‘王瓘’，據本書卷七八《晉高祖紀四》、卷九二《王權傳》、《新五代史》卷五六《王權傳》改。”見《輯本舊史》卷七八《晉高祖紀

四》天福四年（939）八月戊申條。　左僕射：官名。秦始置。隋、唐前期，以左、右僕射佐尚書令總理六官、綱紀庶務；如不置尚書令，則總判省事，爲宰相之職。唐後期多爲大臣加銜。從二品。

[5]丁丑，襄州安從進舉兵叛：《舊五代史考異》：“案：《歐陽史》《五代春秋》俱作十月，《通鑑》從《薛史》作十一月。《遼史》作十二月戊子，晋遣使來告山南節度使安從進反，則因其赴告之月而書之也。”見《新五代史》卷八《晋高祖紀》天福六年十月條，《通鑑》卷二八二同《輯本舊史》，《五代春秋》卷下晋高祖條亦同。《遼史》卷四《太宗紀下》繫於會同四年（即晋天福六年，941）十二月戊子條。　襄州：州名。治所在今湖北襄陽市。　安從進：人名。索葛部人。五代後唐、後晋將領。傳見本書卷九八、《新五代史》卷五一。　行營都部署：官名。凡行軍征討，掛帥率軍戰鬥，總管行營事務。　同州：州名。治所在今陝西大荔縣。宋彥筠：人名。雍丘（今河南杞縣）人。五代後唐至後周將領。傳見本書卷一二三。

　　十二月丙戌朔，以東京留守、開封尹、鄭王重貴爲廣晋尹，進封齊王；以鄴都留守、廣晋尹李德珫爲開封尹，充東京留守。南面軍前奏，十一月二十七日，武德使焦繼勳、先鋒都指揮使郭金海等於唐州南遇安從進賊軍一萬餘人，大破之，生擒衙内都指揮使安弘義，獲山南東道之印，其安從進單騎奔逸。[1]丁亥，詔襄州行營都部署高行周權知襄州軍州事。是日，鎮州節度使安重榮稱兵向闕，以侍衛親軍馬步軍都指揮使杜重威爲北面行營招討使，率兵擊之，以邢州節度使馬全節爲副，以前貝州節度使王周爲馬步軍都虞候。[2]癸巳，武德使焦繼勳奏，安從進遣弟從貴領兵千人，取接均州刺史蔡行遇，尋領所部兵掩殺賊軍七百餘人，生擒安從貴，截其雙腕，却放入城。[3]戊戌，以皇子重睿爲銀青光禄大夫、檢校尚書左僕射。[4]己亥，北面軍前奏，十三日未時，於宗城縣西南大破鎮州賊軍，殺一萬五千人，餘黨走保宗城縣。[5]是夜三更，破縣城，前深州刺史史虔武自縛歸降，獲馬三千疋，絹三萬餘疋，餘物稱是。[6]安重榮脱身遁走。是日，百官稱賀。癸卯，削奪安從進、安重榮在身官爵。右金吾上將軍萇從簡卒，廢朝，贈太師。[7]乙巳，天下兵馬都元帥、守尚書令、吳越國王錢元瓘薨，廢朝三日，謚曰文穆。是日，帝習射於後苑，諸軍都指揮使已上悉預焉，賜物有差。丁未，南面行營都部署高行周奏，今月十三日，部領大軍至襄州城下，相次降賊軍二千人。其降兵馬軍詔以“彰聖”爲號，步軍以“歸順”爲號。庚戌，以權知吳越國事錢弘佐爲起復鎮軍大將軍、檢校太師、兼中書令、杭州越州大都督、鎮海鎮東等軍節度使，封吳越國王。[8]壬子，杜重威部領大軍至鎮州城下。

[1]“武德使焦繼勳”至“大破之”：《舊五代史考異》：“案《宋史·陳思讓傳》：思讓爲先鋒右厢都監，從武德使焦繼勳領兵進討，遇從進之師于唐州花山下，急擊，大破之。”對《舊五代史考異》所引之“從武德使焦繼勳領兵進討”，中華書局本有校勘記：“‘使’字原闕，據《宋史》卷二六一《陳思讓傳》補。” 武德使：官名。五代後唐置，爲武德司長官，掌檢校皇城啓閉與警衛。 焦繼勳：人名。許州長社（今河南許昌市）人。五代、宋初將領。傳見《宋史》卷二六一。 先鋒都指揮使：官名。先鋒，即先

鋒部隊。都指揮使，爲所部統兵將領。　　郭金海：人名。突厥人。
五代後唐、後晋將領。傳見本書卷九四。　　唐州：州名。治所在今
河南唐河縣。　　生擒衙內都指揮使安弘義：《舊五代史考異》：“案：
《宋史・焦繼勳傳》作擒其牙將安洪義、鮑洪等五十餘人。”見
《宋史》卷二六一《焦繼勳傳》。　　衙內都指揮使：官名。節度使
府衙內之牙將，統最親近衛兵。　　安弘義：人名。籍貫不詳。五代
後晋時的藩鎮將領。事見本書本卷。　　山南東道：方鎮名。治所在
襄州（今湖北襄陽市）。　　其安從進單騎奔逸：《輯本舊史》之影
庫本粘籤：“安從進單騎奔逸，《通鑑》作從進以數十騎奔還襄州，
與《薛史》微異，今附識於此。”　　“南面軍前奏”至“其安從進
單騎奔逸”：中華書局本引孔本所載原輯者案語：“案焦繼勳等破安
從進于唐州，《歐陽史》作十二月，《通鑑》作十一月。”見《新五
代史》卷八《晋高祖紀》天福六年（941）十二月丙戌條、《通鑑》
卷二八二天福六年十一月庚辰條。

　　[2]是日，鎮州節度使安重榮稱兵向闕：《舊五代史考異》：
“案：安重榮反在十二月丁亥，《五代春秋》誤繫于十月。《歐陽
史》《通鑑》俱從《薛史》，《遼史》作十一月丙寅，晋以討安重榮
來告，與《薛史》異。”見《新五代史》卷八《晋高祖紀》天福六
年十二月戊戌條、《通鑑》卷二八二天福六年十二月戊戌條、《五
代春秋》卷下晋高祖天福六年十月條、《遼史》卷四《太宗紀下》
會同四年十一月丙寅條。又，中華書局本有校勘記：“‘《歐陽史》
《通鑑》俱從《薛史》《遼史》作十一月丙寅晋以討安重榮來告與
《薛史》異’，以上二十九字原闕，據《舊五代史考異》卷三補。”
鎮州，州名。治所在今河北正定縣。安重榮，人名。朔州（今山西
朔州市朔城區）人。五代後唐、後晋將領。傳見本書卷九八、《新
五代史》卷五一。　　行營招討使：官名。唐始置。戰時任命，兵罷
則省。常以大臣、將帥或地方軍政長官兼任。掌招撫討伐等事務。
　　王周：人名。魏州（今河北大名縣）人。五代後唐、後晋、後漢
將領。傳見本書卷一〇六、《新五代史》卷四八。

[3]從貴：人名。即安從貴。安從進之弟。事見本書本卷。均州：州名。治所在今湖北丹江口市。 蔡行遇：人名。籍貫不詳。五代後晉將領。事見本書本卷、卷八二。

[4]重睿：人名。即石重睿。後晉高祖石敬瑭之子。傳見《新五代史》卷一七。 銀青光禄大夫：官名。漢代置光禄大夫。魏晉以後，光禄大夫之位重者，加銀章青綬，因稱銀青光禄大夫。北周、隋爲散官。唐貞觀後列入文散官。從三品。 檢校尚書左僕射：官名。尚書左僕射，隋唐宰相名號。檢校尚書左僕射爲散官或加官，以示恩寵，無實際執掌。

[5]宗城縣：縣名。治所在今河北威縣。《輯本舊史》之影庫本粘籤：“宗城，原本作‘宋城’，據《通鑑》注云：宗城縣在魏州西北。今改正。”《通鑑》卷二八二天福六年十二月戊戌條胡注引《九域志》：宗城縣在鎮州之西北一百七十里。

[6]深州：州名。治所在今河北深州市。 史虔武：人名。籍貫不詳。五代後晉官員。事見本書本卷。

[7]右金吾上將軍：官名。右金吾衛爲唐代十六衛之一。掌宮禁宿衛。從二品。 萇從簡：人名。陳州（今河南淮陽縣）人。五代後唐、後晉將領。傳見本書卷九四、《新五代史》卷四七。 廢朝：又稱輟朝。古代帝王遇親喪或文武大臣病故，停止視朝數日，以示哀悼。

[8]錢弘佐：人名。吳越國王錢元瓘的第六子。繼任吳越國王。傳見本書卷一三三、《新五代史》卷六七、《十國春秋》卷八〇。

起復：官吏服喪未滿而再起用。 鎮軍大將軍：《吳越備史》卷三天福六年十一月作“鎮國大將軍”。 杭州：州名。治所在今浙江杭州市。 越州：州名。治所在今浙江紹興市。 大都督：官名。三國時始設，戰時統領地方軍政大權，後漸成常設，位高而權重。正二品。 鎮海鎮東等軍節度使：中華書局本有校勘記：“‘鎮海鎮東’，原作‘鎮海東’，據殿本、邵本校、《通鑑》卷二八二、《吳越備史》卷三改。”見《通鑑》卷二八二天福六年十二月庚戌條，《吳越備史》卷三天福六年十一月條。　鎮海：方鎮名。治所在潤州（今江蘇鎮江市）。　鎮東：方鎮名。治所在越州（今浙江紹興市）。

天福七年春正月丙辰朔，不受朝賀，用兵故也。戊午，以前將作監李鍇爲少府監。[1]北面招討使杜重威奏，今月二日收復鎮州，斬安重榮，傳首闕下。[2]帝御乾明樓，宣露布訖，大理卿受馘，付市徇之，百官稱賀。[3]曲赦廣晉府禁囚。辛酉，追贈皇弟三人：故沂州馬步軍都指揮使、贈太傅德再贈太尉，追封福王；故檢校太子賓客、贈太傅殷再贈太尉，追封通王；故彰聖右第三軍都指揮使、常州刺史、贈太傅威再贈太尉，追封廣王。[4]壬戌，追贈皇子五人：故右衛將軍、贈太保重英再贈太傅，追封虢王；故權東京留守、河南尹、贈太傅重乂再贈太尉，追封壽王；故皇城副使、贈太保重裔再贈太傅，追封郯王；故河陽節度使、贈太尉重信再贈太師，追封沂王；故左金吾衛將軍、贈太保重進再贈太傅，追封夔王。[5]癸亥，改鎮州爲恒州，成德軍爲順國軍。[6]丙寅，以門下侍郎、平章事、監修國史趙瑩爲侍中。[7]青州節度使楊光遠加食邑，改賜功臣名號。[8]兗州節度使桑維翰加檢校太保；河東節度使劉知遠加兼侍中；以鄆州節度使、北面行營招討使、侍衛親軍都指揮使杜重威爲恒州順國軍節度使，加兼侍中；皇子廣晉尹兼功德使、齊王重貴加兼侍中。[9]秦州節度使侯益加特進，增食邑。[10]丁卯，以判四方館事孟承誨爲太府卿充職。[11]戊辰，以滄州節度使安叔千爲邢州節度使，以北面行營副招討使、邢州節度使馬全節爲定州節度使，以定州節度使王庭胤爲滄州節度使，以前邢州節度使楊彥詢爲華州節度使。[12]恒州立功將校王令溫以降，等第除郡。[13]庚午，契丹遣使來聘。是日上元節，六街諸寺燃燈，御乾明門觀之，夜半還宮。[14]壬申，延州節度使丁審琪加爵邑，鄧州節度使安審暉加檢校太傅，陝州節度使石贇加檢校太傅。[15]乙亥，契丹遣使來聘。河陽節度使兼侍衛馬步軍都虞候景延廣加檢校太尉，改鄆州節度使，典軍如故。[16]以前貝州節度使、北面行營馬步軍都虞候王周爲河陽節度使，加檢校太保。[17]丁丑，以刑部侍郎竇貞固爲門下侍郎，以禮部郎中邊歸讜爲比部郎中、知制誥。[18]壬午，以河陽節度使王周爲涇州節度使，以恒州節度副使王欽祚爲殿中監。[19]

[1]李鍇：人名。籍貫不詳。五代後晋至後周官員。事見本書卷八四、卷一二〇。　少府監：官名。少府監長官，隋初置，唐初廢，太宗時復置。掌百工技巧之事。從三品。

[2]今月二日收復鎮州：中華書局本有校勘記："‘二日’，原作‘已’，據殿本、孔本、《五代會要》卷五改。"見《會要》卷五獻俘條天福七年（942）正月記事。　"北面招討使杜重威奏"至"傳首闕下"：《舊五代史考異》："案《遼史》云：戊辰，晋函安重榮首來獻，上數欲親討重榮，至是乃止。"見《遼史》卷四《太宗紀下》會同五年（942）正月戊辰條。

[3]乾明樓：《輯本舊史》之影庫本粘籤："乾明樓，原本作‘韓明’。《薛史》前後皆作‘乾明’，《五代會要》亦作‘乾’，今改正。"《會要》卷五大内條鄴都："晋天福六年八月改皇城南門應天門爲乾明門。"《輯本舊史》卷七七天福三年十月丙戌條，改京

城西二門梁門爲乾明門。本卷天福七年閏三月壬寅，詔改皇城南門爲乾明門，等等。　露布：指勝利報捷的文書。　大理卿：官名。爲大理寺長官。負責大理寺的具體事務，掌邦國折獄詳刑之事。從三品。

[4]沂州：州名。治所在今山東臨沂市。　馬步軍都指揮使：官名。所在州軍統兵將領。　德：人名。即石敬德。後晉高祖石敬瑭之弟。傳見《新五代史》卷一七。此次追贈之三皇弟德、殷、威，《會要》卷一一封建條載"德"作"敬德"，"殷"作"敬殷"，《薛史》蓋避高祖諱而去"敬"字，"威"亦應如此。　太尉：官名。與司徒、司空並爲三公，唐後期、五代多爲大臣、勳貴加官。正一品。　檢校太子賓客：官名。太子賓客爲太子官屬，掌侍從規諫、贊相禮儀。檢校太子賓客爲散官或加官，以示恩寵，無實際執掌。　殷：人名。即石敬殷。後晉高祖石敬瑭之弟。傳見《新五代史》卷一七。　彰聖右第三軍都指揮使：官名。所部統兵將領。彰聖，禁軍番號。右第三，彰聖軍的序列。五代軍隊編制，五百人爲一指揮，設指揮使、副指揮使；十指揮爲一軍，設都指揮使、副都指揮使。　常州刺史：常州，州名。治所在今江蘇常州市。《輯本舊史》原作"長州"。中華書局本有校勘記："邵本校、本書卷八七《廣王敬威傳》作'常州刺史'。""長州"僅此一見，常州則多見，中華書局本未改，今據改。　威：人名。即石敬威。後晉高祖石敬瑭之弟。傳見本書卷八七、《新五代史》卷一七。

[5]右衛將軍：官名。唐置，掌宮禁宿衛。唐代十六衛之一。從三品。　太保：官名。與太師、太傅並爲三師。唐後期、五代多爲大臣、勳貴加官。正一品。　重英：人名。即石重英。後晉高祖石敬瑭之子。傳見本書卷八七、《新五代史》卷一七。　重義：人名。即石重義。後晉高祖石敬瑭之子。傳見本書卷八七、《新五代史》卷一七。　皇城副使：官名。爲皇城司副長官。佐皇城使拱衛皇城。　重裔：人名。即石重裔。或即石重胤，清人避清世宗"胤禛"諱，改"胤"爲"裔"。石重胤，後晉高祖石敬瑭之弟。傳見

本書卷八七、《新五代史》卷一七。　重信：人名。即石重信。後晋高祖石敬瑭之子。傳見本書卷八七、《新五代史》卷一七。　左金吾衛將軍：官名。唐置，掌宫禁宿衛。唐代十六衛之一。從三品。　重進：人名。即石重進。後晋高祖石敬瑭之子。傳見本書卷八七、《新五代史》卷一七。

[6]成德軍：方鎮名。治所在恒州（今河北正定縣）。

[7]門下侍郎：官名。門下省副長官。唐後期三省長官漸爲榮衘，中書、門下侍郎却因參議朝政而職位漸重，常常用爲以"同三品"或"同平章事"任宰相者的本官。正三品。　監修國史：官名。北齊始置史館，以宰相爲之。唐史館沿置，爲宰相兼職。　趙瑩：人名。華州華陰（今陝西華陰市）人。五代後晋宰相。傳見本書卷八九、《新五代史》卷五六。　侍中：官名。秦始置。隋、唐前期爲門下省長官。唐後期多爲大臣加衘，不參與政務，實際職務由門下侍郎執行。正二品。

[8]青州：州名。治所在今山東青州市。　楊光遠：人名。沙陀部人。五代後唐、後晋將領。傳見本書卷九七、《新五代史》卷五一。　食邑：即封地、封邑。食邑之名，蓋取受封者不之國，僅食其租税之意。

[9]桑維翰：人名。洛陽（今河南洛陽市）人。五代後唐進士，後晋宰相、樞密使。傳見本書卷八八、《新五代史》卷二九。　檢校太保：官名。爲散官或加官，以示恩寵，無實際執掌。太保，與太師、太傅合稱三師。　功德使：官名。唐始置，五代沿置。總領僧尼屬籍及功役。

[10]秦州：州名。治所在今甘肅天水市秦州區。　侯益：人名。汾州平遥（今山西平遥縣）人。五代後唐至宋初將領。傳見《宋史》卷二五四。　特進：官名。西漢末期始置，授給列侯中地位較特殊者。隋唐時期，特進爲文散官，授給有聲望的官員。正二品。

[11]孟承誨：人名。大名（今河北大名縣）人。後晋官員。

傳見本書卷九六。　太府卿：官名。太府寺長官。掌國家財帛庫藏出納、關市稅收等務。從三品。

[12]滄州：州名。治所在今河北滄縣舊州鎮。　安叔千：人名。沙陀部人。五代後唐至後周將領。傳見本書卷一二三、《新五代史》卷四八。　副招討使：官名。行營統兵官。位次行營都統、招討使。掌招撫討伐事務。　馬全節：《輯本舊史》之影庫本粘籤："馬全節，原本作‘王節’，今從《歐陽史》改正。"見《新五代史》卷四七《馬全節傳》、《輯本舊史》卷九〇《馬全節傳》。　定州：州名。治所在今河北定州市。　王庭胤：人名。京兆萬年（今陝西西安市長安區）人。五代後唐、後晉將領。傳見本書卷八八。　華州：州名。治所在今陝西渭南市華州區。

[13]王令溫：人名。瀛州河間（今河北河間市）人。五代後晉將領。傳見本書卷一二四。王令溫，《輯本舊史》原作王溫，中華書局本有校勘記："‘王溫’，郭武雄《證補》：‘疑即本書《列傳》之王令溫。’本書卷一二四《王令溫傳》：‘及安重榮稱兵於鎮州，晉祖以令溫爲行營馬軍都指揮使……以功授亳州防禦使。’"但未改，今據改。

[14]上元節：即正月十五日的元宵節。　乾明門：開封城門名。位於今河南開封市。

[15]延州：州名。治所在今陝西延安市。　丁審琪：人名。籍貫不詳。五代後晉將領。事見本書卷八一、卷八四。中華書局本有校勘記："原作‘丁審琦’，據本書卷七九《晉高祖紀五》、卷八一《晉少帝紀一》改。"見《輯本舊史》卷七九《晉高祖紀五》天福六年五月庚申條、卷八一《晉少帝紀一》天福七年十二月乙丑條、卷八四《晉少帝紀四》開運二年八月丙子條。　安審暉：沙陀部人。安審琦之兄。五代十國時期高級將領。傳見本書卷一二三。鄧州節度使安審暉加檢校太傅：檢校太傅爲散官或加官，以示恩寵，無實際執掌。中華書局本有校勘記："‘安審暉’，原作‘安審徽’，據本書卷七九《晉高祖紀五》、卷八一《晉少帝紀一》改。

按本書卷一二三有《安審暉傳》。又據本書七九《晉高祖紀五》，安審暉天福五年七月已加檢校太傅，本書卷一二三《安審暉傳》：'襄州平，就加檢校太尉。'疑'太傅'係'太尉'之訛。"見《輯本舊史》卷七九《晉高祖紀五》天福五年七月丙寅條載："前鄜州節度使安審暉加檢校太傅，爲威勝軍節度使（治鄧州）。"卷一二三《安審暉傳》："襄州平，就加檢校太尉。"襄州收復的時間，見卷八一《晉少帝紀一》天福七年八月甲子條載："襄州行營都部署高行周奏，收復襄州，安從進自焚而死。"即安審暉加檢校太傅在天福五年七月丙寅，加檢校太尉於天福七年八月平襄州後，並無可疑，故不需改。　陝州：州名。治所在今河南三門峽市陝州區。石贇：人名。籍貫不詳。五代後晉將領。事見本書卷七九、卷八二。

[16]檢校太尉：官名。爲散官或加官，以示恩寵，無實際執掌。太尉，與司徒、司空並爲三公。

[17]行營馬步軍都虞候：官名。五代時期出征軍隊高級統兵官。

[18]刑部侍郎：官名。尚書省刑部次官。協助刑部尚書掌天下刑法及徒隸、勾覆、關禁之政令。正四品下。　竇貞固：人名。同州白水（今陝西白水縣）人。五代後唐至宋初大臣，後唐進士，後漢宰相。傳見《宋史》卷二六二。　禮部郎中：官名。尚書省禮部頭司禮部司長官。掌禮樂、學校、衣冠、符印、表疏、圖書、冊命、祥瑞、鋪設，及百官、宮人喪葬贈賻之數。從五品上。　邊歸讜：人名。幽州薊（今天津市薊州區）人。傳見《宋史》卷二六二。　比部郎中：官名。唐、五代刑部比部司長官，掌管勾會內外賦斂、經費俸禄等。從五品上。《輯本舊史》之影庫本粘籤："比部郎中，原本脱'郎'字，今據文增入。"

[19]涇州：州名。治所在今甘肅涇川縣。此處指代彰義軍。節度副使：官名。唐五代方鎮屬官。位於行軍司馬之下、判官之上。　王欽祚：人名。籍貫不詳。五代後晉官員。事見本書本卷、

卷一〇九。

二月丁亥，皇妹清平公主進封衛國長公主。[1]契丹遣使來聘。己丑，宴於武德殿，新恒州節度使杜重威已下、諸軍副兵馬使已上悉預焉，賜物有差。[2]己亥，以曹州防禦使何建爲延州留後。[3]涇州奏，差押牙陳延暉齎敕書往西涼府，本府都指揮使等請以陳延暉爲節度使。[4]辛丑，宰臣李崧丁母憂，起復舊任。[5]延州蕃寇作亂，同州、鄜州各起牙兵討平之。[6]丙午，詔："鄧、唐、隨、郢諸州多有曠土，宜令人户取便開耕，與免五年差税。"[7]

[1]衛國長公主：即後晋高祖石敬瑭第十一妹壽安長公主，後進封衛國長公主。後晋出帝時進封衛國大長公主。嫁與烏氏爲妻。事見本書卷七六、卷八一及《通鑑》卷二八五。

[2]武德殿：宮殿名。位於今河南開封市。　諸軍副兵馬使已上悉預焉：副兵馬使爲方鎮自置之部隊統率官，兵馬使的副官。掌兵馬訓練、指揮。中華書局本有校勘記："'上'原作'下'，據殿本改。"今從。

[3]曹州：州名。治所在今山東曹縣西北。　何建：人名。其先迴鶻人也，代居雲朔間（今山西北部）。五代後晋將領，契丹滅晋，遂投降後蜀。傳見本書卷九四。

[4]押牙：官名。即"押衙"。唐、五代時期節度使辟署的屬官，掌領方鎮儀仗侍衛、統率軍隊。參見劉安志《唐五代押牙（衙）考略》，武漢大學歷史系魏晋南北朝隋唐史研究室編《魏晋南北朝隋唐史資料》第16輯，武漢大學出版社1998年版。　陳延暉：人名。籍貫不詳。五代後晋時的藩鎮將領。事見本書本卷。

[5]李崧：人名。深州饒陽（今河北饒陽縣）人。後晉宰相，
歷仕後唐至後漢。傳見本書卷一〇八、《新五代史》卷五七。　丁
母憂：指遭母親喪事。

[6]同州：州名。治所在今陝西大荔縣。　郿州：州名。治所
在今陝西富縣。　牙兵：五代時期藩鎮親兵。參見來可泓《五代十
國牙兵制度初探》，《學術月刊》1995年第11期。

[7]唐：州名。治所在今河南唐河縣。　隨：州名。治所在今
湖北隨州市。　郢：州名。治所在今湖北鍾祥市。　與免五年差
稅：明本《册府》卷七〇《帝王部·務農門》天福七年（942）二
月丙午條較詳，作“仍自開耕後，與免五年差徭”。

　　三月己未，兵部尚書韓惲卒。[1]庚申，遣前齊州防
禦使宋光鄴、翰林茶酒使張言使于契丹。[2]壬戌，分命
朝臣諸寺觀神祠禱雨。[3]丙寅，皇后爲妹契丹樞密使趙
延壽妻燕國長公主卒於幽州，舉哀於外次。[4]辛未，滑
州節度使、駙馬都尉史匡翰卒，輟朝，贈太保。[5]詔唐
州湖陽縣蓼山神祠宜賜號爲“蓼山顯順之神”。[6]乙亥，
以晉昌軍節度使安審琦爲河中節度使，以前亳州防禦使
王令溫爲貝州節度使。[7]丙子，賜宰臣李崧白藤肩輿，
以起復故也。[8]丁丑，以晉州節度使皇甫遇爲河陽節度
使，以壽州節度使兼侍衛馬軍都指揮使李守貞爲滑州節
度使，以襄州節度使兼侍衛步軍都指揮使郭謹爲相州節
度使，皆典軍如故。[9]宰臣於寺觀禱雨。

[1]兵部尚書：官名。尚書省兵部主官。掌兵衛、武選、車輦、
甲械、廄牧之政令。正三品。　韓惲：人名。太原晉陽（今山西太
原市）人。五代後唐、後晉官員。傳見本書卷九二。

[2]齊州：州名。治所在今山東濟南市。　宋光鄴：人名。又作“宋光業”。籍貫不詳。五代後晉官員。事見本書本卷、卷七六、卷八三。《舊五代史考異》：“案：《遼史》避諱作宋暉業。”《遼史》乃避遼太宗耶律德光之諱。　翰林茶酒使：官名。掌內廷茶酒供應之事。　張言：人名。籍貫不詳。五代後晉官員。事見本書本卷、卷七六。

[3]分命朝臣諸寺觀神祠禱雨：“神祠”，中華書局本沿《輯本舊史》闕，據《宋本冊府》卷一四五《帝王部·弭災門三》補。

[4]樞密使：官名。遼國樞密院長官。　趙延壽：人名。本姓劉，常山（今河北正定縣）人。後唐明宗李嗣源女婿，後降契丹，引導契丹攻滅後晉。傳見本書卷九八、《遼史》卷七六。　燕國長公主：後唐明宗李嗣源之女興平公主，趙延壽之妻。事見本書卷九八。　幽州：州名。治所在今北京市。　舉哀：發喪並舉行悼念儀式。

[5]駙馬都尉：漢武帝始置，魏晉以後，公主夫婿多加此稱號。從五品下。　史匡翰：人名。雁門（今山西代縣）人。史建瑭之子。後晉高祖石敬瑭的妹婿。五代後唐、後晉將領。傳見本書卷八八、《金石萃編》卷一二○《義成軍節度使贈太保史匡翰碑》。

[6]湖陽縣：縣名。治所在今河南唐河縣。　蓼山神祠宜賜號爲“蓼山顯順之神”：“顯順之神”，明本《冊府》卷三四《帝王部·崇祭祀門三》載天福七年（942）二月敕作“顯聖之神”。

[7]晋昌軍：方鎮名。治所在京兆府（今陝西西安市）。　安審琦：人名。沙陀部人。五代將領。歷仕後唐、後晉、後漢、後周。傳見本書卷一二三。　河中：方鎮名。治所在河中府（今山西永濟市）。　亳州：州名。治所在今安徽亳州市。

[8]肩輿：兩人肩抬的小轎。形制爲在二長竿中設軟椅以坐人。

[9]晋州：州名。治所在今山西臨汾市。　皇甫遇：人名。常山（今河北正定縣）人。五代後唐、後晉將領。傳見本書卷九五、《新五代史》卷四七。　壽州：州名。治所在今安徽壽縣。　侍衛

馬軍都指揮使：中華書局本有校勘記：“原作‘侍衛馬步軍指揮使’，據殿本、本書卷八一《晉少帝紀一》改。”見《輯本舊史》卷八一《晉少帝紀一》天福七年七月癸卯條。　夔州：州名。治所在今重慶奉節縣。　侍衛步軍都指揮使：官名。皇帝侍衛親軍步軍司最高長官。　郭謹：人名。晉陽（今山西太原市）人。五代後晉、後漢將領。傳見本書卷一〇六。　相州：州名。治所在今河南安陽市。

　　閏月丙戌，以兵部郎中司徒詡爲左諫議大夫。[1]戊子，兗州節度使桑維翰加特進，封開國公。庚寅，以延州留後何建爲延州節度使。以引進使兼殿中監劉政恩爲太子詹事。[2]壬辰，宋州節度使安彥威奏，修滑州黃河功畢，詔於河決之地建碑立廟。[3]丙申，以鄜州節度使周密爲晉州節度使，以左羽林統軍符彥卿爲鄜州節度使。[4]壬寅，詔百官五日一度起居，日輪定兩員，具所見以封事奏聞。[5]詔改鄴都宣明門爲朱鳳門；武德殿爲視政殿、文思殿爲崇德殿、畫堂爲天清殿、寢殿爲乾福殿，其門悉從殿名。[6]皇城南門爲乾明門，北門爲玄德門，東門爲萬春門，西門爲千秋門。[7]羅城南塼門爲廣運門，觀音門爲金明門，橙槽門爲清景門，寇氏門爲永芳門，朝臣門爲景風門。[8]大城南門爲昭明門，觀音門爲廣義門，北河門爲靖安門，魏縣門爲膺福門，寇氏門爲迎春門，朝城門爲興仁門，上斗門爲延清門，下斗門爲通遠門。[9]戊申，宋州節度使安彥威封鄴國公，賞修河之勞也。癸丑，涇州節度使王周奏，前節度使張彥澤在任日不法事二十六條已改正停廢，詔褒之。[10]是春，鄴都、鳳翔、兖、陝、汝、恒、陳等州旱，鄆、曹、澶、博、相、洺諸州蝗。[11]

[1]兵部郎中：官名。唐高祖改兵曹郎置，員二人，一掌武官階品、衛府名數、校考、給告身之事；一掌軍籍、軍隊調遣名數、朝集、禄賜、告假等事。高宗、武則天、玄宗時，一度隨本部改名司戎大夫、夏官郎中、武部郎中。五代因之。從五品上。　司徒詡：人名。清河郡（今河北清河縣）人。五代後唐官員。傳見本書卷一二八。　左諫議大夫：官名。隸門下省。唐代置左、右諫議大夫各四人，分隸門下省、中書省。掌諫諭得失，侍從贊相。正四品下。中華書局本有校勘記："'左'，原作'右'，據本書卷八一《晋少帝紀一》、卷一二八《司徒詡傳》改。"見《輯本舊史》卷八一《晋少帝紀一》天福八年（943）三月癸卯條、卷一二八《司徒詡傳》。

[2]太子詹事：官名。掌領太子之詹事府，爲太子官屬之長。正三品。

[3]"壬辰"至"修滑州黄河功畢"：《舊五代史考異》："案：修河事，《薛史》紀于閏月壬辰，《歐陽史》作三月，歸德軍節度使安彦威塞決河于滑州，蓋以奉使之月言，《薛史》以奏功之日言也。"見《新五代史》卷八《晋高祖紀》天福七年三月條。　宋州：州名。治所在今河南商丘市睢陽區。　安彦威：人名。崞縣（今山西原平市）人。五代後唐、後晋將領。傳見本書卷九一、《新五代史》卷四七。

[4]周密：人名。應州神武川（今山西山陰縣）人。五代將領。傳見本書卷一二四。　左羽林統軍：官名。唐代左羽林軍統兵官。左羽林爲唐代"北衙六軍"之一。從二品。　符彦卿：人名。陳州宛丘（今河南淮陽縣）人。五代後唐至宋初將領。後周世宗宣懿皇后、宋太宗懿德皇后，皆符彦卿之女。傳見《宋史》卷二

五一。

　　[5]五日一度起居：朝會禮名。簡稱“内殿起居”“五日起居”。參見《册府》卷一〇八。　具所見以封事奏聞：中華書局本引孔本：“案：《五代會要》作實封以聞。”見《會要》卷五《待制官》條作“具所見實封以聞”。

　　[6]朱鳳門：《舊五代史考異》：“案：《五代會要》作來鳳門。”見《會要》卷五大内條鄴都。　崇德殿：《輯本舊史》之影庫本粘籤：“崇德殿，原本作‘從德’，今據《五代會要》改正。”見《會要》卷五大内條鄴都。　天清殿：明本《册府》卷一四《帝王部·都邑門二》作“太清殿”。

　　[7]“皇城南門”至“千秋門”：《舊五代史考異》：“案《五代會要》：晋改皇城四門爲乾明、玄德、萬春、千秋，在天福六年，《薛史》統繫於七年，與《會要》異。”見《會要》卷五大内條。

　　[8]寇氏門：中華書局本有校勘記：“劉本、彭校、《五代會要》卷一九作‘冠氏門’。”見《會要》卷一九大名府條。　朝臣門：中華書局本有校勘記：“彭校、《册府》卷一四、《五代會要》卷一九作‘朝城門’。”

　　[9]靖安門：中華書局本有校勘記：“原作‘静安門’，據《册府》卷一四、《會要》卷一九改。”　膺福門：中華書局本有校勘記：“原作‘應福門’，據《册府》卷一四、《會要》卷一九改。”　寇氏門：中華書局本有校勘記：“劉本、彭校、《五代會要》卷一九作‘冠氏門’，《册府》卷一四作‘尉氏門’。”　朝城門：中華書局本有校勘記：“彭校、《册府》卷一四作‘朝臣門’。”《册府》實作朝城門。　通遠門：《會要》卷一九大名府條作“適遠門”。

　　[10]張彦澤：人名。突厥人，徙居太原。五代後晋將領，後投降契丹。傳見本書卷九八、《新五代史》卷五二。

　　[11]鳳翔：方鎮名。治所在今陝西鳳翔縣。　汝：州名。治所在今河南汝州市。　博：州名。治所在今山東聊城市。　洺：州名。治所在今河北邯鄲市永年區。

　　夏四月甲寅朔，避正殿不視朝，日蝕故也。[1]是日，太陽不虧，百官上表稱賀。詔沿河藩郡節度使、刺史並兼管内河堤使。[2]己未，右諫議大夫鄭受益兩疏論張彦澤在涇州之日，違法虐民，支解掌書記張式、部曲楊洪等，請下所司，明申其罪，皆留中不出。[3]庚申，刑部郎中李濤、張麟，員外郎麻麟、王禧，同詣閤門上疏，論張彦澤罪犯，詞甚懇切。[4]辛酉，詔：“張彦澤刲剔賓從，誅剥生聚，冤聲穢跡，流聞四方，章表繼來，指陳甚切。尚以曾施微功，特示寬恩，深懷曲法之慚，貴徇議勞之典。其張彦澤宜削一階，仍降爵一級。[5]其張式宜贈官，張式父鐸、弟守貞、男希範並與除官。[6]仍於涇州賜錢十萬，差人津置張式靈柩并骨肉歸鄉，所有先收納却張式家財物畜，並令却還。其涇州新歸業戶，量與蠲減稅賦。”翌日，以前涇州節度使張彦澤爲左龍武大將軍。[7]戊辰，廢雄州爲昌化軍，警州爲威肅軍，其軍使委本道差補。[8]故涇州節度掌書記張式贈尚書虞部郎中，以式父鐸爲沁州司馬致仕，弟守貞爲貝州清河縣主簿，男希範爲興元府文學。[9]甲戌，詔皇子齊王就前河中府節度使康福第，以教坊樂宴會前、見任節度使。[10]戊寅，前慶州刺史米廷訓追奪在身官爵，配流麟州，坐姦妻兄之女也。[11]是月，州郡十六處蝗。

　　[1]避正殿：國有災異禍亂，則君主避正殿，以示自我貶抑，向天請罪。
　　[2]詔沿河藩郡節度使、刺史並兼管内河堤使：明本《册府》卷四九七《邦計部·河渠門二》作：“宜令沿河廣晉、開封府尹，

逐處觀察、防禦使、刺史等並兼河堤使。"

[3]右諫議大夫：《輯本舊史》之影庫本粘籤："原本脱'諫'字，今從《通鑑》增入。"見《通鑑》卷二八三天福七年（942）四月己未條。　掌書記：官名。唐、五代方鎮僚屬，位在判官下。掌表奏書檄、文辭之事。　張式：人名。籍貫不詳。五代後晉時地方官員。事見本書本卷、《新五代史》卷五二。　楊洪：人名。籍貫不詳。五代後晉時軍閥張彦澤的部曲，爲張彦澤所虐殺。事見本書本卷。　留中：指君主把臣僚進呈的奏疏、表狀留下，不置可否，不作批答。

[4]李濤：人名。京兆萬年（今陝西西安市長安區）人。唐敬宗子郇王瑋後裔，後漢宰相。傳見《宋史》卷二六二。　張麟：人名。籍貫不詳。五代後晉官員。事見本書本卷、《新五代史》卷五二。　員外郎：官名。尚書省郎官之一。爲郎中的副職，協助負責諸司事務。從六品上。　麻麟：人名。籍貫不詳。五代後晉官員。事見本書本卷。《新五代史》卷五二《張彦澤傳》作"麻濤"，而《宋本册府》卷一六二《帝王部·命使門二》、《宋本册府》卷四六〇《臺省部·正直門》、明本《册府》卷四六七《臺省部·奏議門七》均作"麻麟"。　王禧：人名。籍貫不詳。五代後晉官員。事見本書本卷、卷一一一，《新五代史》卷五二。　閤門：唐代大明宫之正殿（宣政殿）、内殿（紫宸殿）以東、西上閤門相連，閤門遂爲外朝、内朝之分界。五代宫殿承唐制，亦設閤門。"庚申"至"詞甚懇切"：《舊五代史考異》："案《宋史·李濤傳》：涇帥張彦澤殺記室張式，奪其妻，式家人詣闕上訴，晉祖以彦澤有軍功，釋其罪。濤伏閤抗疏，請置于法。晉祖召見諭之，濤植笏叩階，聲色俱厲，晉祖怒叱之，濤執笏如初。晉祖曰：'吾與彦澤有誓約，恕其死。'濤厲聲曰：'彦澤私誓，陛下不忍食其言；范延光嘗賜鐵券，今復安在？'晉祖不能答，即拂衣起。"對《舊五代史考異》所引之"案《宋史》……請置于法"，中華書局本有校勘記："'涇帥張彦澤……釋其罪'三十一字及'請置于法'四字原

闕，據殿本、《宋史》卷二六二《李濤傳》補。”

[5]仍降爵一級：中華書局本有校勘記：“‘級’，原作‘紀’，據彭校、《通鑑》卷二八三改。”見《通鑑》卷二八三天福七年四月辛酉條。

[6]鐸：人名。即張鐸。張式之父。事見本書本卷、《新五代史》卷五二。　守貞：人名。即張守貞。張式之弟。事見本書本卷、《新五代史》卷五二。　希範：人名。即張希範。張式之子。事見本書本卷、《新五代史》卷五二。

[7]翌日：《通鑑》卷二八三作丙寅。　以前涇州節度使張彥澤爲左龍武大將軍：《輯本舊史》之影庫本粘籤：“左龍武，原本‘左’作‘右’，今從《歐陽史》及《通鑑》改正。”見《新五代史》卷五二《張彥澤傳》、《通鑑》卷二八三、宋史卷二六九《楊昭儉傳》。《舊五代史考異》：“案《宋史·楊昭儉傳》：昭儉與李濤論張彥澤，不報。會有詔命朝臣轉對，或有封事，亦許以不時條奏。昭儉復上疏曰：‘天子君臨四海，日有萬幾，懋建諍臣，彌縫其闕。今則諫臣雖設，言路不通，藥石之論不達于聖聰，而邪佞之徒取容于左右。御史臺紀綱之府、彈糾之司，銜冤者固當昭雪，爲蠹者難免放流。陛下臨御以來，寬仁太甚，徒置兩司，殆如虛器。遂令節使慢侮朝章，屠害幕吏，始訴冤于丹闕，反執送于本藩，苟安跋扈之心，莫恤冤抑之苦，願回宸斷，誅彥澤以謝軍吏。’”

[8]雄州：州名。治所在今河北雄縣。此時降爲昌化軍。　警州：州名。治所在今寧夏平羅縣。此時降爲威肅軍。

[9]尚書虞部郎中：官名。唐、五代工部虞部司的長官，掌京城街道、苑囿、山澤草木及百官外國客人的時蔬薪炭供給、畋獵等事。從五品上。　司馬：官名。州軍佐官，名義上紀綱衆務、通判列曹、品高俸厚，實際上無具體職事，多用以安置貶謫官員，或用作遷轉官階。上州從五品下，中州正六品下，下州從六品上。　清河縣：縣名。治所在今河北清河縣。　主簿：官名。漢代以後歷朝均置。唐代京城百司和地方官署，均設主簿。管理文書簿籍，參議

本署政事，爲官署中重要佐官。其官階品秩，因官署而不同。　興元府：府名。治所在今陝西漢中市。　文學：官名。唐大曆十四年（779）十二月敕諸州經學博士改爲文學。品秩同參軍，位在參軍上。按州府等級，從六品至從八品不等。

[10]河中府：府名。治所在今山西永濟市。中華書局本有校勘記：“‘中’字原無，據劉本及本書卷九一《康福傳》補。”　康福：人名。蔚（今河北蔚縣）人。後唐、後晉將領。傳見本書卷九一、《新五代史》卷四六。　教坊：官署名。亦稱教坊司，爲宣徽院下屬機構，設有提點、使、副使、判官等官員。掌殿庭音樂、總判院事。

[11]慶州：州名。治所在今甘肅慶陽市慶城縣。　米廷訓：人名。籍貫不詳。五代後晉官員。事見本書本卷。　麟州：州名。治所在今陝西神木市。

五月己亥，中書門下奏：[1]“時屬炎蒸，事宜簡省，應五日百官起居，望令押班宰臣一員押百官班，其轉對官兩員，封事付閤門使引進，本官起居後隨百僚退，不用別出謝恩。[2]其文武內外官僚乞假、寧覲、搬家、婚葬、病損，並門見門辭。[3]諸道進奉物等，不用殿前排列，引進使引至殿前奏云‘某等進奉’，奏訖，其進奉使出。[4]其進奉專使朝見日，班首一人致詞，都附起居。刺史并行軍副使、諸道馬步軍都指揮使已下，差人到闕，並門見門辭。州縣官謝恩日，甲頭一人都致詞，不用逐人告官。其供奉官、殿直等，如是當直及合於殿前排立者，即入起居；如不當直排立者，不用每日起居。委宣徽使點檢，常須整齊。”從之。時帝不豫，難於視朝故也。[5]左威衛上將軍衛審峻卒，贈太子少保。[6]乙巳，尊皇太妃劉氏爲皇太后。[7]丁未，工部侍郎韋勳改刑部侍郎。[8]壬子，以左散騎常侍李光廷爲祕書監，給事中蕭愿爲右散騎常侍，左諫議大夫曹國珍爲給事中，太常卿裴坦爲左諫議大夫。[9]是月，州郡五奏大水，十八奏旱蝗。[10]

[1]中書門下：官署名。唐代以來爲宰相處理政務的機構。參見劉後濱《唐代中書門下體制研究——公文形態·政務運行與制度變遷》，齊魯書社 2004 年版。

[2]押班：朝會時領班，管理百官朝會位次。初以監察御史押班，後由宰執負責。　轉對官：參加轉對的官員。朝會時，百官輪流對議朝政於君前，稱爲轉對。　封事：中華書局本有校勘記：“‘事’字原闕，據《册府》卷一〇八、《五代會要》卷六補。”見明本《册府》卷一〇八《帝王部·朝會門二》、《會要》卷六輟朝條後之雜録條。　閤門使：官名。唐代始設，掌扈從乘輿、朝會禮儀、大宴引贊、引接朝見等事務。　本官起居後隨百僚退：中華書局本有校勘記：“‘起居後’三字原闕，據《册府》卷一〇八、《五代會要》卷六補。”

[3]寧覲：返鄉省親。

[4]奏訖，其進奉使出：進奉使指方鎮、藩屬國派遣向朝廷進奉的使者。中華書局本有校勘記：“殿本作‘奏訖令進奉使便出’，劉本作‘奏訖令進奉使出’，《册府》卷一〇八作‘奏訖其進奉物便出’。”

[5]時帝不豫，難於視朝故也：《舊五代史考異》：“案《遼史》：二月甲午，遣使使晋，索吐谷渾叛者。《契丹國志》云：遼以晋招納吐谷渾，遣使責讓，晋高祖憂悒成疾。”見《遼史》卷四《太宗紀下》、《契丹國志》卷二《太宗嗣聖皇帝》會同六年（943）六月條。

[6]左威衛上將軍：官名。唐置，掌宮禁宿衛。唐代十六衛之一。從二品。　衛審峻：人名。徐州（今江蘇徐州市）人。五代後晉官員。事見本書本卷、《通鑑》卷二七六。　太子少保：官名。與太子少傅、太子少師合稱"三少"，唐後期、五代多爲大臣、勳貴加官。從二品。

[7]乙巳，尊皇太妃劉氏爲皇太后：《舊五代史考異》："徐無黨《五代史記注》云：高祖所生母也。"見《新五代史》卷八《晉高祖紀》天福七年（943）五月乙巳條徐注。

[8]工部侍郎：官名。尚書省工部次官。協助尚書掌管百工山澤水土之政令，考其功以詔賞罰，總所同各司之事。正四品下。韋勳：人名。籍貫不詳。五代後晉至後周官員，歷任後晉左散騎常侍、工刑户三部侍郎、太子賓客，後周兵部侍郎、尚書右丞。事見本書卷七七至卷八四、卷一一一至卷一一二。　刑部侍郎：官名。尚書省刑部次官。協助刑部尚書掌天下刑法及徒隸、勾覆、關禁之政令。正四品下。

[9]左散騎常侍：官名。門下省屬官。掌侍奉規諷，備顧問應對。正三品下。　李光廷：人名。籍貫不詳。五代後晉官員，後出任秘書監。事見本書本卷。　祕書監：官名。秘書省長官，掌圖書秘記等。從三品。　蕭愿：人名。京兆萬年（今陝西西安市長安區）人。五代後梁宰相蕭頃之子。五代後唐至後周官員。傳見本書卷一二八。《輯本舊史》之影庫本粘籤："原本作'蕭原'，今據《列傳》改正。"見《輯本舊史》卷一二八《蕭愿傳》。　右散騎常侍：官名。中書省屬官。掌侍奉規諷，備顧問應對。正三品下。曹國珍：人名。幽州固安（今河北固安縣）人。五代後晉官員。傳見本書卷九三。　太常卿：官名。太常寺長官。掌祭祀禮儀等事。正三品。　裴坦：人名。籍貫不詳。五代後晉官員。事見本書卷八一。

[10]是月：中華書局本有校勘記："'月'，原作'日'，據殿本、劉本改。"

六月丁巳，以兗州節度使桑維翰爲晉昌軍節度使，以前許州節度使安審信爲兗州節度使。[1]襄州都部署高行周奏，安從進觀察判官李光圖出城請援，送赴闕。[2]乙丑，帝崩於保昌殿，壽五十一，遺制齊王重貴於柩前即皇帝位，喪紀並依舊制，山陵務從節儉；馬步諸軍優給，並從嗣君處分。[3]

[1]安審信：人名。沙陀部人。五代將領安審琦從兄。五代後唐至後周將領。傳見本書卷一二三。原作"安審琦"，中華書局本有校勘記："張森楷《校勘記》：'"琦"當作"信"。安審信、審琦傳並有自許州遷兗州之文。而審琦爲許、兗在出帝世，是時方爲晉昌，未鎮許州。唯《本紀》天福五年有審信爲許州之文，六年趙在禮代之，故稱"前許州"，決知此爲審信，非審琦也。'按本書上文，安審琦方自晉昌移鎮河中，又本書卷八三《晉少帝紀三》稱安審信爲前兗州節度使，知其嘗歷兗州。"但未改。見《輯本舊史》卷八三《晉少帝紀三》開運元年（944）八月辛丑條。今據改。

[2]觀察判官：官名。唐肅宗以後置，五代沿置。觀察使屬官，參理田賦事，用觀察使印、署狀。　李光圖：人名。籍貫不詳。五代後晉時的藩鎮官員。事見本書本卷。

[3]乙丑，帝崩於保昌殿：《舊五代史考異》："案《通鑑考異》云：《漢高祖實錄》：晉高祖大漸，召近臣屬之曰：'此天下，明宗之天下，寡人竊而處之久矣。寡人既謝，當歸許王，寡人之願也。'此説難信。今從《薛史》。"見《通鑑》卷二八三天福七年（943）五月條《考異》。　山陵：帝王墳墓的代稱。　馬步諸軍優給：中華書局本有校勘記："'給'原作'紀'，據彭校改。"

八月，太常卿崔梲上謚曰聖文章武明德孝皇帝，廟

號高祖，以其年十一月十日庚寅葬於顯陵，宰臣和凝撰
諡册哀册文。[1]《永樂大典》卷一萬五千六百四十四。[2]

[1]崔棁：人名。博陵安平（今河北安平縣）人。後梁進士，
歷仕後梁、後唐、後晉。傳見本書卷九三、《新五代史》卷五五。
《會要》卷一《帝號》條作"崔協"，誤。　顯陵：五代後晉高祖
石敬瑭陵墓。位於今河南宜陽縣。　和凝：人名。鄆州須昌（今山
東東平縣）人。歷仕後梁至後周，五代官員、詞人。傳見本書卷一
二七、《新五代史》卷五六。

[2]《大典》卷一五六四四爲"晋"字韻"五代後晉高祖
（二）"事目。《輯本舊史》在此後錄《五代史補》："高祖尚明宗
女，宮中謂之石郎。及將起兵于太原，京師夜間狼皆羣走，往往入
宮中，愍帝患之，命諸班能射者分投捕逐，謂之'射狼'。或遇諸
塗，問曰：'汝何從而來？'對曰：'看射狼。'未幾，高祖至。蓋
'射'音與'石'相近也。"《五代史闕文》："梁開平初，潞州行營
使李思安奏：函關縣穰鄉民伐樹，樹仆，自分爲二，中有六字如左
書，云'天十四載石進'，梁帝藏於武庫，時莫詳其義。至帝即位，
識者曰：'天'字取'四'字兩畫加之于傍，即'丙'字也，'四'
字去中之兩畫加'十'字，即'申'字也。帝即位之年，迺'丙
申'也。進者晉也，石者姓也。臣謹按，天祐二十年歲在癸未，其
年莊宗建號，改同光元年，至清泰三年歲在丙申，其年晉祖即位，
改元天福元年，自未至申，凡十四載矣，故讖書云'天十四載石
進'者，言自天祐滅後十四載石氏興於晉也，豈不明乎！而拆字解
讖以就丙申，非也。"對《輯本舊史》引文中之"至清泰三年歲在
丙申"，中華書局本有校勘記："'在'字原闕，據《五代史闕
文》補。"

史臣曰：晋祖潛躍之前，沈毅而已。及其爲君也，

旰食宵衣，禮賢從諫，慕黃老之教，樂清净之風，以絺
爲衣，以麻爲履，故能保其社稷，高朗令終。然而圖事
之初，召戎爲援，獫狁自兹而孔熾，黔黎由是以罹殃。
迨至嗣君，兵連禍結，卒使都城失守，舉族爲俘。亦猶
決鯨海以救焚，何逃没溺；飲鴆漿而止渴，終取喪亡。
謀之不臧，何至於是！儻使非由外援之力，自副皇天之
命，以兹睿德，惠彼蒸民，雖未足以方駕前王，亦可謂
仁慈恭儉之主也。《永樂大典》卷一萬五千六百四十四。[1]

　　[1]《大典》卷一五六四四“晋”字韻“五代後晋高祖
（二）”事目。